하늘에
해답을
묻다

하늘에
해답을
묻다

초판 1쇄 인쇄   2025년 7월 1일
초판 1쇄 발행   2025년 7월 1일

지은이 | 박원규

펴낸이 | 박원규
펴낸곳 | 해오름북스
출판등록 | 2025. 6. 4(제2025-61호)
주소 | 경기도 파주시 해올로 11
이메일 | powerful0691@gmail.com

ISBN | 979-11-993079-0-2

ⓒ 2025. all rights reserved.
이 책의 판권은 지은이와 해오름북스에 있습니다.
내용의 일부와 전부를 무단 전재하거나 복제를 금합니다.

행복과 성공을 위한 성경적 인생 지침서
Biblical Life Guidelines for Happiness and Success

하늘에 해답을 묻다

박원규 지음 · **피영민** 추천

HAEORUM
BOOKS

/ 추천의 글 1
한국침례신학대학교 총장 **피 영 민**

박원규 목사님은 오랜 목회 생활에서 나오는 체험과 성경적인 진리를 바탕으로 해서 "하늘에 해답을 묻다"란 글을 통해 인간의 진정한 행복이 어디서 어떻게 오는가를 분명하게 보여주는 책을 저술하셨습니다.

인간이 참된 행복을 누리려면 하나님으로부터의 축복이 절대적인 요인임을 명백하게 선언한 것입니다. 죄와 사탄의 노예 된 인간에게는 노력한들 행복이 올 수 없는 것이고, 유일한 구원 자 이신 예수 그리스도를 통해서 죄 사함을 받고 하나님과 화목할 때 인간은 진정한 행복자가 될 수 있다는 만고불변의 진리를 선포하신 것입니다. 진정한 행복은 하나님으로부터 받아서 하나님과의 교제, 성도와의 교제를 통해서 깊어진다 는 원리를 분명하게 제시한 것입니다. 그럼에도 불구하고 인간의 행복은 이생에서는 많은 도전에 직면하지만 죽음 이후에는 영원한 지 복과 하나님의 상급을 누리게 된다는 영화의 세계까지 설명하고 있습니다.

인생에서 가장 중요한 명제인 나는 누구인가? 나는 무엇을 위해 어떻게 살아야 하며 누구와 함께 살아야 하는가? 나는 어디로 가는가? 라는 모든 사람에 질문을 "하늘에 해답을 묻다" 라는 주제로 조직 신학의 핵심 주제들을 성경적으로 풀어 독자들에게 쉽게 전달하고 있습니다.

특별히 5장에서 온전한 믿음과 온전한 구원에서 구원에 대해 성경적으로 명확하게 말하여 독자들로 하여금 구원에 대한 올바른 깨달음을 갖게 했습니다.

더욱이 11장에서 "제자의 삶"(행6:4)과 성령 충만을 통해 제자들은 어떤 삶을 살았고 어떻게 영적 전쟁에 승리하여 선교의 위대한 역사를 이루었는가를 증거하여 제자의 삶을 우리들의 신앙생활에 연결시켜 도전을 갖게 했습니다.

「하늘에 해답을 묻다」란 책에 "사랑을 위한 제자의 삶"의 훈련 과정이 저술되었으니 가정과 교회 공동체의 교재로 널리 사용하시기를 강력히 추천합니다.

/ 추천의 글 2
한국침례신학대학교 (전)신학 대학원 원장 이 형 원

베스트셀러『명작 인생』등 다수의 책들을 저술해 오신 박원규 목사님께서『하늘에 해답을 묻다』를 발간하신 것을 함께 기뻐합니다.

『하늘에 해답을 묻다』는 성도들의 균형 잡힌 신앙생활을 염원하는 목회자들의 애끓는 심정을 함께 고민해 왔던 저자가 알기 쉽게 풀어주는 기독교의 기본 지침서라고 할 수 있습니다. 이 책은 신학의 기초를 순차적으로 정리하고 12 주제를 핵심으로 구성하여 예수님이 말씀하신 사랑(마 22:37-40)을 위한 "제자 삶(행6:4) 실천 가이드로 집필" 되었습니다.

특별히 "모든 사람은 행복과 성공을 갈망한다. 그럼에도 불구하고, 인간은 불행과 실패 속에 허우적거리며 살고 있다. 그 이유가 무엇일까? 사랑을 모르기 때문이다. 사랑하지 않기 때문이다. 행복과 성공의 시작도 끝도 사랑이다. 사랑을 모르고는 행복할 수도 없고 성공할 수도 없다. 하나님의 사랑을 알 때 행복하고, 하나님을 사랑할 때 성공하게 된다"는 저자의 말은 저에게 깊은 울림과 도전을 갖게 했습니다.

더욱이 책 내용 중에 주기도문(마 6:9-13), 사랑 장(고전 13장), 팔 복(마 5:3-12), 성령의 열매(갈 5:22-24), 성령의 은사(롬 12:6-8/ 고전 12:4-11; 엡 4:11)를 탁월하게 해설하고 있습니다. 끝으로 예수님이 말씀하신 사랑(마22:37-40)을 위한 제자의 삶(행6:4)을 훈련하기 위에서 제시한 각 주제와 관련한 성경 구절들을 소개하며, 이것들을 매일 읊조리고, 필사하고, 암송하고 성경일기를 쓰는 이유와 목적을 설명하여 중요성을 인식하게 했습니다.

그러므로 저는 목사님들께서 이 책을 부부 간에, 부모와 자녀 간에 나눔을 위한 교재로, 또 주일 성경공부반, 소그룹 성경 공부 모임, 그리고 제자훈련 모임에서 교재로 사용하시기를 적극 추천합니다 아울러, 새롭게 신앙생활을 시작하는 초신자들에게도 필독서로 선물하시도록 추천합니다.

/ 추천의 글 3
파주시 기독교 총 연합회 원로목사회 회장 권 순 례

저자의 인생관과 신앙관을 과감히 드러내며, 삶에 묻어난 진솔한 지혜를 담아 많은 사람의 감명을 자아낼 만한 『우리 인생을 이렇게 끝낼 것인가』, 『관계가 미래다』, 『비범한 일을 성취하라』, 『명작 인생』 등의 이어서 『하늘에 해답을 묻다』란 책을 펴내시는 저자 박원규 목사님의 열정에 존경어린 마음으로 박수를 보내며, 영원을 사모하며 신앙적인 인생의 삶을 진정으로 탐구하기를 원하는 이들에게 필독서로, 훈련교재로 이 책을 추천해 드리고 싶습니다.

조직신학을 순차적으로 정리해가며 그리스도인의 인식과 의식의 삶에 중요성을 강조하면서 저자가 제시해 준 열 두 주제별 500구절의 1.성구를 읊조리며 기도하고, 2. 성구를 필사 하여 영육을 회복하고, 3. 성구를 암송하여 영적으로 무장케 하고, 4. 성구로 성경일기를 씀으로 성령 충만을 받는 "제자의 삶"(행6:4)을 예수님이 말씀하신 사랑(마22:37-40)을 위한, 필요 충분 조건이라는 말에 공감을 합니다.

사랑의 공동체인 교회 생활을 통해 성령 충만한 가운데 예수님이 말씀하신 사랑(마22:37-40)을 위한 제자의 삶(행6:4)훈련에 필요성을 저도 깊이 공감하면서 그리고 인생의 궁극적인 영원한 행복과, 성공의 유일한 방법을 제시해 주고 있어 제자훈련교제로 필요하다 여겨져서, 모든 이들에게, 특별히 예수그리스도의 제자다운 삶"(행6:4)을 추구하는 이들에게 이 책을 적극 추천 드리고 싶습니다.

/ 추천의 글 4
수도 교회 원로 목사 **신순철**

저자가 그 동안 저술했던 책들도 독자들의 신앙성장에 큰 도움을 주었지만 "하늘에 해답을 묻다"라는 책은 조직신학에서의 핵심 주제들을 쉽고 정확하게 서술하여 독자들의 신앙성장에 큰 도움을 주리라 확신 되어 강력 추천합니다.

특별히 "나는 누구인가"를 조직 신학과 체계적인 주제별 성구를 묵상하고 암송할 수 있도록 선별해 정리하고 순차적으로 "나는 무엇을 위해 어떻게 살아야 하며, 누구와 함께 살아야 하는가를 성경 말씀에 의지하여 선명하고 깊이 있게 설명해 주었으며, "나는 어디로 가는가"를 천국과 상급을 통해 사실적으로 서술하여 독자들에게 마음으로 그림을 그릴 수 있게 해 주어서 신앙생활에 아주 유익하리라 생각이 되어 추천합니다.

무엇보다도 별책 부록인 "행복과 성공을 위한 성경적 방법"에서 주제별 성구를 읊조리고 필사 하며, 주제별 성구 암송과 성경 일기를 쓰도록 권고하고 방법을 제시해 주어 이 책은 한 번 읽고 끝낼 책이 아니라 성경과 함께 평생 곁에 두고 읽어야 할 책이라 생각되어 추천합니다.

삼류 소설은 누구나 쉽게 읽을 수 있지만 인류사에 커다란 영향력을 끼친 인문고전은 읽는 것이 쉽지 않아, 대부분의 사람들은 읽는 것을 쉽게 포기합니다. 그러나 인생의 근원적이고 본질적인 질문에 해답을 찾는 사람들은 참 진리를 깨닫게 되고, 참 기쁨과 확신을 갖게 될 것입니다. 이 책은 신앙생활 과정에서 반드시 알아야 하고, 바르게 정립해야 할 핵심 진리를 순차적으로 저술하여, 반복하여 보아야 할 아주 소중한 책이라 생각되어 적극 권장하는 마음으로 추천합니다.

저자가 서두에서 말한 것처럼, 저자가 40년 동안의 성경 연구와 목회 사역을 통해, 깨닫고, 확신하고, 전하고 싶은 진리를 조직신학적으로 정리하여, 부부 간에, 부모와 자녀 간에 말씀 나눔을 통해 사랑이 샘솟는 가정으로 변화가 일어나고, 개 교회에서 제자 훈련 교제로 사용하면 많은 사람들에게 큰 유익이 있으리라 생각되어 추천합니다.

/ 감사의 글

이 책은 제가 쓴 것이 아니라 하나님이 쓰셨다고 감히 말씀 드립니다.

하나님께서 저를 도구 삼아 하나님이 전하고 싶은 내용을 쓰도록 주권적으로 역사하셨습니다. 저는 책을 저술하면서 제 인생에서 가장 행복한 시간을 가졌습니다.

인류 역사에 가장 행복하고 성공적인 삶을 살았던 "제자들의 삶"(행 6:4)을 깊이 상고하였습니다. 하나님의 말씀을 읊조리며(묵상), 필사하고, 암송하며, 성경일기를 쓰면서 "성령 충만"을 받아 "성령의 열매"(갈5:22-23)를 맺어 예수님의 인격의 향기를 드러내고, "성령의 은사"(고전12:7-11; 롬12:6-8; 엡4:11-12)로 예수님이 주신 사명을 권능으로 감당하여 하나님께 영광을 나타낸 삶을 바라보면서 위대한 꿈을 꾸었습니다.

인생의 가장 근원적이고 본질적인 질문에 해답을 하나님께 끊임없이 묻는 과정에서 하나님의 지혜와 깊은 사랑을 깨닫게 되어 책명을 "하늘에 해답을 묻다"로 했습니다.

우리 모두가 사랑을 노래하면서도 "사랑하는 방법(고전13:4-7)과 "사랑의 순서"(마22:37-40) 모르고 자기 방법과 감정으로 사랑하기에 도리어 상대방에게 깊은 상처를 주는 삶들을 목격하고 자각하면서 별책 부록에 "행복과 성공을 위한 성경적 원리"를 말씀드렸습니다.

책을 저술하면서 내용을 교정하고 첨삭하는 과정을 100여번 하면서 하나님께서 저에게 주신 말씀이며, 책을 많은 사람들에게 전하는 것이 "하나님과 이웃 사랑의 실천"(마22:37-40)이라고 생각하게 되었습니다. 저는 남은 생애 동안 이 책을 수없이 반복하여 읽을 것입니다. 왜냐하면 하나님이 저와 한국 교회에 말씀하신 책이기 때문입니다.

"진리를 알지니 진리가 너희를 자유하게 하리라"(요8:32)의 말씀처럼 본서는 하나님께서 성경에 계시하신 진리의 말씀으로 모든 잘못된 관념과 속박으로부터 진정한 자유 함을 저와 성도님들이 얻게 될 것을 확신합니다.

제가 이 책을 쓰도록 많은 사랑을 준 아내와 자녀들과 기도해 주신 많은 성도님 들에게 깊은 감사를 드립니다.

박 원 규 목사

/ 서론

세상 사람들이 갈망하는 행복과 성공

행복과 성공은 모든 사람이 원하는 것이며, 각기 다른 방식으로 추구합니다. 그러나 세상 사람들의 행복과 성공은 대부분 일시적이고 제한적입니다. 그들이 느끼는 행복과 성공이 왜 일시적일 수밖에 없을까요?

1. 세상 사람들이 느끼는 행복과 성공의 원천

일반적으로 세상 사람들이 행복과 성공을 느끼는 순간들은 물질적, 감각적, 관계적, 그리고 성취적인 것 들에서 비롯됩니다. 이러한 행복과 성공은 삶에서 중요한 역할을 할 수 있지만, 그것들은 일시적인 만족으로 끝나기 마련입니다.

<u>1) 많은 사람들은 물질적 풍요에서 행복과 성공을 찾습니다.</u> 더 좋은 집, 고급 자동차, 명품 옷 등을 소유하면 행복하고 성공했다고 생각합니다. 물질적 소유는 즉각적인 만족감을 줄 수 있지만, 시간이 지남에 따라 그 만족은 점점 줄어들고 비교의식 속에 더 많은 것을 원하게 됩니다. 우리는 종종 새로운 물건을 살 때 큰 기쁨을 느끼지만, 그 기쁨은 오래가지 않습니다. 곧 더 좋은 것이 필요해지고, 더 많은 것을 소유하고 싶어집니다. 물질적 소유만으로는 우리의 영혼을 만족시킬 수 없습니다.

<u>2) 사람들은 쾌락과 감각적 즐거움을 통해 행복을 느끼기도 합니다.</u>
맛있는 음식을 먹거나, 여행을 가거나, 새로운 경험을 하면서 순간적인 즐거움을 느낍니다. 감각적 즐거움은 즉각적이고 강렬한 행복감을 주

지만, 역시 시간이 지나면 그 효과는 사라집니다. 좋은 음식을 먹을 때나, 멋진 여행을 할 때 우리는 행복을 느낄 수 있지만, 그것이 끝나면 다시 일상으로 돌아옵니다. 즐거움은 일시적일 뿐, 지속적인 행복이 제공되지 않습니다.

3) 인간관계, 특히 사랑과 우정에서 오는 관계적 행복과 성공도 매우 중요합니다. 가족, 친구, 연인과의 관계에서 사람들은 행복과 성공을 찾습니다. 그러나 인간관계는 항상 완벽하지 않으며, 상처와 실망을 줄 때가 수없이 많습니다. 사랑하는 사람과 함께 시간을 보낼 때 우리는 큰 행복을 느낍니다. 하지만 관계에서 갈등이 생기거나 상처를 받으면 그 행복은 깨어지게 됩니다. 인간관계의 행복과 성공은 불완전하고 항상 변하기 마련입니다.

4) 많은 사람들은 성취에서 큰 행복과 성공을 찾습니다. 직장에서 승진하거나, 중요한 목표를 달성할 때 우리는 성공과 행복감을 느낍니다. 하지만 성공은 잠깐의 만족을 줄 뿐, 비교의식 속에 더 높은 성취를 요구하게 됩니다. 학생이 좋은 성적을 받거나, 직장에서 승진을 할 때 우리는 기쁨을 느낍니다. 그러나 더 큰 성취를 이루지 못하면 행복과 성공으로 인한 기쁨은 곧 사라지게 됩니다 성취에 따른 행복과 성공은 끝없이 계속되는 노력이 지속될 때만 유지됩니다.

2. 영적 갈망을 채울 수 없는 세상적 가치

세상적인 행복과 성공은 인간이 가진 "영원한 가치에 대한 갈망"을 채워주지 못합니다. 인간은 단지 물질적이거나 감각적인 만족만으로 채울 수 없는 영적인 존재입니다. 창조주 하나님께서 "사람들에게는 영원을 사모하는 마음을"(전3:11) 주셔서, 의미 있는 삶을 원하기 때문에, 세상적 성취만으로는 이러한 갈망을 해결할 수 없습니다. 인간은 본질적으로 "영적인 존재"(창2:7)로서, 하나님과의 관계를 통해, 내면의 참된 만족을 얻도록 창조되었습니다. 세상적 행복과 성공은 이 영적 갈망을 채워주지 못해, 결국 혼돈과 공허 가운데 허무함을 느끼게 됩니다.

세상적 성공과 행복은 시간이 지남에 따라 퇴색되며, 죽음 앞에서 모든 것이 무의미하게 되어집니다. **"영생을 위한 영원한 가치"**를 추구하지 않으면, 결국 인간은 아무리 많은 것을 성취하더라도 죽음과 무상함 앞에서 허무감을 느낄 수밖에 없습니다.

물을 떠난 물고기는 행복할 수도 성공할 수도 없습니다.

영의 죽음으로 마귀의 종이 되어 죄악 된 삶을 살고 하나님의 진노와 저주 가운데 살면서, 부귀영화를 누린다고 행복하고 성공할 수 있을까요? (엡2:1-3)

선택된 이스라엘 백성들이 애굽에서 종살이를 하면서 행복하고 성공한들 그것이 진정한 행복과 성공이 될까요? 일본의 침략으로 36년 동안 나라를 잃고 자유를 잃고, 희망을 상실한 백성들이 조금 편안하다고 행복하며, 무엇이 잘 되었다고 성공이라 할 수 있을까요? 그 당시 호의 호식하고, 부귀 영화를 누렸던 사람들이 일시적으로는 행복하고, 성공했다고 자부했을지는 몰라도, 8.15해방을 맞이했을 때 그들은 양심에 소리에 고통을 느꼈고, 자신과 사람들에게 정죄를 받았습니다.

솔로몬은 모든 부귀 영화를 누리며 살았는데 "왜 모든 것이 헛되다고 했을까요?" 세상적으로 크게 성공한 헤밍웨이는 왜 자살했을까요?

인간은 창조주 하나님을 떠나서는 결코 행복할 수도 성공할 수도 없습니다.

행복과 성공을 위한 필요충분 조건

우리가 행복하고 성공적인 삶을 위해 필요하고 충분한 조건은 "나는 누구인가? 나는 무엇을 위해 어떻게 살아야 하며 누구와 함께 살아야 하는가? 나는 어디로 가는가?"라는 인간의 근원적이고 본질적인 이 세가지 질문에 대한 올바른 해답을 알고 살아야 합니다.

이 책은 그 질문들에 대한 해답을 사람이 아닌 하늘, 곧 하나님께 묻는 여정에서 시작되었습니다. 세상의 기준은 성공과 행복을 소유와 성취로 판단하지만, 성경은 사랑 안에서 진리를 따라 사는 삶이야 말로 진정한 성공이자 행복이라고 말씀하십니다.

이 책은 그런 진리의 삶을 살아가고자 하는 그리스도인의 삶을 살고자 하는 분들을 위한 길잡이입니다.

본서 1장-12장까지 에서는 조직 신약의 12주제인 1.성경론, 2.신론, 3.인간론, 4.사탄론, 5.죄론, 6.예수론, 7.구원론, 8.성령론, 9.기도론, 10.교회론, 11.제자론, 12.종말론을 명쾌하고 쉽게 설명하여 성도들이 반복하여 읽으면서 신앙을 점검하고 확립하도록 저술 되었습니다.

본서 별책 부록에서는 행복과 성공을 위한 성경적 원리인 "사랑"(마 22:37-40)을 위한 "제자의 삶"(행6:4)에서 조직 신학의 12주제, 500성구를 읊조리며, 필사하고, 암송하고, 성경일기를 쓰는 삶을 통해, 영적 성장을 갖도록 구성하였습니다.

이 책이 당신의 삶 속에서 하나님의 해답을 듣고, 사랑으로 살아가는 "제자의 삶" 여정에 귀한 동반자가 되길 기도합니다.

목차

추천의 글

감사의 글

서론

제1장	인생의 의문들과 성경	17
제2장	하나님과 인간	31
제3장	사탄과 죄	67
제4장	우리 주 예수 그리스도	77
제5장	온전한 믿음과 온전한 구원	87
제6장	또 다른 보혜사 성령님	115
제7장	그리스도인의 인식과 의식의 삶	135
제8장	말씀과 성령의 기도	151
제9장	교회와 사랑	179
제10장	고난과 행복	207
제11장	제자의 삶과 성령 충만	231
제12장	죽음과 상급	271
별책 부록	행복과 성공을 위한 성경적 원리	289

제 1 장

인생의 의문들과 성경

제1장 인생의 의문들과 성경

인간에게 불행과 실패를 갖게 하는 다양한 사건과 사고들이 있습니다. 인간에게 큰 불행과 실패를 가져다 주는 사건과 사고들은 개인의 삶에 깊은 상처를 남기며, 종종 그들의 정신적, 감정적 상태에 장기적인 영향을 미칩니다. 이러한 사건과 사고들은 예상치 못하게 발생하여, 삶을 불행과 실패로 빠지게 하기도 합니다.

사람들에게 큰 불행과 슬픔을 주는 다양한 사건들

가족, 친구, 배우자, 연인의 죽음은 인간이 겪을 수 있는 가장 큰 슬픔 중 하나입니다.

암, 치매, 만성 질환, 정신 질환과 같은 심각한 건강 문제는 개인과 그 가족에게 큰 고통과 불행을 초래합니다. 이혼, 배신, 연인이나 배우자와의 이별 등 관계파탄은 개인에게 깊은 슬픔과 상실감을 안겨줍니다. 경제적 파산으로 실직, 집이나 재산의 상실과 같은 경제적 사건들은 개인과 가정에 큰 불행을 가져옵니다.

각종 사고 교통사고, 산업재해, 화재 사고 등 갑작스러운 사고로 인한 상해나 사망도 예측할 수 없습니다. 우울증, 불안장애, 외상 후 스트레스 장애 등 정신적 고통은 개인에게 큰 슬픔과 고통을 초래합니다. 전쟁, 박해, 경제적 이유로 인한 강제 이민이나 망명은 사람들에게 큰 슬픔을 안겨 줍니다. 친구, 가족, 동료, 연인에게 배신당하는 경험은 인간에 대한 지울 수 없는 불신을 남깁니다.

우리 모두는 이런 불행의 다양한 사건들에 의해 노출되어 있으며 무방

비 상태입니다.

우리들은 수많은 예측 불가능한 사건과 사고 앞에 원인도 모른 채 속수무책으로 고통과 슬픔을 겪고 있습니다. 사람들이 겪고 있는 다양한 사건들의 원인은 무엇일까요? 해결책은 무엇일까요?

물질과 권력에서 찾는 헛된 안전

사람들은 각종 사고로부터의 안전을 물질, 권력, 성공에서 찾으려 합니다. 왜 사람들은 물질과 권력, 성공에서 안전을 찾으려 할까요? 많은 돈이 있으면 병원도 잘 갈 수 있고, 집도 튼튼하고, 재해에도 대비할 수 있을 것이라고 믿습니다. 높은 지위나 명성을 얻으면 누가 나를 함부로 대하지 못하고, 법적, 사회적 보호를 받는다고 여깁니다. 인생에서 성공하면 불행과 사고도 비껴갈 수 있을 것이라 착각합니다.

하지만 이런 생각은 모두 표면적이고 일시적인 안전을 줄 뿐, 진정한 안전과 평안은 결코 보장하지 못합니다. 물질은 영원하지 않고, 결코 생명을 지킬 수 없다.

돈은 병을 막지 못하고, 사고를 막지 못하며, 죽음을 막지 못합니다. 재난은 부자 든 가난한 자든 가리지 않고 닥칩니다. 권력은 사람을 높이는 듯하지만, 순간에 무너집니다. 더욱이 높이기도 하고 낮추기도 하시는 분이 하나님이시며(삼상2:6-7) "부와 귀가 주께로 말미암고 또 주는 만물의 주제가 되사 손에 권세와 능력이 있사오니 모든 사람을 크게 하심과 강하게 하심이 주의 손에 있나이다"(역대상29:12) 라고 성경은 말씀하고 있습니다. 권력자도 기업가도 하루아침에 몰락할 수 있습니다. 세상의 권력은 불안정하고, 하나님의 주권 아래 있습니다. 세상적 성공은 마음의 불안과 영적 공허를 해결하지 못합니다. 성경은 "사람이 온 천하를 얻고도 제 목숨을 잃으면 무엇이 유익하리요?" (마태복음16:26)라고 말씀합니다.

성공한 사람일수록 더 많은 것을 걱정하고, 더 많은 것을 지키기 위해 불안에 시달립니다. 외적인 성공은 내적인 평안과 영적 안전을 보장하지 못합니다. 그렇다면 참된 안전은 어디에 있을까요? 하나님 안에 있는 자만이 참된 안전을 누릴 수 있습니다 하나님은 결코 무너지지 않는 피난처이시며(시편18:1-3), 어떤 상황 속에서도 우리를 지키실 수 있는 절대 주권자이십니다.

인생에서 자주 제기되는 주요 의문들

"우리는 매일 옳고 그름, 가능과 불가능 등을 분별해야 하는데, 그 기준은 무엇인가?"

사람들은 다음과 같은 것들을 기준 삼아 옳고 그름, 가능성과 불가능을 판단하곤 합니다. 법과 제도를 기준 삼아 합법이면 옳고, 불법이면 나쁘고, 다수의 의견을 기준 삼아 많은 사람이 옳다고 하면 옳은 것처럼 여깁니다. 감정과 경험을 기준 삼아 내가 느끼기에 좋은 것이면 옳고, 싫은 것이면 나쁘고 이익과 효율을 기준 삼아 이익이 되면 옳고, 손해가 되면 틀렸다 여기고, 유행과 문화를 기준 삼아 지금 시대 흐름에 맞는 것이면 정당하다고 생각합니다. 하지만 이런 기준들은 상황에 따라 바뀌고, 나라마다 다르며, 시간이 지나면 흔들립니다. 예를 들어, 과거에는 당연하던 것이 오늘날은 비도덕적이거나 불법이 된 경우가 많습니다. 즉, 상대적인 기준입니다.

시대와 나라와 사람에 관계없이 변하지 않는 절대적인 기준은 무엇인가요? 하나님은 사람의 생각과 감정, 세상의 흐름이 아닌, 변하지 않는 "진리"(요8:32)를 통해 옳고 그름의 기준, 삶의 방향, 가능과 불가능의 판단 기준을 주셨습니다.

예수님께서는 "아버지의 말씀은 진리니이다."(요17:17)고 하셨습니다. 즉, 하나님의 말씀이 절대 진리이며, 모든 분별의 기준입니다.

우리들은 매일매일 예상치 못한 수많은 불의 사건과 사고 속에 살고 있는데 그 원인과 이유는 무엇인가? 사람들은 이런 불의한 일의 원인을 우연과 운명이라 생각하며 "운이 없었다", "재수 없다", "팔자다" 로 생각하거나 사람의 실수로 여기거나 인간의 잘못이라 말하거나, 사회 구조의 문제로 불공정한 제도, 부패한 정치, 편향된 미디어 때문이라고 하거나, 자연의 법칙으로(지진, 질병, 자연재해 등) 피할 수 없는 현상이라 생각합니다.

하지만 이런 설명들은 현상적인 이유만 다룰 뿐, 근본적인 이유를 설명하지 못합니다.

절대 진리인 성경은 우리가 겪는 모든 불의와 고통, 사고의 근본적인 원인을 이렇게 말합니다 "한 사람으로 말미암아 죄가 세상에 들어오고, 죄로 말미암아 사망이 들어왔나니…" (로마서 5:12) 하나님은 원래 완전하고 선한 세상을 창조하셨습니다.

그러나 인간의 불순종(죄)으로 인해 세상에 죄, 고통, 죽음, 불의, 혼란, 사고가 들어왔습니다. 지금 우리가 사는 세상은 죄로 인해 깨어진 세상, 고장 난 세상입니다.

진리는 무엇인가. 왜 악한 사람이 더 잘 되는가 삶의 의미는 무엇인가? "왜 우리는 존재하는가?" "우리 삶의 목적은 무엇인가?" 죽음 이후에는 무엇이 있을까? "영생은 존재하는가?" 천국과 지옥은 있는가? 심판은 있는가? 인간의 의지와 노력으로 죄와 고통과 죽음에서 구원받을 수 있는가?

인간은 삶을 살면서 수많은 질문을 갖게 됩니다 "사람들은 인생의 본질적인 물음에 어떤 기준과 출처로 답을 구하는가?" 세상은 과학을 통해 세상의 구조, 뇌와 감정, 우주의 법칙 등을 설명하며 인간의 질문에 "객관적 설명"을 주려 합니다. 하지만 과학은 '어떻게(How)'는 설명할 수 있어도, '왜(Why)'는 설명하지 못합니다. 예를 들면 "인간이 왜 존재하는가?"를 과학은 설명하지 못합니다. 요즘 사람들은 유튜브, 인스타그램, 책, 영화, 명언, 멘토 등 유명인사의 말에서 삶의 지혜와 방향을 얻으려 합니다. 하지만 이것 역시 유행과 감정 중심, 그리고 일시적인 위로에 그칠 뿐입니다.

"네가 행복하면 그게 진리야", "내가 정의라고 생각하면 정의야"라는 상대주의가 팽배합니다. 많은 사람들은 인생의 해답을 성공, 부, 권력, 자기실현에서 찾습니다.

세상 사람들은 인생의 해답을, 소크라테스, 플라톤, 아리스토텔레스 공자, 맹자, 니체, 사르트르, 하이데거 등 철학자들의 사상 속에서 인생의 의미, 진리, 정의를 찾으려 합니다. 그러나 철학은 사람마다 말이 다르고, 하나의 기준 없이 상대주의적으로 흐르기 쉽습니다. 예를 들면 어떤 철학자는 "신은 죽었다"고 하고, 어떤 철학자는 "하나님은 살아 역사한다"고 말합니다. 인생의 모든 해답이 성경에 있습니다.

성경은 누가 누구를 위해 왜 쓰셨는가?

성경은 누가 썼는가? (벧후1:20-21)

베드로 후서 1장 20-21에 "먼저 알 것은 성경의 모든 예언은 사사로이 풀 것이 아니니 예언은 언제든지 사람의 뜻으로 낸 것이 아니요 오직 성령의 감동하심을 받은 사람들이 하나님께 받아 말한 것임이라"고 기록되었습니다.

이 구절에서 우리는 성경이 단순히 인간의 생각이나 의도에 따라 기록된 것이 아니라, 하나님께서 성령을 통해 사람들에게 영감을 주어 기록하게 하셨다는 사실을 알 수 있습니다. 이를 통해 다음과 같은 점을 알 수 있습니다.

1) <u>성경의 기원</u>: 성경의 모든 예언과 성취는 인간의 창작물이 아니라, 하나님께서 직접 성령의 감동으로 사람들에게 계시하신 것입니다. 즉, 성경은 신적 권위를 지닌 책입니다.

2) <u>성령의 역할</u>: 하나님은 성령을 통해 예언자들과 기록자들에게 말씀을 주셨습니다. 이로 인해 성경은 하나님의 뜻과 계획을 정확히 반영합니다.

3) <u>해석의 중요성</u>: "사사로이 풀 것이 아니니"라는 말씀은 성경을 자기

마음대로 해석해서는 안 된다는 의미입니다. 성경의 해석은 성령의 조명을 받아야 하며, 하나님의 뜻과 주권적 섭리를 중심으로 읽고 이해해야 합니다.

이 말씀은 성경이 단순히 인간의 지혜와 노력의 산물이 아님을 분명히 하고, 성경이 하나님의 감동을 받아 기록된 진리의 말씀임을 증언합니다.

하나님이 성경을 쓰신 목적은 무엇인가?

디모데 후서 3장16-17절에 "모든 성경은 하나님의 감동으로 된 것으로 교훈과 책망과 바르게 함과 의로 교육하기에 유익하니 이는 하나님의 사람으로 온전하게 하며 모든 선한 일을 행할 능력을 갖추게 하려 함이라"고 했습니다.

디모데 후서 3장 16-17절은 성경이 하나님께서 주신 목적으로 무엇을 이루고자 하는지 명확히 보여줍니다. 이 말씀을 통해 성경이 주어진 목적을 정리하면

1) 교훈: 성경은 하나님의 진리와 가르침을 담고 있어 우리에게 삶의 방향과 올바른 신앙의 길을 제시합니다.

2) 책망: 성경은 우리의 잘못을 드러내어 회개하고 고칠 수 있도록 도와줍니다. 이는 하나님 앞에서 거룩한 삶을 살도록 이끄는 역할을 합니다.

3) 바르게 함: 성경은 잘못된 길을 바로잡아 하나님께서 원하시는 의로운 길로 인도합니다. 이는 우리를 영적으로 성장시키고, 진리를 따르도록 합니다.

4) 의로 교육하기: 성경은 우리가 하나님의 기준에 따라 올바르게 살아가도록 훈련하고 교육하는 도구입니다. 이를 통해 의로운 삶을 살아가는 데 필요한 지혜와 지침을 제공합니다.

5) 온전하게 함: 성경의 목적은 하나님의 사람, 즉 신앙인을 온전하게 만드는 것입니다. 이는 단순히 도덕적인 삶 뿐 아니라 영적으로도 충만한

상태를 의미합니다.

<u>6) 선한 일을 행할 능력</u>: 성경은 우리에게 선한 일을 행할 능력을 갖추게 합니다. 이는 하나님께서 맡기신 사명과 삶 속에서의 선행을 이루도록 돕는 역할을 합니다.

요약하면, 성경은 단순히 읽고 지식을 얻는 책이 아니라, 우리를 하나님께 합당한 자로 만들어 선한 일을 감당할 수 있게 하여, 행복하고 성공적인 삶을 살도록 인도하고 도와 주십니다.

성경이 하나님의 말씀인 증거

1) 성경 내용의 정직성:

성경은 하나님께서 성령의 감동하심을 받은 사람들을 통해 하나님 자신과 그의 피조물에 대해 계시한 책입니다(벧후1:21). 구약 성경을 보면 "여호와께서 말씀하시기를" 이라는 말이 2천번 이상 나오는데 이것은 성경의 원저자가 하나님이시며 성경이 하나님의 말씀이라는 것을 증거하고 있습니다.

일반적으로 자기 조상에 대해 기록할 때는 좋은 점만 이야기하고 나아가서는 그의 업적을 과장하는 것이 보통인데 성경에서는 하나님의 관점에서 인간을 비추어 그가 누구일지라도 그의 삶의 발자취와 언행심사를 가감 없이 기록하고 있습니다.

성경은 이스라엘 백성에게 영웅이요, 모범의 표상인 선왕 다윗의 간음 사건을 기록할 정도로 정직합니다(예: 아브라함, 롯, 베드로……등도) 이는 성경이 인간을 소개하기 보다는 하나님의 주권적 역사를 기록하기 때문입니다.

2) 예언과 성취:

성경은 하나님의 약속과 뜻이 선포되고 그 약속이 현실에서 이루어진 사실을 무수히 증명하고 있습니다. 특히 인간을 구원하기 위해 메시아를 약속하셨고 (창3:15) 그 약속을 예수 그리스도를 통해 신실하게 성취하셨음은 가장 좋은 예입니다. 성경은 크게 구약과 신약으로 되어 있는데 구약 39권은 히브리어와 아랍어로, 신약 27권은 헬라어로 기록되어 있습니다. 여기서 말하는 "약(約)"은 하나님께서 인간에게 하신 약속을 의미합니다.

구약은 하나님의 말씀에 불순종한 죄로 타락한 인간을 구속하기 위하여 [오실 메시아]에 대한 내용입니다. 신약은 구약에서 약속하신 [오신 메시야]가 3년 6개월 동안 증거하신 복음과 그의 제자들을 통해 복음이 어떻게 이방 세계로 확장되어 갔는가를 보여주고 있습니다. 구약과 신약은 하나의 책으로 신약은 구약의 약속 안에 포함되어 있고, 구약은 신약의 약속 안에 설명되고 있습니다.

3) 성경 내용의 통일성:

구약 성경의 완성 시기는 B.C.1400년이고 신약 성경의 완성시기는 A.D. 90년경이다. 성경은 1500년 이상에 걸쳐 서로 다른 문화적 형태로 다른 언어, 다른 사회적, 다른 역사적 배경에서 기록되었으나 그 내용의 중심은 인간을 창조하시고 그들을 사랑하시며 구원하시려는 하나님의 주권적 섭리가 기록되어 있습니다. 성령의 감동을 입은 40여명의 각기 다른 사람들이 약1500년 동안 각기 다른 시대, 다른 장소에서 여러 가지 목적으로 기록했지만 처음부터 끝까지 예수 그리스도를 통한 구원(救援)에 관한 통일된 주제를 다르고 있습니다.

성경 기록자 40여명의 직업은 사사, 왕, 제사장, 족장, 목자, 서기관, 의사, 어부 등 다양한 직업과 다양한 삶을 살았습니다. 그럼에도 예수 그리스도를 통한 구원을 말하는 한 가지의 통일성을 가진다는 것은 성경이 곧 하나님의 말씀임을 증거하는 것입니다.

4) 성경의 불멸성:

베스트셀러라 하더라도 그 수명을 100년을 유지하는 책은 거의 없습니다. 아무리 훌륭한 작가가 쓴 책이라 해도 성경만큼 많은 사람에게 읽히고 있는 책은 전세계 어디에도 없습니다. 로마의 디오클레시안 황제 (A.D283-316)는 기독교 건물을 파괴하며, 기독교 군인들을 강등 시키고 수많은 그리스도인을 죽인 대 박해자입니다. 그는 당시 세계에 있던 모든 성경을 거두어 들여서 불태웠습니다.

그는 성경을 태우고 "기독교는 멸절 되었다" 라고 말하였으나 성경은 하나님의 말씀이므로 사라지지 아니하고 도리어 더 많이 보급되어져 왔습니다. 이는 성경의 생명력을 증거하고 있습니다.

5) 성경의 끊임없는 새로움:

성경은 반복해서 읽을지라도 항상 새로운 깨달음을 얻을 수 있습니다. 지난 2000년 동안 수많은 성경 연구가들이 성경과 관련한 서적을 저술하고, 설교했는데도 성경의 내용은 고갈된 적이 없으며 지금도 매일 새로운 발견이 계속되고 있습니다. 이는 하나님의 말씀이 아니면 불가능한 사실입니다.

즉 성경의 샘은 언제나 같지만 그 속의 물은 언제나 새로운 생수로 창조되어 샘솟습니다. 성경은 과거의 책이 아니라 오늘의 책이며 죽은 말씀이 아니라 오늘 살아 역사하는 말씀입니다. <u>성경은 하나님의 실체입니다.</u> 성경을 통해 하나님과 매일 새로운 사랑을 나누기에 날마다 새롭고, 날마다 하나님의 지혜와 능력을 얻게 됩니다.

AD 412년 어거스틴(Augustine)은 친구에게 "나는 어린 시절부터 백발 노인이 되기까지 나의 모든 여가 시간 동안에 지칠 줄 모르는 열정을 가지고 성경을 상고하여 성경에서 많은 것들을 발견하여 왔지만 지금도 날마다 그 속에서 새로운 보화를 발견하며 발견하고 있다" 고 편지를 보냈습니다.

6) 성경의 영향력:

나무가 어떤 나무인지 구분이 가지 않을 때는 그 열매를 보면 알 수 있듯 지구상에 존재하는 수많은 국가와 사람들에 의해 [성경이 하나님의 말씀]이라는 사실이 열매로 검증되었습니다. 아니, 누가 검증해 주지 않아도 성경에 나온 모든 말씀은 진리입니다. 성경이 어떤 책인가는 성경을 읽은 사람의 삶과 생각의 변화를 보면 알 수 있습니다. 시대를 움직였던 세계적인 철학자, 인류역사에 커다란 발자취를 남긴 세계적 과학자 등 수많은 사람들은 성경을 애독하는데 힘썼습니다. 인생의 의미와 희망과 용기를 주었던 세계적인 문학가, 삶의 질곡을 진실과 성실로 극복하고 위대한 삶을 살았던 인생의 스승들은 모두 하나님의 말씀인 성경을 통해 자신의 오늘이 있었음을 고백하고 있습니다.

성경이 들어간 나라마다 문화가 발전했습니다. 악질 깡패를 변화시켜 그리스도의 종으로 만들고, 환경과 사람을 변화시키고 사회와 국가를 변화시키고 악을 선으로, 가난을 부요(富饒)로 변화시켜 왔습니다. 성경이 들어간 곳은 개인이나 사회나 국가에 인간의 존엄과 평등과 자유가 확장되고 인류 역사의 발전을 가져왔습니다.

역사상 가장 존경받는 위대한 인물들은 모두 성경을 삶의 최고 가치로 여겼습니다.

미국 국민들에게 가장 존경받는 대통령들도 성경을 통해 하나님의 실존과 사랑과 능력과 약속의 신실함과 영원함을 알고 확인하며 살았습니다. 조지 워싱턴은 "성경이 아니면 세계를 다스릴 수 없다"고 했고, 토마스

제퍼슨은 "미국은 성경을 반석으로 삼아 서 있는 나라다" 라고 했습니다. 아브라함 링컨은 "성경은 하나님께서 주신 가장 귀한 선물이다" 라고 하며 전쟁터에서도 애독하여 격무 중에서도 신 구약 성경을 265번이나 읽었습니다. 데오도르 루즈벨트는 "어떤 방면에서 일하는 사람이든 그가 자신의 생을 참되게 살기를 원한다면 성경 읽기를 권한다" 고 말했습니다.

뿐만 아니라 성경은 정치 경제 문화 예술 모든 분야에도 지대한 영향을 끼쳐왔습니다. 렘브란트, 미켈란젤로, 다빈치, 라파엘로와 같은 화가들은 모두 성경에서 영감을 얻은 화가들입니다. 베토벤, 모차르트, 하이든, 바흐, 헨델과 같은 음악가들도 모두 성경에서 영감을 얻은 음악가들입니다. 모차르트는 모든 작곡을 다 마쳤을 때에 자신의 이름을 사인하지 않고 오직 하나님의 영광이란 뜻의 약자로 사인을 했다고 합니다. 한 조사에 의하면 세계에서 가장 큰 영향을 끼친 100명 가운데 90명이 성경을 애독한 사람들이라고 합니다. 이렇듯 성경은 사람을 지혜롭게 만들고 마음의 뜻과 생각을 형성합니다. 칸트는 "성경이 있다는 것이 인류 최대의 축복이다"고 하였습니다. 성경을 읽는 것이 복이며 성경이 하나님의 말씀인 것을 믿고 아는 것이 축복입니다.

하나님의 말씀인 성경 속에 진리가 있고 행복한 삶의 원리가 있습니다. 하나님의 말씀인 성경을 읽을 때 하나님을 알게 되고, 그 때에 비로소 우리는 자신의 존재가치를 알게 되며 삶의 분명한 목적을 발견하게 됩니다. 성경이 인생의 해답입니다. 성경이 몇명의 특별한 사람들 만을 변화시킨 것이 아닙니다. 성경은 인류 역사상 수많은 사람들을 변화시켜 왔습니다. 성경이 들어가는 곳에서는 가정이 변하고, 사회가 변하고, 나라가 달라졌던 것을 역사가 증명해 주고 있습니다. 이러한 사실들을 통해 우리는 성경이 인류 역사를 움직여 왔던 것을 인정하지 않을 수 없는 것입니다.

우리는 성경을 통해서만 우주 만물을 창조하신 분이 누구인가를 알 수 있고, 우주 만물을 다스리시는 절대주권자가 누구인가를 알 수 있습니다.

우리는 절대 진리인 성경을 통해서만 죽음이 끝이 아니라 영원한 세계의 시작임을 알 수 있습니다.

제 2 장

하나님과 인간

제 2 장 하나님과 인간

모든 사람들은 하나님은 계시는가? 하나님은 어떤 분이신가? 하나님은 어떤 성품을 갖고 계시는가? 하나님은 인간을 어떻게 사랑하시는가? 인간은 어떤 존재인가? 인간을 창조한 목적은 무엇이며 어떻게 창조되었는가? 에 대해 의문점을 갖고 있습니다. 하나님은 이런 의문들을 성령의 감동하심을 받은 사람들을 통해 완벽하게 계시하여 기록하였습니다.

하나님은 어떤 분이신가?
1. 하나님은 창조주이십니다.

1) 하나님이 창조주이심은 세상의 모든 만물을 계획하고 창조하신 분이라는 뜻입니다. 성경은 하나님께서 우주와 자연, 생명, 인간을 창조하셨음을 말씀하며, 모든 존재가 하나님의 지혜와 능력으로부터 나왔음을 알려줍니다(창1:1-31).

예를 들면, 밤하늘의 별을 보며 우주의 광대함과 질서를 생각해 보면 하나님이 창조주이심을 느낄 수 있습니다. 우주는 수많은 별들과 은하들이 정교한 궤도를 따라 움직이며 질서를 이루고 있습니다. 지구 역시 태양 주위를 정확한 속도와 궤도로 돌면서 생명체가 살아갈 수 있는 환경을 유지합니다.

이러한 정밀하고 질서 있는 우주의 모습은 모든 것이 우연히 만들어진 것이 아니라, 하나님께서 계획하시고 창조하신 결과임을 보여줍니다. 성경에서 "하늘이 하나님의 영광을 선포하고 궁창이 그의 손으로 하신 일을 나타내는도다"(시편19:1)고 한 것처럼, 우주의 질서는 하나님이 창조주이심을 증거합니다.

2) 나무, 꽃, 강, 바다, 그리고 다양한 생명체들이 살아가는 자연을 생각해 보면 하나님의 창조하신 섬세함과 지혜를 느낄 수 있습니다. 예를 들면, 한 그루의 나무는 씨앗에서 시작해 햇빛과 물, 영양을 통해 성장하며 열매를 맺고, 그 열매는 다시 씨앗이 되어 새로운 나무를 자라게 합니다. 이러한 생명의 순환은 자연의 질서 안에서 이루어지며, 하나님의 섬세한 설계 없이는 존재할 수 없는 체계입니다.

또한, 생태계는 각 생명체가 서로 연결되어 의존하고 있으며, 작은 균형이 깨져도 큰 영향을 미칩니다. 이는 하나님이 창조주로서 생명의 연결성으로 설계하셨다는 것을 보여줍니다. 하나님은 단순히 만물을 만드신 것뿐 아니라, 그 생명이 서로 조화롭게 유지될 수 있도록 창조하셨습니다.

3) 인간은 감정과 사고, 창의성, 영적인 이해력을 가진 특별한 존재로, "영이신 하나님의 형상"(요4:24)을 따라 영적인 존재로 창조되었습니다(창세기 2:7). 인간은 자연의 아름다움에 감동하고, 사랑을 나누며, 하나님을 찾는 갈망이 있습니다. 이러한 특징은 단순한 진화의 결과로 설명할 수 없으며, 인간을 특별한 존재로 만드신 하나님의 창조의 산물임을 보여줍니다.

특히 인간이 도덕적 판단을 하고, 옳고 그름을 분별하며, 하나님과 소통하고자 하는 "영적인 갈망을 가진 존재"(전3:11)라는 점은 인간이 단순한 물리적 존재가 아님을 나타냅니다. 하나님께서 인간에게 영혼을 부여하시고(창2:7), 자신의 형상을 따라 창조(창1:27)하셨기에 가능한 것입니다.

2. 하나님은 주권적 섭리 주 이십니다.

하나님이 "주권적 섭리 주"시라는 것은 하나님께서 우주와 모든 존재를 다스리고 인도하시며, 인간의 삶과 세상의 모든 일에 주권적으로 관여하시는 분이라는 뜻입니다. 하나님은 창조주일 뿐 아니라, 창조된 세상과 그 안에 있는 모든 것들을 주권적으로 통치하고 섭리하시는 분입니다.

구체적인 예를 들면

1) 하나님은 우주와 자연의 모든 질서를 다스리며 섭리하십니다. 예를 들면, 계절이 바뀌고 기후가 순환하는 것은 자연의 질서를 따른 결과이지만, 그 배후에는 하나님이 계십니다. 하나님께서 섭리하지 않으시면 자연은 그 질서를 유지할 수 없습니다. 하나님은 주권적으로 태양과 비와, 바람을 조절하셔서 지구의 모든 생명체가 생존할 수 있는 환경을 마련해 주십니다.

예를 들면, 비가 내려 작물이 자라도록 하시는 것도 하나님이 세상을 돌보시고 필요한 것을 공급하시는 섭리의 한 예입니다.

2) 하나님은 우리의 개인적인 삶 속에서도 주권적으로 역사하십니다. 예를 들면, 어떤 사람은 예상치 못한 사고로부터 보호받거나, 중요한 결정의 순간에 좋은 선택을 할 수 있도록 인도받을 때가 있습니다. 이러한 순간들은 단순한 우연이 아니라, 하나님이 그 사람의 삶을 주관하고 인도하신다는 증거입니다.

하나님이 꿈으로 약속하시고 함께 하신 요셉은 형제들의 시기로 인해 애굽에 노예로 팔렸지만, 결국 애굽의 총리가 되어 가족을 구하게 됩니다. 이는 하나님이 요셉의 삶을 주권적으로 섭리하시고, 그를 통해 하나님의 계획을 이루신 것을 보여 줍니다. 이처럼 하나님은 개인의 삶에서 필요할 때 인도와 보호를 베푸시는 분이십니다.

3) 하나님은 기도를 통해서도 우리의 삶에 섭리하십니다. 하나님은 주권적으로 우리의 필요를 아시고 우리의 기도를 들으시며, 그 기도에 맞는 응답을 하십니다. 예를 들면, 누군가 질병에서 회복되거나, 어려운 상황에서 길이 열리는 경험은 하나님께서 기도에 응답하시는 섭리의 하나의 예입니다. 우리가 기도할 때 하나님은 우리의 요청을 들으시고, 하나님의 계획

과 목적에 따라 가장 좋은 방법으로 응답해 주십니다. 기도 응답을 통해 하나님이 주권적으로 우리 삶을 돌보고 계심을 깨달을 수 있습니다.

4) 우리는 인생 여정에서 때로 예상치 못한 전환점을 맞을 때가 있습니다. 예를 들어, 직장을 잃고 다른 일을 시작하게 되거나, 새로운 사람을 만나면서 삶의 방향이 바뀌는 경험을 할 때, 우리는 하나님께서 우리의 인생을 인도하고 계신다는 사실을 깨닫게 됩니다. 하나님은 우리 각자의 길을 주관하시는 분으로서, 우리가 그분의 인도하심을 신뢰할 때 비로소 그 계획이 드러납니다. 예를 들면, 사도 바울은 본래 기독교를 박해하는 사람이었지만, 다메섹 도상에서 예수님을 만남으로써 전도자의 삶으로 변화되었습니다. 이는 하나님께서 바울의 삶을 주권적으로 섭리하셔서 새로운 길로 인도하신 하나의 사례입니다.

3. 하나님은 구속 주이십니다.

하나님이 "구속 주"이심은 하나님께서 사탄의 종이 된 인간을 죄와 고통과 죽음에서 구원하시고 자유를 주시는 분이라는 의미입니다. 구속은 죄로 인해 끊어진 관계를 회복시키고, 속량하여 다시 하나님과의 친밀한 관계로 이끌어 주는 하나님의 사랑과 은혜를 나타냅니다. 하나님이 구속 주이심을 증거하는 예를 들면

1) 성경에서는 이스라엘 백성이 애굽(이집트)의 노예 상태에서 해방된 사건을 통해 하나님의 구속하심을 보여줍니다. 이스라엘 백성은 애굽에서 약 430년간 고된 노역과 압제 속에 고통받으며 노예로 살았습니다. 하나님께서는 이들을 애굽에서 구출하기 위해 모세를 보내셨고, 열 가지 재앙과 홍해를 가르는 기적을 통해 이스라엘을 구원하셨습니다.

이 사건은 하나님이 구속 주이심을 상징적으로 보여줍니다. 애굽에서 해방된 이스라엘은 하나님을 섬기는 자유를 얻었고, 하나님은 그들을 자

기 백성으로 삼아 새로운 언약을 맺으셨습니다. 오늘날도 하나님은 구속주로서 죄와 고통에서 사람들을 구원하시고, 자유와 새로운 삶을 허락하시는 분입니다.

2) 하나님이 구속 주이심은 인간이 죄에서 벗어나도록 하시는 사랑과 은혜를 의미합니다. 예를 들어, 어떤 사람이 죄책감과 절망 속에서 헤어나지 못할 때, 하나님은 회개하는 마음을 통해 그를 용서하시고 새 출발을 할 수 있도록 은혜를 주십니다. 성경에서 예수님은 간음한 여인을 용서하시며, 그녀에게 새로운 삶을 살 기회를 주셨습니다(요한복음 8:1-11).

오늘날도 하나님은 과거의 잘못과 죄를 도말(塗抹)하시고, 회개하는 자를 새롭게 하시는 구속 주이십니다. 인간이 하나님께 돌아와 새롭게 살아갈 수 있는 기회를 주시는 것은 하나님이 우리의 구속 주이시기 때문입니다.

3) 하나님께서는 "인간을 구속하시기 위해 직접 이 땅에 오신 예수님"(빌2:6-8)을 통해 십자가에서 우리 죄를 대신 짊어지셨습니다. 인간은 스스로 죄의 값을 치를 수 없었기에, 하나님께서는 독생자 예수님을 보내셔서 죄인을 대신해 속량의 대가를 지불하게 하셨습니다.

예수님께서 십자가에서 "다 이루었다"(요19:30)고 말씀하신 것은 인간의 죄를 위한 구속이 완성되었음을 의미합니다. 우리는 예수님의 죽음과 부활을 통해 죄와 사망에서 벗어나 하나님의 자녀가 되는 구원의 은혜를 누리게 되었습니다. 이처럼 십자가는 하나님의 구속의 사랑을 가장 잘 보여 주는 사건입니다.

4. 하나님은 사랑에 주이십니다(요3:16, 요일4:16)

하나님은 우리 한 사람 한 사람을 가장 귀한 보배처럼 최고로 사랑하시고, 세상에서 가장 귀한 최고의 선물을 주실 위대한 계획을 모든 사람이 알기를 간절히 소원하고 계십니다. 한 사람 한 사람을 향한 하나님의 사랑은 인간의 사랑의 경험과 지식과 이성으로는 도저히 헤아릴 수 없고 설명할 수 없는 깊고 높고 넓고 영원한 것입니다. 하나님의 사랑은 계시하신 하나님의 말씀과 성령의 역사를 통해서 깨달아지고 확신 되어지고 체험되어지는 하나님의 은혜의 역사입니다. 하나님의 사랑을 가장 완벽하게 계시해 주신 말씀은 요한복음 3장 16절 말씀입니다. M. Luther는 이 요한복음 3장 16절을 "축소된 복음"(Gospel in miniature)이라고 했습니다. 이 복음은

   1) "하나님이"… 최고의 애인입니다. 하나님은 인간을 지고지순으로 사랑하시는 분이십니다. 하나님보다 인간을 더 사랑하신 분도 없고 완벽한 사랑도 없습니다. 못났음에도 불구하고, 죄인임에도 불구하고, 어리석음에도 불구하고, 끊임없이 배신함에도 불구하고 변함없이 사랑하시는 최고의 애인입니다. 사람들은 잘난 사람, 가진 사람, 건강한 사람들만 사랑합니다.

   2) "세상을"… 최고의 숫자입니다. 모든 민족과 인종을 다 포함합니다. 남녀노소를 불문하고 장애인도, 악한 자도, 사탄의 종들도, 끊임없이 배신하고 실망시키는 사람들도 다 포함해서 사랑합니다.

   3) "이처럼 사랑하사"… 최고의 수준입니다. 생명을 희생시킨 사랑입니다. 인간은 누구를 사랑해도, 자신의 생명을 희생시키며 사랑할 수 없는 이기주의적 사랑입니다. 사랑하는 사람을 위해 자신의 생명을 내어 놓는 경우는 혹 있지만 자신의 독생자를 십자가에 처참하게 못 박히게 하면서 사랑하는 경우는 인류역사상 전무후무한 일입니다.

   4) "독생자를"… 최고의 선물입니다. 더 이상은 없는 최상, 최대의 선물

입니다. 하나님에게 독생자 예수는 만물과도 바꿀 수 없는 절대적 존재이며, 만물이 예수를 위해 존재하는데, 예수를 우리 같은 죄인에게 무료로 값 없이 선물로 준 것입니다.

5) "주셨으니"… 최고의 행동입니다. 하나님이 자기 자신을 다 주신 것입니다. 아낌없이, 아무런 조건 없이 무조건적으로 주셨습니다.

6) "누구든지"… 최고의 초청입니다. 제한 없는 우주적 초청입니다. 살인자도, 도둑놈도, 쓸모없는 패인도, 배신자도, 최고로 악한 흉악범도, 모두 다 초청했습니다.

7) "그를 믿는 자마다"… 최고의 단순함 입니다. 무조건 믿기만 하면 됩니다. 어떤 행위도, 어떤 공로도, 어떤 대가도, 노력도 필요하지 않고 오직 믿기만 하면 구원을 받게 하신 최고로 단순한 조건입니다.

8) "멸망하지 않고"… 최고의 해방입니다. 죽어야 할 죄수가 석방되는 것입니다. 지옥에 가서 영원히 벌을 받아야 할 죄인을 믿는 즉시 완전히 완벽하게 해방시키시는 은혜입니다.

9) "영생을 얻으리라"… 최고의 소유입니다. 영생, 그 이상의 재산은 없습니다. 천만금을 준다 해도 영원한 생명보다 더 귀하고 더 큰 소유가 어디에 있겠습니까?
하나님은 우리 개개인을 지극히 사랑하십니다. 하나님은 나라와 민족과 인종을 초월하여 나 같은 죄인까지도 기꺼이 사랑하십니다.

하나님은 우리 모두를 최고로 사랑하셔서 우리로 건강한 자화상 속에서

자신에게만 주어진 재능과 은사와 사명을 통해 최고의 삶을 살도록 역사하고 계십니다.

우리 인간을 위한 최고의 선물은 국가나 정부, 권력이 아닙니다. 돈도 아닙니다. 재능도 아닙니다. 인류 최고의 선물은 예수 그리스도입니다. 세상 모든 사람들에게 이 보다 더 귀한 선물은 없습니다.
요한복음 4장 10절에서는 예수님을 [하나님의 선물]이라고 말씀합니다.

우리가 온 우주의 왕이신 하나님으로부터 받은 최고의 선물은 독생자 예수님 이십니다. 하나님은 우리에게 최고의 선물을 주실 위대한 계획을 세우시고 수천 년 동안 역사해 오셨습니다. 아담과 하와가 선악과를 따먹은 즉시 사탄에게 엄히 명하여 "내가 너로 여자와 원수가 되게 하고 너의 후손도 여자의 후손과 원수가 되게 하리니 여자의 후손은 네 머리를 상하게 할 것이요 너는 그의 발꿈치를 상하게 할 것이니라"(창3:15) 말씀하신 것처럼 여자의 후손(=예수님만 여자의 후손)을 통해 우리에게 최고의 선물을 주실 위대한 계획을 세우시고 수많은 사람들의 믿음과 순종을 통해 역사해 오셨습니다.
하나님께서 예수님을 이 세상에 보내주신 궁극적인 목적은 죄로 죽게 된 인간을 살려 주시려는 것입니다. 한 마디로 영생입니다.
그래서 요한복음 3장 16절의 결론은 명료합니다.『영생을 얻게 하려 하심이라』
영생, 이것은 인간을 향한 하나님의 최상의 선물입니다. 인간은 죄 때문에 죽습니다. 잘난 사람이나 못난 사람이나, 가진 자나 없는 자나 다 죄 때문에 죽습니다. 그런데 예수님을 믿으므로 살 수 있게 해주시는 것입니다. 예수를 믿기만 하면 영원히 삽니다. 예수를 믿기만 하면 심판에서 면제를 받습니다. 그리고 영생 복락을 누립니다(요3:15-18). 우리가 예수를 믿는

순간부터 우리의 호적은 사망에서 생명으로 이적하는 것입니다.(요5:24)

5. 하나님은 심판 주이십니다.

하나님이 심판 주이심은 하나님께서 모든 사람과 세상을 공의롭게 판단하시고, 죄와 불의를 심판하시는 분이라는 의미입니다. 성경은 하나님이 사랑과 은혜의 하나님이시지만 동시에 의로우신 심판자로서, 모든 인간의 행위와 마음을 공정하게 심판하심을 가르칩니다. 하나님이 심판 주이심을 구체적으로 살펴보면

1) 에덴동산에서 하나님은 아담과 하와에게 선악을 알게 하는 나무의 열매를 먹지 말라고 명령하셨습니다. 그러나 그들은 하나님의 명령을 어기고 열매를 먹었고, 그 결과로 하나님은 그들에게 죄의 대가를 심판하셨습니다. 아담과 하와는 에덴동산에서 쫓겨나야 했으며, 인간은 죄와 사망의 결과를 짊어지게 되었습니다.

이 사건은 하나님은 사랑 속에도 죄에 대한 공의로운 심판이 반드시 따르는 것을 보여 줍니다. 오늘날도 하나님은 죄를 묵과하지 않으시고, 인간이 범죄했을 때 공의에 따라 심판하시는 분이십니다.

2) 성경에 나오는 노아의 홍수는 인류의 악행에 대한 하나님의 심판을 보여주는 대표적인 사건입니다. 당시 사람들은 폭력과 죄악에 빠져 있었고, 하나님은 이를 보고 슬퍼하시며 땅 위의 모든 생명을 심판하시기로 결정하셨습니다. 그러나 하나님께 순종했던 노아와 그의 가족은 방주에 들어가 구원받았습니다(히11:8). 하나님은 인류의 죄를 심판하시면서도, 의로운 자를 보호하시고 새로운 시작을 허락하셨습니다. 이 사건은 하나님이 죄에 대해 심판하시는 공의로우신 분임을 보여 주는 동시에, 심판 속에서도 의인에게 구원의 길을 열어 주시는 분임을 나타냅니다.

3) 소돔과 고모라는 그 악행과 죄로 인해 하나님의 심판을 받아 멸망한 도시입니다. 하나님께서는 아브라함에게 소돔과 고모라의 멸망을 알리셨고, 아브라함이 그 도시의 의인을 위해 간구했을 때 하나님은 의인 10명이 있을 경우 심판을 면해 주시겠다고 약속하셨습니다. 그러나 그 도시에는 의인이 없었고, 결국 하나님의 공의로운 심판이 이루어졌습니다.

이 사건은 하나님의 죄에 대한 공의로우신 판단을 보여 주며, 죄악이 극에 달한 곳에서는 반드시 심판이 이루어진다는 것을 나타냅니다. 또한, 의로운 사람을 구원하시려는 하나님의 마음도 함께 볼 수 있습니다.

하나님은 인간을 어떤 방법으로 사랑하시는가?

하나님의 사랑은 우리 삶 속에서 여러 가지 방식으로 표현됩니다. 하나님의 사랑은 단순한 감정이 아니라, 우리를 돌보시고, 인도하시며, 삶의 모든 순간에 함께하시는 실제적인 역사입니다.

1. 예수 그리스도를 통한 구원의 사랑

요한복음 3:16 "하나님이 세상을 이처럼 사랑하사 독생자를 주셨으니, 이는 그를 믿는 자마다 멸망하지 않고 영생을 얻게 하려 하심이라." 하나님의 사랑은 예수 그리스도를 통해 나타납니다. 우리는 죄로 인해 멸망할 수밖에 없는 존재였지만, 하나님께서는 독생자 예수님을 보내시어 십자가에서 대신 죽게 하시고 부활을 통해 영원한 생명을 주셨습니다. 우리의 삶에서 하나님의 사랑을 경험하는 가장 큰 방법은 예수님을 믿고 그분의 구원을 받아들이는 것입니다. 예수님의 삶과 희생은 하나님의 사랑이 가장 명확하게 나타난 증거입니다. 예수님은 육으로 오신 하나님이십니다(요1:14, 18).

2. 기도 응답을 통해 나타나는 사랑

예레미야 33:3 "너는 내게 부르짖으라. 내가 네게 응답하겠고, 네가 알지 못하는 크고 은밀한 일을 네게 보이리라." 하나님은 우리가 기도할 때 들으시고 응답하십니다. 어려운 상황 속에서 기도했을 때 문제를 해결해 주시거나, 예상하지 못했던 방법으로 길을 열어 주시는 것은 하나님의 사랑의 표현입니다. 예를 들어, 경제적으로 어려울 때 필요한 도움을 주시거나, 중요한 결정을 내릴 때 지혜를 주시는 것도 하나님의 사랑입니다. 기도 응답은 하나님의 사랑이 실질적으로 나타나는 방법 중 하나입니다.

3. 일상의 보호와 인도를 통한 사랑

시편 23:1-2 "여호와는 나의 목자시니 내게 부족함이 없으리로다. 그가 나를 푸른 초장에 누이시며 쉴 만한 물가로 인도하시는도다." 하나님은 우리의 삶을 지켜 주시고 인도하십니다. 예상치 못한 사고에서 보호받거나, 위험한 상황에서 건짐을 받은 경험이 있다면, 그것은 하나님의 사랑이 우리 삶 속에서 역사하신 증거입니다. 우리의 발걸음을 선한 길로 인도하시고, 잘못된 선택에서 돌아오도록 역사하시는 것도 사랑의 표현입니다. 우리가 하나님을 신뢰하고 따를 때, 우리를 선한 길로 인도하십니다.

4. 사람들을 통한 사랑

가족, 친구, 교회 공동체를 통해 위로 받고 격려 받을 때, 하나님의 사랑을 경험하는 것입니다. 어려울 때 누군가가 도움을 주거나, 예상치 못한 선물을 받을 때, 하나님께서 그 사람을 통해 우리의 필요를 채워 주신 것입니다. 하나님은 사람을 통해 하나님의 사랑을 나타내십니다.

5. 말씀을 통한 사랑

하나님의 사랑은 성경 말씀을 통해 우리에게 전달됩니다. 삶이 힘들고 지칠 때 성경을 읽으면 위로와 힘을 얻을 수 있습니다. 예를 들어, "두려워하지 말라 내가 너와 함께 함이라"(이사야 41:10)라는 말씀을 통해 어려운 상황에서도 하나님이 함께하심을 느낄 수 있습니다. 성경은 하나님의 사랑의 편지로서, 우리가 어떻게 살아야 하는지, 어떻게 구원을 받을 수 있는지 알려줍니다. 하나님은 우리를 외면하지 않으시고, 성경을 통해 우리를 바른 길로 인도하시며 사랑하십니다.

6. 시련을 통한 사랑

히브리서 12:6 "주께서 그 사랑하시는 자를 징계하시고 그가 받아들이시는 아들마다 채찍질하심이라." 때때로 하나님은 우리를 더욱 성숙하게 하기 위해 시련을 허락하십니다. 부모가 자녀를 바르게 키우기 위해 훈육하는 것처럼, 하나님도 우리를 연단하심으로 성장하게 하십니다. 힘든 시간을 지나고 나서 더욱 강한 믿음을 가지게 된다면, 그것은 하나님이 우리를 사랑하시기 때문에 연단하신 것입니다.

7. 자연을 통한 사랑

하나님은 자연을 통해서도 우리를 사랑하십니다. 아름다운 꽃과 산, 바다, 하늘을 볼 때 우리는 하나님의 창조하신 사랑을 느낄 수 있습니다. 또한, 햇빛과 비를 주셔서 우리가 살아가는 데 필요한 모든 것을 공급하십니다. 우리는 자연 속에서 하나님의 섬세한 사랑을 발견할 수 있습니다. 아름다운 하늘, 산, 바다, 꽃, 그리고 우리의 생명을 유지하는 음식과 공기 모두가 하나님의 사랑의 표현입니다.

8. 평안을 주시는 사랑

빌립보서 4:6-7 "아무 것도 염려하지 말고 다만 모든 일에 기도와 간구로, 너희 구할 것을 감사함으로 하나님께 아뢰라. 그리하면 모든 지각에 뛰어난 하나님의 평강이 그리스도 예수 안에서 너희 마음과 생각을 지키시리라." 하나님은 우리에게 세상이 줄 수 없는 평안을 주십니다. 걱정과 두려움 속에서도 마음에 평안을 느낀다면, 그것은 하나님이 주시는 사랑의 선물입니다. 많은 성도들이 어려운 상황에서도 기도할 때 마음에 평안을 얻고, 결국 모든 것이 합력하여 선을 이루는 것을 경험합니다.

9. 용서를 통한 사랑

이사야 1:18 "여호와께서 말씀하시되 오라 우리가 서로 변론하자. 너희의 죄가 주홍 같을지라도 눈과 같이 희어질 것이요, 진홍 같이 붉을지라도 양털 같이 되리라." 하나님은 우리가 죄를 범할 때에도 용서하시고 다시 받아 주십니다. 우리가 회개할 때, 하나님은 우리를 다시 품어 주시고 새롭게 하십니다. 탕자의 비유(누가복음 15장)에서 아버지가 돌아온 아들을 기쁨으로 맞이하는 모습은 하나님의 사랑을 잘 보여줍니다.

10. 영원한 생명을 주시는 사랑

요한일서 5:11 "또 증거는 이것이니 하나님이 우리에게 영생을 주신 것과 이 생명이 그의 아들 안에 있는 그것이니라." 하나님은 우리가 이 땅에서의 삶을 마친 후에도 영원히 그분과 함께하도록 영생을 약속하셨습니다. 믿는 자에게는 천국에서 하나님과 함께하는 영원한 기쁨이 기다리고 있습니다. 이 약속은 하나님의 사랑의 궁극적인 표현입니다 하나님의 사랑은 언제나 우리와 함께하며, 우리는 그 사랑 속에서 영원한 생명을 누리며 살게 되었습니다.

인간은 하나님을 알아야 "자신이 누구인가"를 알 수 있습니다.

〈인생에 관하여〉를 쓴 프랑스의 문필가 몽테뉴(Michel de Montaigne)는 "인간은 전 세계를 알면서도 자기 자신을 모르고 있다"고 말했고, 심리

학자 칼융 (Carl G. Jung)의 핵심질문 역시 '당신은 자신이 누구인지 아는가?'였습니다. 인간은 늘 잃어버린 자기를 찾기 위해 노력합니다. 그러나 자신을 찾는 길은 하나님과의 친밀한 인격적 사랑을 나눌 때 분명하게 보여 지는 것입니다. 그래서 칼융은 인간은 삶의 의미인 하나님을 만날 때까지는 의미 없이 방황하며 허망한 인생을 살 수밖에 없다고 말했습니다.

아담이후 하나님과의 관계를 잃어버린 인간은 자기 자신을 잃어버린 정체불명의 존재가 되었습니다.

우리는 자기 자신이 누구인지를 알기 전에는 자신을 사랑할 수 없습니다.

자신이 누구인지 알기 위해서는 어떻게 해야 할까요? 사람은 자신의 모습을 보기 위해 거울을 사용합니다. 거울이 있을 때는 거울을 들여다보면 자기가 누구인지를 볼 수 있습니다.

그러나 거울을 잃어버리면 벽을 보고 아무리 자기를 찾으려 해도 찾을 수가 없습니다. 하늘을 쳐다봐도 땅을 쳐다봐도 자기가 누구인지를 볼 수가 없는 것입니다. 사람은 '하나님의 형상과 모양대로'(창 1:26) 지음 받았기 때문에 하나님을 바라보았을 때는 '아, 내가 저분과 같구나!' 하고 자기 존재가치를 알 수가 있었습니다. 하나님을 바라보았을 때는 위대하고 영광스러운 자기 모습을 알 수 가 있었습니다. 그러나 거울이 없으면 자기 모습을 볼 수 없듯이, 하나님을 보지 못한 인간은 '자기가 누구인지(정체성)을 모른 체 사람들의 인정에 목말라 하며 살게 됩니다.

하나님의 사랑을 알지 못한 인간은 자기가 얼마나 소중한 존재인 줄 모릅니다. 자신이 소중한 존재인 줄을 모르는데 어떻게 자기를 사랑할 수 있으며, 자기를 사랑하지 못하는데 어떻게 이웃을 사랑할 수 있겠습니까?

미국 소설가 마크 트웨인(Mark Twain)은 '인간은 자기 자신에 대한 긍정이 없이는 결코 인생을 행복하게 살 수 없다.'고 했고, 노벨문학상을 받은 영국의 버트런트 러셀(Bertrand Russell)은 '자기 자신과 평화 한 사람만이 다른 사람과 평화 할 수 있다'고 했습니다. 자기를 사랑하지 못하고 이웃을 사랑하지 못하기 때문에 인간은 점점 더 삶의 혼돈과 공허와 허무의 늪에 빠지게 되는 것입니다.

사랑을 모른 채 사는 사람들은, 사랑이 아닌 다른 것을 소유함으로 행복하려 합니다. 명예를 얻음으로 행복하고 성공하려고 합니다. 그러나 이런 것들이 만족을 가져다 줄 수는 없습니다. 〈노인과 바다〉라는 작품으로 노벨문학상까지 받은 헤밍웨이(Ernest Hermingway)는 부귀와 명성을 다 가진 사람이었습니다. 하지만 그는 네 번이나 이혼하는 불행한 결혼 생활을 했고, 결국 61살에 심한 우울증으로 자살하였습니다.

헤밍웨이는 마지막 일기장에 "나는 전지약이 다 떨어지고 코드를 꽂으려 해도 꽂을 전원이 없어서 불이 들어오지 않는 라디오의 진공관처럼 공허하다"고 기록하였습니다.

이렇듯 겉만 화려하게 포장된 허수아비 인생은 결국 삶의 공허와 허무만을 안겨주고 맙니다. 돈이나 지위나 명예나 권세와 같은 세상의 것들은 잠시 있다가 그만 물거품처럼 사라지는 것들입니다. 결코 만족을 줄 수 없습니다.

인류 역사상 가장 큰 부귀 영화를 누렸던 솔로몬조차 '헛되고 헛되니 모든 것이 헛되도다.'(전 1:2)라고 탄식 했습니다. 하나님의 사랑을 모르는 인간은 세상 것으로 아무리 많은 것을 채워 놓아도 결과는 공허하고 허무하기 짝이 없을 뿐입니다. 프랑스의 철학자 파스칼(Blaise Pascal)은 "인간은 영적인 존재이다. 그래서 사람의 마음속에는 하나님의 사랑으로만 채울 수 있는 공간이 있다"고 했습니다. 물고기가 물속에서 살아야 하듯이,

사람은 하나님의 사랑 속에 살도록 창조되었습니다. 파스칼이 지은 〈팡세〉를 보면 "아, 인간이여, 내가 비참에서 벗어나려고 아무리 찾아봐도 아무 소득이 없구나. 내 자신 속에서는 진리도 선도 찾을 수가 없구나! 철학자들은 그것을 찾아 주겠다고 너에게 약속했지만 그 약속을 지킬 수 없다. 그들은 너의 참된 선이 무엇이며 너의 참된 간구가 어떤 것인지도 알지 못한다. 네가 왜 비참한지 그 원인조차 알지 못하면서 어떻게 너의 불행을 건져 줄 수 있단 말인가!" 라고 말하고 있습니다. 파스칼은 공허하고 허무한 삶의 모습을 한탄하고 있습니다.

그러나 파스칼이 하나님을 만나 인생의 방황과 고뇌의 종지부를 찍은 후에는 하나님의 은총에 감격해 하며 "하나님은 철학자의 하나님이 아니요, 과학자의 하나님도 아니요, 수학자의 하나님도 아니요, 하나님은 아브라함의 하나님, 이삭의 하나님, 야곱의 하나님, '믿는 자의 하나님'인 것을 내가 알아내었다"는 글을 남깁니다. 그가 하나님을 믿고 나자, 하나님께서는 예수 그리스도 안에서 그를 품어 주시고 잃어버린 자화상을 회복시켜 주셨습니다. 그 텅 빈 가슴에 '자신의 소중한 존재가치'를 분명하게 인식하게 된 것입니다. 인간의 본래 형상을 회복하는 방법은 오직 창조주 하나님께 나아가는 길 이외에는 다른 길이 없습니다. 하나님과 만남으로만 삶의 혼돈이 끝날 수 있습니다. 공허도 예수 안에서 하나님을 만남으로 매워지고, 혼돈도 예수 안에서 하나님을 만남으로 해결될 수가 있습니다.

그러나 자신이 이 세상 그 어떤 것 과도 비교할 수 없는, 하나님께서 독생자의 보혈로 값 주고 살만큼 아주 소중한 존재임을 알고 나면 공허와 허무를 해결하고 자신과 건강한 사랑을 할 수 있게 됩니다.

하나님은 인간을 어떻게 창조하셨는가? (창세기 2:7)

창세기 2장 7절은 인간의 창조 과정을 묘사하며, 인간이 영(spirit)과, 혼(soul)과, 육(body) 세 가지로 이루어진 존재임을 보여줍니다. 이 구절은 "여호와 하나님이 땅의 흙으로 사람을 지으시고 생기를 그 코에 불어넣으시니 사람이 생령이 되니라"라고 기록되어 있습니다. 이 말씀은 인간이 단순한 육체 이상의 존재로, 하나님과의 관계를 맺고, 도덕적, 영적, 감정적 존재로 창조되었음을 의미합니다.

1. 육체 (Body) - 물리적이고 눈에 보이는 존재

창세기 2장 7절에서 "흙으로 사람을 지으시고"라는 표현은 인간이 물리적 육체를 가지고 있으며, 이 육체는 흙으로 만들어져 영양소와 물, 산소를 필요로 하는 생물적 존재임을 의미합니다. 흙으로 빚어진 인간의 육체는 우리가 보고 느낄 수 있는 신체로서, 하나님이 창조하신 물질 세계와 연결되어 있습니다.

예를 들면, 인간의 육체는 먹고 마시며 성장하고, 일을 할 수 있는 신체적 힘을 가지고 있습니다. 우리의 손과 발로 세상을 경험하고, 감각 기관을 통해 외부 세계와 소통하는 역할을 합니다. 또한 육체는 피곤함을 느끼고 쉬어야 하는 연약한 부분이 있습니다. 이처럼 육체는 인간의 물리적, 생물적 요소로서 흙으로 창조된 우리 존재의 기초입니다.

2. 혼 (Soul) - 감정과 지성과 의지를 지닌 존재

인간에게 생기를 불어넣으셨다는 것은 단순히 물리적인 생명만을 의미하지 않습니다. 혼(soul)은 인간의 감정, 지성, 의지 등으로, 인간이 느끼고 생각하고 선택하는 능력을 포함하는 존재의 일부입니다. 혼은 인간의 감정적이고 정신적인 부분을 담당하며, 우리를 살아 숨쉬는 존재로 만듭니다.

예를 들면, 혼은 우리가 기쁨과 슬픔, 사랑과 분노 같은 감정을 느끼게

해 줍니다. 또한, 혼을 통해 인간은 도덕적 판단과 선택을 할 수 있습니다. 일상에서 기쁘고 즐거운 일을 경험할 때나, 슬프고 괴로울 때 우리가 느끼는 감정, 그리고 어떤 일을 선택하고 결정하는 마음은 혼의 기능을 보여줍니다. 혼(마음)은 우리의 정신과 감정을 다루며, 내면의 삶을 풍부하게 만드는 요소입니다.

3. 영 (Spirit) - 하나님과 교제하는 영적 존재

창세기 2장 7절에서 "생기"는 하나님의 영적인 생명을 의미하며, 인간이 하나님의 형상을 따라 지어진 영적 존재임을 나타냅니다. 영(spirit)은 인간이 하나님과 교제할 수 있는 부분으로, 우리를 단순한 생명체가 아닌 영적인 존재로 구별해 줍니다.

예를 들면, 영을 통해 우리는 기도하고 예배하며, 하나님과 깊은 영적 교제를 나눕니다. 영은 하나님을 이해하고 그분의 뜻을 깨달을 수 있는 능력을 주며, 인간을 다른 피조물과 구별되는 독특한 존재로 만듭니다. 우리가 하나님을 사랑하고 그분과 연결될 수 있는 이유는 영이라는 부분이 있기 때문입니다. 영은 하나님과 소통하고 영원한 생명과 연결되는 존재의 근본입니다.

영적 존재인 인간은 "영이신 하나님"을 볼 수 있고, 하나님의 음성을 들을 수 있고, 하나님과 대화할 수 있고 하나님의 사랑을 느낄 수 있고, 하나님의 마음을 헤아릴 수 있고 하나님과 깊은 교제를 나눌 수 있는 존재로 창조되었습니다.

타락 이전의 인간과 타락 이후의 인간
1. 타락 이전의 인간

창세기 3장의 인간의 타락 이전, 즉 창세기 1장과 2장에서 계시된 인간은 하나님의 형상대로 창조된 존귀한 존재였습니다. 인간의 위대함은 단순한 육체적, 지적 능력을 넘어서, 하나님과 사랑의 관계 속에서 발견됩니다. 인간이 타락하기 전, 하나님께서 창조하신 본래의 모습은 다음과 같은 측면에서 존귀합니다.

1) 하나님의 형상(Imago Dei)을 가진 존재

창세기 1:26-27에서 하나님께서는 "우리의 형상을 따라 우리의 모양대로 사람을 만들고" 라고 말씀하시며 인간을 창조하셨습니다. 하나님의 형상이란 단순한 외형이 아니라, 하나님의 성품과 본질을 가진 존재라는 뜻입니다.

인간은 거룩함, 의로움, 지혜, 사랑, 자유의지, 창조성 등 하나님의 형상(D.N.A)을 닮은 특별한 속성을 부여 받았습니다.

2) 하나님과의 친밀한 사랑으로 교제하며 살던 존재

창세기 2장에서 하나님께서는 에덴동산에서 인간과 함께 거하시고 직접 교제하셨습니다. 인간은 하나님과 직접 대화하며, 그분의 뜻을 온전히 이해하는 관계를 누렸습니다. 창세기 3장에서 인간이 범죄한 후 하나님을 두려워하여 숨은 모습(창3:8)과 대조적으로, 타락 전에는 하나님과의 친밀함이 인간의 가장 큰 특권이었습니다.

3) 온전한 지혜와 도덕적 순결을 가진 존재

인간은 창조될 때부터 하나님의 선하심과 지혜를 반영하는 존재였습니다.

아담이 동물들에게 이름을 붙인 것(창 2:19-20)에서 볼 수 있듯, 그는 뛰어난 지적 능력과 질서를 부여하는 창조적 능력을 가지고 있었습니다. 인간은 본래 죄가 없는 순결한 상태로, 하나님과 완전한 조화를 이루며 살아갔습니다.

4) 하나님께 복을 받아 세상을 다스리는 왕 적 권위를 받은 존재

하나님께서는 인간에게 "생육하고 번성하여 땅에 충만하라, 땅을 정복하라, 모든 생물을 다스리라"(창 1:28)고 명령하셨습니다. 이 말씀은 인간이 하나님을 대신하여 피조세계를 관리하고 다스리는 청지기적 역할과 왕적 권위를 가지고 있었다는 것을 보여줍니다. 인간은 자연과 조화를 이루며, 하나님의 창조세계를 보존하고 가꾸는 책임을 맡았습니다.

5) 남자와 여자로 창조되어 완전한 조화를 이루던 존재

하나님께서는 남자와 여자를 하나님의 형상대로 창조하셨고(창 1:27), 서로 돕는 배필로서 조화를 이루게 하셨습니다. 창세기 2:23-24에서 아담이 하와를 보며 "이는 내 뼈 중의 뼈요 살 중의 살이라"고 고백하는 모습은, 인간이 원래부터 깊은 사랑과 연합 속에서 살도록 창조되었음을 보여줍니다. 죄가 들어오기 전, 인간은 서로를 사랑하며, 하나님의 뜻을 이루기 위해 서로 협력하는 완전한 관계를 유지했습니다.

6) 영원한 생명을 가진 존재

에덴동산에는 생명나무가 있었고(창 2:9), 인간은 하나님의 말씀을 따라 사는 한 영생할 수 있었습니다. 인간은 죽음과 질병이 없는 상태에서 하나님의 완전한 축복 속에 거할 수 있었습니다. 창세기 3장 이전의 인간은 하나님의 형상을 반영하며, 그분과 친밀한 교제를 나누는 존재였습니다. 또한, 지혜와 순결함을 지니고, 세상을 다스리는 권세를 받은 왕 적 존재이자, 사랑과 연합 속에서 살아가도록 창조된 고귀한 존재였습니다. 그러나 인간이 죄를 범함으로 인해 이 모든 영광을 상실했습니다.

2. 타락 이후 인간의 실상(엡2:1-3)

엡2:1-3에 "그는 허물과 죄로 죽었던 너희를 살리셨도다 그 때에 너희는 그 가운데서 행하여 이 세상 풍조를 따르고 공중의 권세 잡은 자를 따랐으니 곧 지금 불순종의 아들들 가운데서 역사하는 영이라 전에는 우리도 다 그 가운데서 우리 육체의 욕심을 따라 지내며 육체와 마음의 원하는 것을 하여 다른 이들과 같이 본질 상 진노의 자녀이었더니"라고 했습니다.

에베소서 2:1에서 "죽었다"는 의미는 영적 죽음을 의미합니다. 여기서 "죽었던" 상태는 육체적인 죽음이 아니라, 죄로 인해 하나님과의 관계가 끊어진 상태를 뜻합니다. 인간이 하나님과 단절되면 생명의 근원이신 하나님과 분리된 것이므로 영적으로 "죽은" 것입니다.

에베소서 2:2에서 "세상 풍조를 따르고"의 의미는 세상의 가치관과 죄악 된 삶의 방식에 따르는 상태를 의미합니다. "풍조(風潮)"란 시대의 흐름, 사람들이 따르는 유행이나 가치관을 뜻하며 하나님 없이 사탄의 영향 아래 죄악 된 삶을 따르는 것을 의미합니다. 세상의 가치관은 하나님을 경외하는 것이 아니라, 자기 중심적인 삶을 추구하며 교만과 이기심의 극치를 나타냅니다.(창세기 11:4)

에베소서 2:3에서 "육체의 욕심을 따라 지내며"의 의미는 하나님을 떠난 사람들은 자기 본성대로 살며 자신의 욕망과 죄의 충동을 따라가는 삶을 살아간다는 뜻이며 하나님의 뜻과 상관없이 자기 욕망과 세상의 가치관을 따라 사는 삶을 의미합니다.

에베소서 2:3에서 "육체와 마음에 원하는 것을 하여"의 의미는 인간이 자기 본능과 감정, 욕망을 따라 사는 삶을 의미합니다. 여기서 "육체"와 "마음"이 언급된 것은 인간의 전인적인 타락을 말하며 죄 된 본성에 따라 모든 욕구대로 사는 삶을 의미합니다.

에베소서2:3에서 "본질 상 진노의 자녀이었더니"의 의미는 인간은 타락 후 태어날 때부터 죄 성을 가지고 태어난 존재로 인간은 본성적으로 죄 가운데 있으며, 사탄의 지배하에 있어 그 죄로 인해 하나님의 심판을 받을 수밖에 없는 존재라는 의미입니다.

인간은 영적 죽음으로 말미암아 하나님과의 관계가 단절됨으로 "세상 풍조"(세상 가치)를 따르고, "공중에 권세 잡은 자(사탄)를 따르고, 죄 된 본성을 따라 육체의 욕망과 마음이 원하는 대로 하여 하나님의 진노 아래 있는 존재입니다.

타락 후 인간에게 뿌리 깊이 내재된 8가지 마음의 병

우리는 인간이 사단의 간계에 빠진 첫 번째 사건인 창세기의 선악과 사건을 통해 사탄으로 인한 하나님과 인간의 관계 단절을 좀 더 자세히 살펴볼 필요가 있습니다.

선악과 사건(창3:1-6)에서 인간은 사단의 간계에 빠져, 자신이 하나님의 말씀을 믿고 순종함으로 "복을 받으며"(창1:28) 살아야 할 피조물임을 망각하고, 사탄의 말에 속아 하나님의 말씀을 믿지 않고 자기 마음대로 살려고 하는 마음을 갖게 됩니다. 이것을 성경에서는 원죄라고 말합니다.

'하나님의 말씀을 믿지 않고 불순종함으로 인한 원죄'는 하나님과의 관계 단절을 초래했습니다. 하나님이 말씀하신 "네가 먹는 날에는 정녕 죽으리라"(창 2:17)는 말씀 중 '정녕'은 '반드시'라는 말씀이고, '죽으리라'는 하나님과의 영적인 '관계의 단절'을 말씀하는 것입니다. 그리고 이러한 원죄로 인한 하나님과의 관계 단절은 인간에게 치명적인 마음의 병을 갖게 했습니다.

인간은 하나님의 복을 받고(창 1:28), 사랑을 받으며, 하나님과 교제하며 살도록 창조되었는데 하나님과 '관계가 단절'되었으니, 이것은 마치 숨을 쉬며 살도록 창조되었는데 숨을 쉬지 못하게 된 것과 같습니다. 숨을 쉬지 않고 살면서 어떻게 행복하고 성공적인 삶을 살 수 있겠습니까? 결국 '하나님의 말씀을 믿지 않고 불순종'함으로

하나님과의 관계가 단절되는 그 순간부터 인간은 치명적인 마음의 병을 갖게 되었습니다.

그것은 "열등감, 죄책감, 소외감(버림 받은 마음), 굶주림과 목마름, 분노, 두려움, 이기심과 교만"이라는 8가지 병입니다.

이 병들로 인해 인간은 평생 불행과 실패의 늪에서 발버둥치지만, 늪에서 허우적거릴 뿐 빠져 나오질 못하고 점점 더 깊이 빠져들어 죽음을 당하게 됩니다.

인간을 불행의 늪에 빠뜨린 치명적인 마음의 병은 이 세상 그 어떤 것으로도 치료할 수 없고 오직 하나님과의 관계를 회복하고, 하나님과 사랑을 나눌 때에만 치료될 수 있는 마음의 병입니다.

우리가 예수님이 말씀하신 '진정으로 행복하고 성공적인 풍성한 삶'(요 10:10)을 살기 위해서는 이 "8가지 마음의 병"이 무엇인지 자세히 알고 1) 사탄과 2)세상 가치와 3)자아를 물리치고 내 생각이나, 사람들의 생각이 아닌 하나님의 말씀으로 재 정립해야 합니다.

1. 열등감 (창3:7)

창세기 3장 7절에는 죄를 지은 후 인간이 취한 첫 번째 반응이 기록되어 있습니다. 아담과 하와는 죄악의 결과 자신들의 눈이 밝아지자 자신들의 벗은 몸을 보게 되었습니다. 그러자 부끄러움을 느꼈고, 부끄러움을 가리기 위해 나뭇잎으로 자신들의 벌거벗은 몸을 가렸습니다. 여기서 우리는 원죄가 열등감을 만들어내는 장면을 보게 됩니다. '자신을 바라보며 부끄러워하는 아픔' 이것이 열등감입니다.

인간은 원래 열등한 존재, 곧 피조물입니다. 죄를 지었기 때문에 열등한 것이 아니라 죄를 짓기 전에도 피조물이었으며 스스로의 힘으로는 살아갈 수 없는 존재였습니다. 피조물이라는 의미는 창조주에 의해 만들어졌다는 의미를 넘어 '창조주를 의지'해야만 살아 갈 수 있다는 뜻입니다. 즉, 누군가를 의존해야만 하는 존재입니다.

그러나 인간은 죄를 짓기 전에는 원래 자신의 열등함을 모르고 살았습니다. 자신이 피조물임에도 불구하고 말입니다. 그것은 하나님과의 관계가 완벽했을 때에는 모든 것이 풍족하였기 때문입니다. 마치 이것은 갓난아기가 어머니 품 안에서 엄마의 젖꼭지를 물고 있는 것과 같습니다. 갓난아기가 어머니 품속에 있을 때, 자기가 열등하다고 불평하는 일은 결코 없습니다. 갓난아이는 엄마의 품에서 매우 행복해 하고 부족을 모르고 지냅니다. 실제로는 너무나 부족한 존재인 데도 말입니다.

그러나 갓난아기는 어머니의 품으로부터 떨어질 때 불안해서 울며 자신의 열등함을 울음으로 호소합니다. 실제로 엄마의 품을 떠난 갓난아기는 이 세상에서 그 누구보다도 연약하기에 혼자서는 살 수가 없습니다. 갓난아기의 행복은 엄마의 젖꼭지를 빨고 있을 때입니다. 그 순간이 가장 편안한 순간이기 때문입니다.

이것이 에덴동산에서의 인간의 처음 모습이었습니다. 하나님과의 관계가 완벽했을 때의 인간의 모습입니다. 인간은 피조물이기 때문에 모든 것이 부족했지만 하나님과의 관계가 완벽하기 때문에 열등감을 갖지 않았습니다.

그러나 하나님과 단절됨으로 서 그의 불완전함이 드러나게 되는 것입니다. 열등감이란 창조주와 분리되어 자기 자신을 알게 될 때 갖게 되는 치명적인 불치의 병입니다. 열등감을 갖는 배경에는 하나님과의 분리와 자기 자신을 보는 것, 그리고 상대방과 비교하는 비교의식에 있습니다. 일반적으로 사람들은 열등감이 생기는 이유를 외부나 환경에서 찾습니다. 예를 들어, 남들에 비해 공부를 못한다 든지, 집안이 가난하든지, 키가 작든지 하는 등등의 이유에서 열등감을 가집니다.

이처럼 열등감은 비교될 때 생기는 마음의 병이기는 하지만 근원적으로는 하나님과의 분리에서 생기는 것임을 기억해야 합니다. 즉, 하나님의 품을 떠난 죄로부터 오는 것입니다. 죄가 하나님을 바라보지 못하게 만들어 자기 자신만을 의식함으로 생기는 아픔입니다.

열등감은 우리의 눈이 하나님을 향해서가 아니라 자기 자신이나 주변 환경을 향해서 밝아졌을 때 생겨나는 원초적 감정 중 하나입니다. 따라서 열등감은 환경이나 외부적인 조건을 바꾼다고 해서 치유되지 않습니다. 근원적인 면에서 하나님 품에 돌아와 하나님을 바라보는 일을 통해서만 치유되어 질 수 있습니다. 열등감을 치유하기 위해서는 갓난아기처럼 다시 하나님의 품에 안기면 됩니다.

하나님의 사랑을 확인하기만 하면 열등감의 병은 자연히 치유가 일어납니다. 환경이 하나도 바뀌지 않아도 관계없습니다. 신체장애가 더 이상 열등감을 조장하지 못할 것입니다. 키가 작다는 이유로 더 이상 위축되지 않을 것입니다. 가난이 더 이상 부끄럽지 않을 것입니다. 학벌이 좋지 않은 그것이 더 이상 아픔이 아닐 것입니다.

가장 위대하신 전능 자 하나님께서 자신을 사랑하고, 자신을 위해 모든 것을 내어 주셨다는 것을 믿을 때 열등감은 자연스럽게 치유될 것입니다.

2. 죄의식 (창3:8-10)

열등감이 생긴 아담과 하와는 어떻게 행동했나요? 그들은 여호와의 낯을 피하여 숨었습니다. 이게 무슨 말입니까? 죄의식이 생겼다는 말입니다. 범죄를 저지르지 않았을 때에도 자기 자신을 알게 되면 두려운 법입니다.

자신이 얼마나 어리석고 무능하고 연약한 피조물인가를 알아도 두려운데 아담과 하와의 경우 죄까지 지었으니 얼마나 죄책감이 컸겠습니까? 죄의식이란 죄를 지었다는 자책감을 말합니다. 열등감은 수치심으로 발전하여 치마를 만들어 입게 만들었습니다. 나뭇잎으로 수치스러움을 가렸으나 자꾸만 커지는 죄의식으로 아담과 하와는 숨을 곳을 찾게 됩니다. 그들이 "몸을 숨겼다는 것은 한 편으로 마음을 숨겼다"는 말도 됩니다.

마음이 하나님으로부터 도망간 것입니다. 죄의식은 자꾸 도망가려는 속성이 있습니다. 죄를 지은 아들은 아버지를 자꾸만 피하여 숨고, 아버지를 멀리하고, 아버지가 주신 것을 누리지 못하고, 마음에 평안과 기쁨이 없고, 집중하지 못하고, 열정을 쏟으며 살지 못합니다. 즉, 우리의 죄의식이 자꾸 하나님과 멀리하려 하고 그로 인해 하나님의 사랑의 음성을 듣지 못하고 인도와 보호를 받지 못하기 때문에 불행과 실패가 반복되는 것입니다.

다윗이 밧세바를 간음한 후 우리아를 죽이고 사람들을 감쪽같이 속이고 산다고 살았지만 나단 선지자가 "그러한데 어찌하여 네가 여호와의 말씀을 업신여기고 나 보기에 악을 행하였느냐 네가 칼로 헷 사람 우리아를 치되 암몬 자손의 칼로 죽이고 그의 아내를 빼앗아 네 아내로 삼았도다"(삼하 12:9)고 말했을 때 "다윗이 나단에게 이르되 내가 여호와께 죄를 범하였노라"(삼하 12:13)고 바로 회개하는 모습을 보게 됩니다. 이것은 다윗이 얼마나 죄책감에 시달려 왔는가를 극명하게 보여주고 있는 장면입니다.

    사람들은 속일 수는 있지만 하나님은 속일 수는 없고, 사람을 속일 수는 있지만 양심을 속일 수는 없기에 나단 선지자의 단 한마디에 죄책감에 짓눌려 온 다윗은 죄를 자백하고 있는 것입니다. 일생을 살아오면서 알게 모르게 지어 온 죄들이 언제나 우리의 죄의식으로 작용하여 하나님을 멀리하게 만들고, 하나님의 사랑의 음성을 듣지 못하게 하고, 하나님이 주신 축복을 누리지 못하게 하여 우리를 불행하게 만드는 것입니다. 성경은 "만일 우리가 우리 죄를 자백하면 그는 미쁘시고 의로우사 우리 죄를 사하시며 우리를 모든 불의에서 깨끗하게 하실 것이요"(요일 1:9)라고 약속하셨습니다. 다윗처럼 살인자요 간음자요 위선자도 용서받았습니다.

3. 소외감 (버림 받은 마음: 창3:16-19)

    아담과 하와에게 고통이 임했습니다. 남자에게는 땀을 흘려야 하는 고통, 여자에게는 해산의 고통과 남자를 사모해야만 하는 아픔이 찾아왔습니다. 땅과 짐승들이 인간에게 저항하고 자연이 이제는 두려움의 대상이 되었습니다. 자연 앞에서 인간은 왜소해지기 시작하였고, 열매를 따먹는 것조차 쉽지가 않았습니다. 인간은 이때부터 피곤하게 살게 되었습니다. 게다가 아담과 하와는 에덴동산에서 내어 쫓기며 버림을 당했습니다.

    여기서 소외감 곧 버림받은 마음이 생겼습니다. 인간의 가장 큰 고통이 무엇인지 아십니까? 그것은 자신이 홀로 되었다는 인식. 즉, 버림받는 마음인 것입니다. 사람들이 모여 있는 곳에 나 혼자 끼어들지 못했을 때, 소위 왕따를 경험해본 적이 있습니까? 아마 그때 당한 소외감이나 외로움은 말로 할 수가 없었을 것입니다. 기억에서 떠나지 않을 것입니다.

왜 인간들이 열심히 사는지 아십니까? 대부분의 경우, 사람들의 무리에 끼어 있고 싶어서 입니다. 공부를 열심히 하면 일류대학생 무리에 낄 수 있기 때문입니다. 사실 일류대학에 진학하고 안하고 하는 문제는 인생을 살며 그리 큰문제가 아닌 데도 말입니다. 왜 인간들이 항상 긴장하며 살고 있는지 아십니까? 사람들이 자기를 버릴까 봐 그렇습니다. 무시당하고 비난 당할까 봐 항상 긴장합니다. 그런 긴장의 배후에는 소외감이 있습니다.

왠지 하나님께서 나를 버리신 것 같은 생각으로 괴로워해 보신 적은 없으십니까?

예수님께서 이 세상에 오신 이유가 바로 이 버림받은 마음을 치유하기 위함 이었습니다. 만일 우리가 버림받은 마음 곧 소외감을 치유하지 않으면 우리 스스로 자신도 모르는 사이 하나님으로부터 계속 도망을 가게 마련입니다. 입술로는 "믿습니다"를 연발할지 모르지만 마음에는 불신이 가득 차오르게 됩니다.

하나님께 사랑받지 못하고 인정받지 못한다고 생각할 때 인간은 사람들에게 사랑과 인정을 받기 위해 몸부림치지만 그 버림받은 마음은 치유될 수 없고 늘 고독하고 불행한 마음으로 살기에 불행과 실패가 반복되는 것입니다.

받아야 할 하나님의 사랑을 받지 못하기에 세상 것들로 채우려고 힘쓰지만 우리는 하나님의 사랑을 받지 않는 한 행복할 수가 없습니다.

하나님과 동거하고, 동락하고, 동행하고, 동 역 하는 삶을 살 때 인간은 버림받은 마음에서 벗어날 수 있으며 진정한 기쁨과 평안을 얻을 수 있습니다.

4. 굶주림, 목마름 (창4:1-4)
채워도 채워도 채울 수 없는 마음, 이것이 인간의 굶주린 마음입니다.

여기서 말하는 굶주림이란 단순히 배가 고픈 상태를 의미하는데 그치지 않고 굶주린 마음, 곧 빈 가슴, 공허감, 외로움 등을 가리킵니다. 열등감, 죄의식, 버림받음(소외감)은 인간을 자꾸 숨게 만듭니다. 그리고 자꾸 숨다 보니 그 마음에 굶주림, 목마름이 찾아옵니다. 밖에 나가야(하나님께 나아가야) 먹을 것이 있고 자기 마음 안에는 먹을 것이 없기 때문입니다. 굶주린 마음은 인간들이 열등감, 죄의식, 버림받은 마음을 숨긴 결과로 찾아온 상처이자 쓴 뿌리입니다.

창세기 4장 1절부터 4절은 인간의 치명적인 불치의 병 '굶주림, 목마름'을 말합니다. 에덴동산을 떠나야만 했던 인간들은 어떻게 살았을까요? 하나님에 의해 에덴을 떠나도록 명령을 받았던 그들은 버림받음의 상처를 끌어안고 하나님과의 관계가 단절된 상태로 세상과 인간들 속에서 살아야만 했습니다.

하나님과의 관계가 단절된 상태에서 자기 마음의 굶주림과 목마름을 인간과 세상에서 채우려고 하는 것은, 물고기가 물을 떠난 상태에서 굶주림과 목마름을 해결하려고 몸부림치는 것과 같습니다. 그것은 불가능한 일입니다.

또한 우리는 인간의 굶주림이 크다는 점을 쉽게 간과합니다. 그러나 그것은 아무리 채워도 채워지지 않습니다. 1등을 해도 채워지지 않고, 많은 재물을 모아도 채워지지 않습니다. 다른 사람이 보기에는 많은 재산을 모아도 그것이 어떤 이에게는 항상 모자라는 것 같습니다. 그들은 늘 '조금만 더'라고 말합니다. 그런가 하면 항상 남에게 이겨야 채워지는 사람이 있습니다. 이런 사람은 모든 면에서 남들보다 앞서야 합니다. 항상 남보다 잘해야 하고 항상 인정받기를 원합니다. 그러나 어떤 조건들을 충족시키더라도 그것은 일시적인 해결일 뿐 본질적으로는 여전히 굶주린 상태입니다.

왜냐하면 하나님과의 관계가 단절된 상황에서는 본질적인 굶주림의 문제를 해결할 수 없기 때문입니다. 그럼에도 불구하고 사람들은 굶주림과 목마름을 세상이나 사람들에게서 채우고자 하기에 헛된 욕심으로 인해 발버둥치게 되고 불행의 늪에서 허우적거리게 되어 끊임없이 불행한 삶을 살게 되는 것입니다.

하나님께서는 우리가 불행한 삶을 살기 원하지 않으시기 때문에 하나님을 만나 굶주림과 목마름을 해결할 수 있도록 길을 열어 놓으셨습니다. 그것이 바로 제사(예배)입니다. 어머니가 낳은 최초의 인간 중 한 사람인 아벨은 자신의 굶주린 마음을 인간과 세상에서 채우지 않고 하나님과의 만남인 제사(예배)를 통해서 채웠습니다. 그러나 아벨의 형 가인은 세상과 하나님 모두를 통해서 자기 속의 굶주린 마음을 채우려고 했습니다. 하나님에게도 잘 보여 사랑받고, 세상에서 재물도 모아 인정받고 싶었던 것입니다. 그러나 가인의 이 같은 제사를 하나님은 받지 않으셨습니다.

여기에 관한 기록을 우리는 히브리서에서 발견할 수 있습니다. "믿음으로 아벨은 가인보다 더 나은 제사를 하나님께 드림으로 의로운 자라 하시는 증거를 얻었으니 하나님이 그 예물에 대하여 증언하심이라 그가 죽었으나 그 믿음으로써 지금도 말하느니라"(히 11:4)고 했습니다. 히브리서 기자는 믿음을 설명하다가 아벨과 가인의 예를 들고 있습니다. 제사가 하나님과의 만남에 목적을 두고 있으므로 아벨은 제물보다는 하나님과의 관계에 의존하여 살려고 했던 것을 알 수 있습니다.

반면에 가인은 하나님과의 관계만큼이나 믿음의 근거를 환경에 두었습니다. 굶주림과 목마름을 채우는 길이 여러 경로였던 것입니다. 그 결과 가인은 어떠한 채움도 맛볼 수 없었습니다. 동가식서가숙(東家食西家宿)하는 신앙생활은 더욱 더 굶주림과 목마름을 부추기게 만드는 것입니다. 하나님 한 분으로 만족할 때 세상 모든 것으로부터 자유 함을 얻고 진정 부유함을 얻게 됩니다.

5. 분노 (창4:5-8)

이번에 살펴보고자 하는 것은 분노, 화, 신경질, 짜증 등으로 묘사할 수 있는 상처입니다. 두 마리 토끼를 다 잡으려고 했던 가인의 생각은 빗나가고 말았습니다. 가인은 더욱 굶주리게 되었습니다. 그런데 굶주림을 해소하기 위한 방책이 좌절되고 나니 분노가 생겨났습니다. 마침내 그는 동생 아벨을 죽이고 맙니다. 불만족에 의해 생기는 분노가 심각한 부분이 바로 여기에 있습니다. 단순히 자기 자신만 죽이는 것이 아니라 주변의 사람들에게 심각한 피해를 끼칠 수 있습니다.

굶주림을 해소할 방책이 없는 아버지의 분노의 폭발은 자신 뿐만 아니라 가족을 불안의 늪에 빠지게 하고 자유와 평안을 빼앗아 갑니다. 분노는 한 사람이 아니라 한 가정, 더 크게는 한 나라를 무너뜨릴 수 있는 것입니다.

그런데 왜 가인이 하나님과 세상을 모두 잡으려고 했는지 생각해 보십시오. 이유는 간단합니다. 굶주림이 너무 컸기 때문입니다. 굶주림이 크면 채우려는 욕심도 커지게 마련입니다. 그런데 문제는 채우지 못한 것으로 끝나지 않습니다. 자신의 욕심이 좌절 당할 때 인간은 크게 분노하는 것입니다.

많이 굶주린 사람은 많이 분노합니다. 인간은 굶주린 만큼 분노하는 법입니다. 자기 속에 있는 굶주림의 욕심을 채우려 할 때 이것을 방해하는 환경이나 사람을 미워합니다. 못 참습니다. 사람들에게 인정받고 사랑받으려면 빨리 성공해야 하는데, 돈을 더 많이 벌고, 더 빨리 출세를 해야 하는데 내 앞길을 가로막는 사람과 환경에 참을 수 없는 분노를 느끼게 됩니다. 그리고 분노는 파괴와 살인을 낳습니다.

한 사람의 분노가 가정의 평안과 조직의 질서를 파괴하고 가족이나 다른 사람들의 영혼을 죽음에까지 이르게 함으로 관계가 깨어지고 불행과 실패를 자초하게 되는 것입니다. 사랑받고 싶은 사람에게 인정과 사랑을 받지 못하는 사람들은 짜증과 분노가 쌓여 다른 사람과의 관계가 날카로워지고, 볼 것을 보지 못하고 들어야 할 것을 듣지 못하며, 누려야 할 것을 누리지 못하는 삶을 살기 때문에 분노는 계속 가중되어 갑니다. '종로에서 뺨 맞고 한강에 와서 분풀이 한다'는 속담이 있습니다. 남편(아내)의 사랑에 굶주림을 느끼는 아내(남편)는 그 사랑을 다른 사람에게서 채우려고 해보지만 사람에게서는 채워지지 않기에 사람들을 미워하고 원망하는 삶을 살게 되어 악순환이 반복되는 불행한 삶을 살게 되는 것입니다. 하나님의 사랑으로 채워야 합니다. 인간의 사랑으로는 갈증과 배고픔을 채울 수 없습니다.

6. 두려움 (창4:9-15)

가인은 분노로 인하여 살인을 하였습니다. 그러자 고통과 심판에 대한 두려움이 찾아 왔습니다. 하나님으로부터 "네가 땅에서 저주를 받으리니"(11절) "네가 밭을 갈아도 땅이 다시는 그 효력을 네게 주지 아니할 것이요 너는 땅에서 피하며 유리하는 자가 되리라"(12절) 라는 저주를 받았으니 그 고통이 얼마나 크고 두려웠겠습니까? 가인은 "내 죄벌이 지기가 너무 무거우니이다"(창 4:13) "주께서 오늘 이 지면에서 나를 쫓아내시온즉 내가 주의 낯을 뵈옵지 못하리니 내가 땅에서 피하며 유리하는 자가 될지라 무릇 나를 만나는 자마다 나를 죽이겠나이다"(창 4:14) 라고 고통과 두려움을 호소합니다. 하나님께 쫓아냄을 받아 하나님을 뵐 수도 없게 되자 사람에 대한 두려움이 엄습해 온 것입니다. 하나님을 만나지 못하고, 하나님의 사랑을 받지 못하면 사람들이 '사랑의 대상이 아니라 두려움의 대상'이 되는 것입니다.

사람들이 나를 죽일 것이라 생각하기에 내가 먼저 사람을 죽이는 것입니다. 사람들이 부를 축적하고 권력을 추구하는 것은 힘을 가져야 죽지 않는다고 생각하기 때문입니다. 또한 끊임없이 부나 권력을 가진 자와 야합하고 결탁하여 힘을 소유하려 하는 것은 사람들에게 죽임을 당하지 않으려고 몸부림치는 행위로 보면 됩니다.

사람들은 마음 깊은 곳에 뿌리 박힌 두려움을 은닉하고 권력이나 부와 지식 정보를 통한 힘의 축적을 통해 사람들에 대한 두려움을 극복하려 몸부림치지만 '하나님이 나와 함께하심'을 확신하지 못하는 한, 인간은 두려움에서 자유로울 수가 없습니다.

하나님과 함께하면 어떤 환경과 어떤 사람을 만나든 두려움이 없지만 하나님께 인정받지 못하고 쫓김을 받으면 인간은 모든 환경과 모든 사람들이 다 두려움의 대상이 되어 불행한 인생을 살게 됩니다.

불행과 실패의 악순환을 끊으려면..

하나님의 사랑을 믿지 않고, 하나님의 품으로 돌아오지 않고, 세상을 사랑하고, 세상과 사람에게 사랑을 받기 위해 몸부림치는 한, 인간은 사탄의 끊임없는 간계 속에서 항상 열등감, 죄책감, 소외감(버림받음), 굶주림, 분노, 두려움, 이기심, 교만이라는 불치의 병을 안고 살게 됩니다. 원죄로 인해 불행의 늪에 빠지게 된 "마음의 병"이 우리 삶의 근간을 이루며 마음 깊은 곳에 잠재되어 사람과 환경으로 인해 폭발하게 됩니다.

원초적인 마음의 병을 가지고 있는 사람은, 사람들에게 인정을 받고, 사랑을 받기 위해 '쉽게, 빨리, 많이' 세상적인 부귀를 얻으려는 마음으로 조급하게 행동합니다. 그리고 인간적인 방법으로 살기 때문에 늘 불행과 실패를 반복하며 살게 됩니다.

그리고 이러한 불행과 실패는 우리가 하나님 품으로 돌아오지 않는 한 계속될 수밖에 없습니다. 우리가 하나님 말씀을 믿지 않고 순종하지 않는 한 불행은 반복됩니다. 인간을 불행의 늪에 빠뜨린 치명적인 불치병은 이 세상 그 어떤 것으로도 치료할 수 없고 오직 하나님과의 관계를 회복하고, 하나님과 사랑을 나눌 때에만 치료될 수 있습니다.

인간이 하나님의 사랑을 받지 않고는 결코 행복을 누릴 수 없는 것은, 인간은 하나님의 사랑을 받아야만 행복하도록 창조되었기 때문입니다. 인간의 "영적 공간"은 이 세상 그 어떤 것으로도 결코 채워질 수 없습니다. 그것은 인간이 오직 하나님이 주시는 복, 오직 하나님의 사랑으로만 살 수 있는 존재로 창조되었기 때문입니다. 이제 그만 하나님 품으로 돌아갑시다. 이제 그만 하나님 말씀에 의지하여 새로운 삶을 시작합시다. 예수님 안에 있는 사람은 실패도 성공이 되지만 예수님 밖에 있으면 성공도 실패가 됩니다.

제 3 장

사탄과 죄

제 3 장 사탄과 죄

"왜 이 세상에 이렇게 많은 악과 고통이 존재할까?" 또한 "선한 사람들에게 왜 불행이 생기고, 악한 일들은 멈추지 않을까?" "왜 사람들은 하지 말아야 할 일을 자꾸 하고 싶어할까? 왜 나쁜 생각이나 감정이 쉽게 들고, 참기 어려울까?"

홀로 코스트, 수많은 전쟁, 대량 학살, 인종차별 같은 잔인하고 비인간적인 일들은 단순히 인간의 실수나 판단 오류로 발생하는 것이 아닙니다. 이러한 일들은 악의 세력이 실존하며 작용하고 있다는 증거입니다.

하나님의 말씀인 성경은 이러한 악한 사건들이 사탄의 영향력과 유혹에 의해 일어나고 있음을 말씀합니다. 이러한 악한 사건들을 단순한 인간의 실수만으로는 설명할 수 없는 이유는, 그 배후에 하나님을 대적하는 사탄의 세력이 작용하고 있기 때문입니다.

전쟁, 불화와 분쟁, 갈등이 심한 가족이나 공동체를 보면, 보이지 않는 파괴적인 세력이 관계를 망가뜨리고 있음을 알 수 있습니다. 사탄은 사람들 사이에 미움과 질투, 교만, 시기심, 이기심을 심어 관계를 망가뜨리고, 영적인 고립감과 절망감을 느끼게 만듭니다. 이러한 현상에 대해 하나님의 말씀인 성경은 사람들이 왜 갑자스럽게 미움과 시기를 느끼게 되는지, 왜 쉽게 의심하고 배신하고 다투고 관계가 파괴되는지를 이해하는 데 깨달음을 줍니다.

폭력적이고 음란한 콘텐츠가 넘쳐나는 미디어는 점차 사람들이 죄에 대해 무감각해지게 하고, 죄 된 언행을 정당화하게 만듭니다. 성경은 사탄이 빛의 천사처럼 가장하여 사람들을 잘못된 길로 인도한다고 경고합니다. 오늘날 사람들은 미디어와 문화를 통해 자신도 모르게 사탄의 영향을 받고 있으며, 죄에 대해 점차 무뎌 지게 되는 것도 사탄이 작용하는 방식 중 하나입니다. 사탄은 타락한 천사로서(사14:12-15), 처음부터 하나님을 대적하고 인간을 죄로 유혹하여 타락시키는 존재입니다.

오늘날 많은 사람들, 심지어 성도들 중에도, 사탄의 실존과 그의 실제적인 역사 방식에 대해 무지하거나 무관심하거나 부정적입니다.

그 결과, 많은 사람들이 영적 경계심 없이 살아가며, 자신도 모르게 사탄의 전략에 말려들어 죄와 절망, 혼란 속에 빠지곤 합니다. 북한은 실재로 존재하며 우리를 무너뜨리기 위해 핵을 보유한 존재임을 부정하거나 망각하는 것은 큰 위험을 자초하는 것입니다.

인간이 죄를 짓는 이유가 사탄의 역사 때문인가 인간의 죄 된 본성 때문인가?

인간이 죄를 짓는 이유는 사탄의 역사와 인간의 죄 성이 함께 작용하기 때문입니다. 사탄은 인간을 유혹하고, 하나님과 멀어지게 하는 존재입니다.

1. 사탄의 미혹이 죄를 일으키는 경우

사탄은 인간을 유혹하여 죄를 짓 도록 하는 존재입니다. 예를 들면, 창세기 3장에서 사탄은 뱀의 모습으로 하와에게 다가와 "이 열매를 먹으면 너희가 하나님처럼 될 것이다"(5절) 며 미혹합니다. 하와는 사탄의 말에 귀 기울이고, 결국 하나님의 명령을 어기고 선악과를 먹습니다. 이 예에서 보듯 하와는 처음에 하나님의 말씀을 지키려 했지만, 사탄의 미혹에 의해 마음이 흔들렸습니다. 즉, 죄의 첫 시작은 사탄의 미혹에서 비롯되었으며, 사탄이 없었다면 죄가 시작되지 않았을 것입니다. 사탄은 죄의 기회를 제공하고, 인간을 죄로 미혹하는 역할을 합니다.

2. 인간의 죄 된 본성이 죄를 일으키는 경우

원죄 후 사탄의 유혹이 없어도 인간은 스스로 죄를 짓는 본성을 가지고 있습니다. 인간은 아담과 하와 이후로 타락한 본성을 물려받아 죄를 짓고자 하는 죄 성이 있습니다. 성경은 "모든 사람이 죄를 범하였으매 하나님의 영광에 이르지 못하더니"(롬3:23)라고 말함으로 인간의 본성 자체가 죄로 기울어져 있음을 말씀합니다. 예를 들면, 사탄의 특별한 유혹이 없어도 우리는 때로 이기적이고 욕심 많은 행동을 합니다. 화가 나면 거친 말을 하거나, 남을 미워하거나 시기심을 가지게 됩니다. 이러한 감정과 행동은 인간의 죄성에서 나오는 것으로, 사탄이 특별히 유혹하지 않아도 죄를 짓게 되는 경우입니다. 인간은 아담과 하와의 타락 후 죄의 본성을 타고났기에 스스로 죄를 선택하는 존재입니다.

인간은 죄를 지어서 죄인이 아니라, 죄인으로 태어나서 죄를 범하는 것입니다.

3. 사탄의 유혹과 인간의 죄 된 본성이 결합하여 죄를 짓는 경우

대부분의 경우, 사탄의 유혹과 인간의 죄 성이 결합하여 죄가 발생합니다. 사탄은 인간의 어리석음과 연약함과 이기심과 교만함을 잘 알고, 인간의 죄 성을 자극하여 죄를 짓 도록 만듭니다. 사탄의 역할은 죄를 짓고자 하는 인간의 마음에 호기심을 갖게 하고, 그 죄의 결과가 심각하지 않을 것이라는 착각을 불러일으키게 합니다.

예를 들면, 어떤 사람이 거짓말을 할까 고민하는 상황에서, 사탄은 "이 정도 거짓 말은 큰 문제가 되지 않을 거야. 오히려 네가 더 편할 거야"라는 생각을 갖게 합니다. 이 사람은 원래 죄 성 때문에 거짓말할 마음이 있었으나, 사탄의 유혹으로 인해 거짓말이 더 쉽게 느껴지고, 결국 거짓말을 하게 됩니다. 사탄은 죄의 행동을 부추기고, 인간의 죄 성을 자극하여 죄를 짓도록 만듭니다.

사탄도 눈에 보이지 않으나 실존하며 살아 역사하는 영적 인격체입니다.
예수님을 구주로 영접하여 하나님의 자녀(요1:12)가 된 그리스도인들에게는 예수님의 영이요, 또 다른 보혜사(요14:16)로 오신 성령님은 눈에 보이지 않으나 실존하며 역사하는 영적 인격체로, 생각하고, 말하고, 감정을 갖고 계시며, 행하고자 하는 일을 이루시는 의지와 능력을 갖고 계십니다. 그러나 전제 했듯이 성령님은 눈으로 볼 수 없고, 만질 수 없지만 분명히 실존하며 역사하심을 믿음에 사람들은 분명히 알고 있습니다. 마찬가지로 사탄도 성령처럼 눈으로 볼 수 없고 손으로 만질 수 없지만 성령처럼 영적 인격체로 사람처럼 생각하고, 말하고, 행동하며, 의사를 표현하는 존재입니다. 그런데 성령님이 시공간을 초월하여 자연과 세상과 환경과 사람 속에서 역사하듯이 사탄도 시공간을 초월하여 악한 세상과 악한 환경과 악한 사람 속에서 사탄의 뜻을 이루어 가는 것입니다.

성령님은 성령 충만한 사람들을 통해 성령의 열매를 맺게 하고 성령의 은사들을 통해 하나님은 어제나 오늘이나 영원토록 살아 계시며 하나님이 하나님 되심을 증명하듯이 사탄도 악령으로 충만한 사람들을 통해 악령의 열매를 맺게 하고, 악령의 은사들을 통해 세상을 악으로 물 드리고, 악에 구렁텅이에 빠져 고통과 절망으로 이끌어 갑니다.

사탄은 사람들에게 죄악 된 본성을 자극하고 미혹하여 하나님의 실존을 부정하게 하고 하나님의 말씀을 의심하고 왜곡하게 만들고, 하나님의 말씀을 믿지 못하게 하여 불순종함으로 죄악의 늪에 벗어나지 못하도록 끊임없이 역사하고 있습니다.

사탄은 끊임없이 인간의 죄악 된 본성을 자극하여 세상의 가치로 미혹하고, 죄 된 자아를 충동하여 사람들로 세상의 즐거움에 빠지게 합니다(요일2:15-17).

우리는 아담과 하와의 원죄로 말미암아 얼마나 심각한 죄악의 본성을 갖고 살고 있는지를 자세히 살펴 보아야 합니다.

사탄이 집중적으로 공격하는 인간의 이기심과 교만

모든 인간에게는 본능적인 이기심과 교만이 있습니다. 모든 인간이 사탄의 미혹에 쉽게 빠지는 이유가 바로 사탄이 죄 된 인간의 이기심과 교만을 자극하기 때문입니다.

1) 인간의 이기심

인간의 이기심(selfishness)은 성경적으로 볼 때 매우 깊고 본질적인 문제이며, 타락한 본성의 핵심이라고 할 수 있습니다. 이기심은 단순히 자기 이익을 추구하는 정도가 아니라, 하나님보다 자기를 사랑하고, 이웃에 대한 배려보다 자신의 즐거움만을 추구하는 본능적인 죄성에서 비롯됩니다.

이기심(利己心, selfishness)은 타인의 필요나 입장을 고려하지 않고 자기 자신의 이익, 욕구, 만족을 우선시하는 마음이나 태도를 말합니다. 즉, 자신만을 생각하며 타인에게 해를 끼치는 것을 개의치 않거나 무시하는 성향입니다. 이기심은 타인의 감정이나 상황보다 자신의 감정, 욕망, 이익을 우선적으로 고려하는 마음으로 하나님의 뜻보다 자신의 뜻을 앞세우고, 이웃 사랑 대신 자기 사랑만을 추구하는 죄 된 성향입니다.

이기심은 처음에는 자신을 위한 것처럼 보이지만, 결국에는 타인과의 관계를 무너뜨리고, 자기 자신도 고립시키는 결과를 초래합니다.

사탄은 인간이 자신을 인생의 주인으로 여기고, 하나님보다 자신의 생각, 감정, 이익을 더 우선하게 만듭니다.

자기 중심적인 사람은 다른 사람을 수단으로 여기기 쉽습니다.

이기심은 "내가 원하는 것"을 우선시하기 때문에, 하나님의 뜻에 대한 순종을 거부하게 됩니다. 이기적인 사람은 자신이 손해를 보거나 인정받지 못할 때 쉽게 분노하고 낙심합니다. 사탄은 이를 기회로 삼아 분노와 원망을 부추기고, 결국 살인, 폭력, 포기, 좌절 등으로 삶을 파괴적으로 이끕니다.

인간은 태어나면서부터 자기의 필요와 욕구를 가장 먼저 생각합니다 이기심은 후천적 학습이 아니라 타고난 죄 성의 일부입니다. 사람은 본질적으로 자기 자신을 가장 사랑합니다. 심지어 하나님의 말씀보다 자기 생각, 감정, 이익을 우선시합니다. 이는 우상숭배와 다름없는 태도입니다. 자기를 신으로 삼는 것입니다.

사람은 자신의 욕심을 채우기 위해 거짓말, 속임, 탐욕, 정욕, 폭력 등을 정당화합니다.

이기심은 "타인을 위한 희생"을 본능적으로 거부합니다. 겉으로는 친절해 보여도, 이면에는 자기 유익을 위한 계산이 있는 경우가 많습니다.

무조건적 사랑(아가페)은 인간의 이기심으로는 불가능하며, 오직 성령의 도우심으로만 가능합니다. 인간의 이기심은 단순한 성격 문제가 아니라 전 인격에 영향을 주는 죄의 뿌리이며, 하나님과의 단절, 타인과의 갈등, 자기 파괴적 삶의 근원이 됩니다.

이기심은 보이지 않지만 삶의 모든 영역에서 관계의 균열, 공동체의 붕괴, 사회적 갈등을 만들어내는 핵심 원인입니다.

남편은 아내의 마음보다 자기 일, 자기 성공, 자기 편안함을 우선시하고 아내는 남편과 가정을 위한 헌신보다 자기 인정 욕구나 외적 만족을 우선시하고 결국 서로를 사랑의 대상이 아니라, 기대와 요구의 대상으로 보게 됨으로 상대가 기대를 충족시키지 못하면 실망 → 비난 → 갈등 → 이혼으로 이어집니다.

자녀 교육에서도 내 욕망을 투영하여 "내가 못다 이룬 것을 너는 이뤄야 해." 자녀는 사랑받는 존재가 아닌, 부모의 성공의 도구가 되고, 결국 반항하거나 상처받게 되며, 이기심은 모든 관계를 망가뜨리는 숨은 뿌리이며 이기심은 가정을 깨뜨리고, 교회를 분열시키며, 사회를 혼란케 합니다. 사탄은 인간 안에 있는 '이기심'을 자극하여 하나님으로부터 멀어지게 만들고, 결국 불행과 실패의 길로 이끌어갑니다.

반대로 이타심과 희생의 삶은 자신도 살리고, 공동체와 관계를 회복시키며, 하나님의 뜻을 이루게 합니다.

2) 인간의 교만

교만은 사탄이 인간을 넘어뜨리기 위해 사용하는 가장 오래되고 강력한 전략입니다.

토마스 아퀴나스는 "교만은 모든 죄악의 어머니다."라고 말했습니다. 여러 가지 다른 모든 죄악들이 교만으로부터 나오기 때문입니다. 옥스퍼드의 사상가 C. S. 루이스 도(기독교 입문)에서 "본질적인 악, 최고의 악은 교만이다. 이에 비하면 부정, 탐욕, 술 취함, 그리고 그 외 모든 악은 벼룩에 지나지 않는다. 천사가 사탄이 된 것은 바로 교만을 통해서 였다. 교만은 우리를 모든 악으로 이끌기 때문이다."라고 말했습니다.

사회학자 라인 홀드 니버는 인간의 교만을 다섯 가지로 말하고 있습니다.
첫째, 지적 교만입니다. 배운 사람일수록 교만해질 수 있습니다. 특히 학력과 학벌이 교만하게 합니다.

둘째, 신분적 교만입니다. 지위나 신분이 높은 권력층일수록 교만의 위험성이 높습니다. 또한 경제적으로 부유할수록 교만해지기 쉽습니다. 즉 직급과 소유가 교만하게 만들 수 있습니다.

셋째, 도덕적 교만입니다. 윤리적으로 바르게 살고 있는 사람은 그렇지 않은 사람에 비해서 상대적으로 더 교만할 수 있습니다.

넷째, 신앙적 교만입니다. 먼저 신앙생활을 했거나, 무언가 영적 체험이 많은 사람이 그렇지 않은 사람보다 교만해질 수 있습니다(기도/말씀).

다섯째: 소유 적 교만입니다 많이 가진 사람은 자기의 지혜와 능력으로 부를 이루었다 생각하기에 소유하지 못한 사람을 무시하고 교만해 집니다. 하나님이 가장 싫어하는 것이 교만입니다.

① **교만은 하나님 없이도 살 수 있다고 믿습니다.** "네가 네 마음에 이르기를 내 능과 내 손의 힘으로 내가 이 재물을 얻었다 할 것이라"(신명기 8:17) 사탄은 인간에게 하나님을 의지하지 않아도 된다는 생각을 주입합니다. 자신의 지식, 재능, 능력을 의지하게 하여 하나님을 점점 무시하게 만듭니다. 결과적으로 감사하지 않고 자만에 빠지게 되어, 모든 복의 근원이신 하나님과 단절됩니다.

② **교만한 사람은 조언을 무시하고, 권면을 듣지 않으며, 회개하지 않습니다.** 사탄은 이 고집과 반항을 부추겨 결국 관계의 파괴, 신뢰 상실, 고립으로 이끌어 갑니다. 지도자, 부모, 스승, 심지어 하나님께도 복종하지 않는 사람은 결국 파멸의 길로 갑니다.

③ **교만은 타인에 대한 정죄, 우월감, 비판으로 이어지기 쉽습니다.** 사탄은 이를 이용해 인간관계를 깨뜨리고, 공동체 내 분열과 갈등을 조장합니다. 결국 타인과 단절된 삶은 고립과 불행을 낳습니다. 교만한 사람일수

록 '내가'라는 말을 즐깁니다. "내가 했다. 내 아이디어다. 내 작품이다. 내 덕이다. 내가 없으면 안 되었을 것이다. 내가 빠지면 어림도 없다. 시종 '내가'입니다. 내가 교회를 세웠다. 내가 과거에 무엇을 했다. 내가 미래에 무엇을 할 것이다". 그러나 우리가 무엇을 했으며, 무엇을 할 수 있는가? 우리가 이룩한 것은 하나님의 은혜로 했고, 하나님의 은혜로만 할 수 있음을 깨닫는 것이 참된 그리스도인 입니다.

바울 사도는 "그러나 내가 나 된 것은 하나님의 은혜로 된 것이니 내게 주신 그의 은혜가 헛되지 아니하여 내가 모든 사도보다 더 많이 수고하였으나 내가 한 것이 아니요 오직 나와 함께 하신 하나님의 은혜로라"(고전 15:10)고 고백했습니다.

제 4 장

우리 주 예수 그리스도

제 4 장 우리 주 예수 그리스도

인류 역사상, 모든 사람들의 가장 중요한 질문은 예수님은 누구이신가? 입니다. 세상 사람들과 그리스도인의 차이는 성별 된 삶이나 능력이나 지위나 소유에 있지 않고 예수님을 누구 로 아느냐에 있습니다. 예수님은 마태복음16:13-20에 "너희는 나를 누구라 하느냐? 베드로가 주는 그리스도시요, 살아 계신 하나님의 아들이시니이다"고 고백할 때 바요나 시몬아 네가 복이 있도다 이를 네게 알게 한 이는 혈육이 아니요 하늘에 계신 내 아버지시니라"고 했습니다. 그렇습니다. 예수님을 그리스도로 믿고 고백하는 것으로부터 참된 복이 시작됩니다.

성경이 계시하는 예수님

예수님은 기독교 신앙의 중심이 되시는 분으로, 하나님의 아들이자 구세주로서 인류를 죄에서 구원하기 위해 오신 분입니다. 그는 하나님과 인간 사이의 중재자로, 하나님의 사랑을 우리에게 보여 주시며 인간의 삶과 영혼을 새롭게 하시는 분입니다.

<u>1) 예수님은 하나님이시면서도 인간의 모습으로 이 땅에 오신 분입니다.</u> 요한복음 1장 14절에서는 "말씀이 육신이 되어 우리 가운데 거하시매"라고 설명합니다. 예수님은 하나님의 아들로서 완전한 신성과 인성을 동시에 지니신 분이셨습니다.

예수님은 하나님의 능력으로 기적을 행하셨습니다. 병자를 고치고, 물 위를 걷고, 오병이어의 기적으로 수많은 사람을 먹이셨습니다. 동시에 예수님은 배고픔과 고통을 느끼고 슬퍼하시기도 하셨습니다. 이는 예수님이

완전한 하나님이면서도 완전한 인간으로서 우리의 모든 고통과 연약함을 이해하시는 분임을 증거합니다.

2) 예수님은 인류의 죄를 대신하여 십자가에서 죽으심으로 우리의 죗값을 치르신 구세주입니다. 로마서 6장 23절에 따르면 죄의 대가는 사망이지만, 예수님은 그 대가를 대신 짊어지시고 우리에게 구원의 길을 열어 주셨습니다. 예를 들어, 누군가가 큰 빚을 져서 감당할 수 없을 때, 다른 사람이 대신 그 빚을 갚아준다면 빚을 진 사람은 자유로워질 수 있습니다. 마찬가지로, 예수님은 우리가 하나님 앞에서 갚을 수 없는 죗값을 십자가에서 대신 치르셨고, 이로 인해 우리는 죄와 사망에서 해방되었습니다. 예수님은 우리를 구원하기 위해 자신을 희생하신 분입니다.

3) 예수님은 십자가에서 죽으신 후, 사흘 만에 부활하심으로써 죽음을 이기신 승리자 이십니다. 부활은 예수님이 진정한 하나님의 아들이심을 증명하며, 우리에게 영원한 생명의 소망을 주는 사건입니다. 죽음은 인간에게 있어 피할 수 없는 최후의 현실이지만, 예수님은 죽음을 이기고 부활하심으로써 우리가 죽음을 두려워하지 않고 영원한 삶을 바라보게 하셨습니다. 부활은 예수님의 능력과 하나님의 사랑을 확증하는 사건으로, 우리에게는 영원한 생명에 대한 소망을 주십니다.

4) 예수님은 하나님과 인간 사이의 중재자가 되십니다. 그는 하나님과의 관계에서 멀어진 인간을 하나님께 다시 이끌어 주시는 분입니다. 디모데전서 2장 5절은 "하나님은 한 분 이시요 또 하나님과 사람 사이에 중보도 한 분이시니 곧 사람이신 그리스도 예수라"고 말씀합니다. 예수님은 우리와 하나님을 연결해 주시는 분입니다. 우리는 예수님을 통해 하나님께 나아가고, 하나님과의 관계가 회복되어 하나님의 사랑과 은혜를 누릴

수 있습니다.

5) 예수님은 승천하신 후에도 "성령을 통해 지금도 우리와 함께하시며 인도하시는 하나님"이십니다. 마태복음 28장 20절에서 예수님은 "내가 세상 끝날까지 너희와 항상 함께 있으리라"(가장 중요한 진리)라고 약속하셨습니다.

예수님을 믿고 따르는 사람들은 삶의 어려움 속에서도 위로와 평안을 경험합니다. 이는 예수님이 우리와 함께하시며, 성령을 통해 우리의 삶을 인도하시기 때문입니다. 예수님은 단지 과거의 인물이 아니라, "지금도 우리와 함께하시는 하나님"이십니다. 우리는 그분의 인도하심 속에서 힘과 소망을 얻으며 살아갈 수 있습니다.

그리스도인의 신앙 고백

우리가 예수를 믿는다고 하는 것은 예수님을 하나님으로 믿는다는 뜻입니다. 곧 예수 그리스도는 참 하나님이자 참 인간이라고 믿는 것입니다. 온전히 하나님으로 믿고 완전한 사람으로 믿습니다. 이 믿음이 기독교 2천 년 전통에 연면히 흐르는, 예수를 믿는다고 하는 우리들의 신앙 고백입니다. 예수 그리스도를 하나님으로 믿고 그렇게 고백하는 사람들의 무리가 교회요, 그렇게 고백하는 사람이 그리스도인 입니다. 우리는 예수님을 성자(聖者)나 위인(偉人)으로 존경하는 것이 아니라 오로지 하나님으로 믿는 믿음의 대상입니다.

'그 외아들' '하나님의 아들' '독생자'-- 이것은 신학의 상징적 용어입니다. 신학적으로 하나님과 같다는 뜻으로 쓰인 말이 바로 '하나님의 아들'이라는 것입니다. '외아들'이 하나님과 비슷한 분이 아니라 '하나님 자신'이라는 것입니다. [예를 들면, 또 다른 보혜사=예수/요14:16]

'하나님이 세상을 이처럼 사랑하사 독생자를 주셨으니'(요3:16)

하나님께서는 *외아들, 독생자를 주셨다는 말씀을 통하여 우리에게 전달하고자 하는 것은 바로 하나님의 사랑입니다.*

하나님의 큰 사랑을 이보다 더 강하게, 이보다 더 온전하게 나타낼 수는 없습니다. 저 유명한 베드로의 신앙고백인 '주는 그리스도시오 살아 계신 하나님의 아들이시니이다.(마16:16) 여기서 '하나님의 아들'이란 문맥으로 보면 '메시야'를 의미합니다. 나다나엘도 예수님을 가리켜 '당신은 하나님의 아들이요 이스라엘의 임금이로소이다'(요1:49) 역시 메시야임을 지칭하고 있습니다.

우리가 특별히 인식해야 할 것은 '외아들', '아들'이란 쟁취에서 얻는 신분이 아니며 빼앗아서 얻는 지위가 아니며, 시험에 합격해서 얻는 것도 아닙니다. '외아들'로 태어나서 '외아들'이요, 아들로 태어나서 아들입니다. 이렇듯 예수님께서 하나님의 외아들 되심은 본래적인 것이지 우연적인 것이 아니며, 일시적인 것이 아니라 영원한 것입니다. 예수님께서 하나님 되심은 일시적인 것이나 우연한 것이거나 얻어진 신분이 아니라는 말입니다.

'하나님의 아들'이라고 함은 하나님과 같다는 동등성, 동일성을 말하는 것인 동시에 아버지와 아들 사이에 존재하는 예속성을 말하고 있습니다. 같기도 하고 다르기도 합니다. 무릇 아버지와 아들은 서로 같은 것 같으면서도 다릅니다. 아들은 아버지와 무엇이 닮아도 닮았습니다. 그러나 서로 엄연히 딴 사람입니다. '그를 믿는 자는 심판을 받지 아니하는 것이요, 믿지 아니하는 자는 하나님의 독생자의 이름을 믿지 아니하므로 벌써 심판을 받은 것이니라'(요3:18).

'믿는다.'는 것은 예수님께서 하나님의 아들 되심을 믿는 것입니다. 하나님께서 그리스도 안에 오셨고 우리를 위하여 고난을 당하셨습니다. 예수님께서 하나님 되심을 믿을 때에 비로소 그리스도와 나와의 생명적 관계가 바로 맺어질 수 있습니다. 그것을 믿지 않는다면 그러한 생명적 관계는 맺어질 수가 없는 것입니다.

하나님께서는 당신의 독생자를 주시기까지 우리를 사랑하십니다.

사도 바울은 '자기 아들을 아끼지 아니하시고 우리 모든 사람을 위하여 내어 주신 이가 어찌 그 아들과 함께 모든 것을 우리에게 주시지 아니하시겠느냐(롬8:32)' 바로 이것입니다. 외아들을 내어 주시는 거룩한 사랑이 우리에게 무엇을 아끼시겠습니까? 내가 그 사랑을 받았습니다. 그 사랑 안에 내가 살고 있습니다. 내가 처한 이 형편 이 처지 그대로의 나를 하나님께서는 독생자를 주신 그 사랑으로 한 결 같이 사랑하십니다. 그 사랑 안에 내가 있습니다. 그 사랑의 현실성과 영원성을 우리는 항상 새롭게 고백하며 살아야 합니다.

우리 주 예수 그리스도를 믿사오니
우리는 사도신경에서 아들 하나님을 '우리 주 예수 그리스도'라고 고백합니다. 우리/주/예수/그리스도/의 네 단계입니다. 이 네 단계의 고백에 아들 하나님께 대한 신앙고백의 내용이 총괄적으로 담겨 있습니다.

<u>1) 먼저 '우리'라는 말입니다.</u> '우리'라는 낱말이 실은 매우 중요한 의미를 담고 있습니다. 기독교는 언제나 '우리'라는 개념이 '나'를 앞섭니다. 공동체의식 입니다. '나'는 같은 신앙을 고백하는 공동체 '우리'의 일원이 됩니다. 하나님 가정의 한 식구가 되는 것입니다. 공동체적 신앙 안에서 유기적으로 연결되는 것입니다. '우리'라고 하는 말이 중요합니다. 이방 종교(異邦宗敎), 이방 사교(異邦邪敎)는 어느 한 사람의 체험에서 비롯된 것입니다. 그러나 기독교는 사도들의 공동체험으로 이루어졌습니다. 사도들이

전체로 우리에게 증거해준 것입니다. 열한제자가 모두 순교를 기꺼이 맞이할 만큼 공통적으로 확실한 체험을 했었습니다.

그림과 사람은 멀리서 보아야 한다는 말이 있으나 기독교 신앙은 가까이하면 할수록 더욱 확실해 집니다. 기독교 신앙의 확실성은 사도들의 공동체적 체험입니다. 예수님의 생애, 십자가 사건, 부활을 그들 모두가 다같이 증거해준 것입니다. 예수님의 십자가에 못 박힘과 부활하심과, 부활하신 예수님을 보았노라고 증거한 사람만 해도 열한 제자와 오백 문도가 엄연히 있습니다(고전15:1-10). 얼마나 많은 사람들이 복음과 함께 복음을 위하여 순교했습니까? "공동체적 체험"(요일1:1)에 근거해서 우리의 교회는 세워졌습니다. '우리'라는 개념을 가지고 '우리'라는 개념으로 고백합니다. '나' 하나의 고백이 아닙니다. 우리는 교회 안에서 함께, 다같이, 보편적으로 우리의 신앙을 고백하는 것입니다.

2) 다음은 '예수'를 먼저 생각해보기로 합니다. '예수'는 '여호와께서 구원하신다.'라는 뜻을 가진 히브리말 '요수아'의 헬라어 표기입니다. '여호와께서 구원하신다.'라고 하는 뜻의 '예수' 그 이름 자체가 예수님의 생애를 함축하고 있습니다. 우리에게는 예수라는 인물이 실제 존재했다고 하는 역사적 사실입니다.

초대교회로 돌아가 보면 더 중요한 의미가 되는데 예수님의 인성(人性)을 강조하는 것입니다. 노스틱주의자들(영지주의자들)은 예수님을 극진히 높인 나머지 예수님께서 볼 수 있는 몸(seeing body)으로 오셨던 것일 뿐 실제로 몸이 있었던 것은 아니라고 주장합니다. 특히 예수님께서 십자가에 돌아가신 사건은 완전히 환상으로 돌려버립니다. 하나님의 아들이 어떻게 십자가에 달려 죽을 수 있겠느냐, 더구나 당신의 제자에게 팔렸다는 것은 말도 안 된다며 예수님을 지극히 신성시하여 그 신성만 인정하고 인성은 부정한 것입니다. 그 때문에 사도 요한은 요한일서 4장에서 예수님께서 육체로 오신 것을 시인하지 아니하는 사람마다 이단이라고 말씀합니다. 뿐만 아니라 사도 요한은 또 '우리가 들은 바요, 눈으로 본 바요, 주목하고 우리 손으로 만진 바라(요일1:1)'라고 강조하고 있습니다. 예수님의 고난이 의미를 가지는 것은 그가 참 육체로 오신 인간이기 때문입니다. 마치 허깨비와도 같이 환상으로 나타났다 사라지신 것이라면 예수님의 십자가 고난은 무의미하게 됩니다. '성육신'은 그리스도 안에서 하나님이 인간이 되었다는 진리입니다.

3) 예수님께 드리는 세 번째 고백은 '그리스도'입니다. '그리스도'는 직명(職名)입니다. '예수'는 한 개인의 이름이고 '그리스도'는 그 이름 뒤에 붙는 신분인 셈입니다. '그리스도'는 히브리말 '메시야'의 헬라어역인 '크리스토스'에서 나온 말입니다. '붓는다'라는 뜻의 '크리오'가 명사화하여 크리스토스 즉 그리스도가 되었습니다. 그 옛날 히브리에서는 왕이나 제사장이나 선지자가 다 기름부음을 받았습니다. 그 때문에 예수님을 일컬어 왕, 제사장, 선지자라 하는 것을 성경에서 볼 수 있게 되었습니다만, 그러나 '메시야'는 그런 뜻 만을 가진 것이 아닙니다. 왕이나 제사장이나 선지자를 가리켜 '메시야'라 일컫지는 않았습니다. '메시야'는 위의 세 직분을 다 통합한 의미의 이상적인 직분이 '메시야'입니다. 하나님의 계시자(선지자), 하나님께서 친히 다스리시고(왕), 친히 속량(贖良)하시고(제사장), 친히 말씀하시는 바 그 일을 대행하는 하나님의 종말론적 계시자인 예수님이 바로 그 메시야인 것입니다. 그리스도는 왕이며 제사장이며, 선지자로 하나님 나라를 친히 다스리십니다. 이것이 영원한 '그리스도'께 드리는 우리의 신앙고백입니다.

4) 끝으로 '주'에 대해 상고해보겠습니다. 첫째, '주(主)의 헬라말 '퀴리오스'는 일반적으로 노예가 주인을 향해서, 백성이 왕을 향해서 부를 때에

쓰던 말입니다. 우리는 그리스도의 종입니다. 그러므로 절대충성을 고백하여 '주'라고 부릅니다.

둘째, 그리스도께서 만유의 소유주 되심을 의미합니다. 그는 역사의 주인이십니다. 세계를 다스리시고, 교회의 머리가 되십니다. 우리는 다 그의 소유입니다. 그래서 우리는 그리스도를 '주'라고 고백하는 것입니다.

셋째, 구원의 주가 되신다는 의미입니다. 우리는 '구원'이라는 말과 함께 '구속'이라는 말도 씁니다. 구속(救贖)이란 돈 주고 산다는 말이며, 예수 그리스도께서는 당신의 피 값을 치르시고 우리를 사신 것입니다. 우리가 그를 구주라 고백하는 것은 그가 우리를 구속하셨기 때문입니다. 우리는 예수님께 대한 추억으로 사는 것이 아니라 예수님의 능력으로 삽니다. 예수님을 우리의 왕으로, 제사장으로, 선지자로 고백하며 우리의 하나님 되심을 고백합니다. '우리 주 예수 그리스도'가 우리의 영원한 신앙 고백입니다.

예수님을 만난 사람만이 변화됩니다.

예수님을 만났다는 것은 피상적인 만남이 아니라 인격적인 만남을 말하며 1)예수님은 육으로 오신 하나님이시며, 2)내 죄를 대속하기 위해 십자가에 못박혀 죽으셨으며, 3)우리에게 영원한 생명을 주시기 위해 부활, 승천하셨음을 믿는 것입니다.

또한 4)우리가 구원 받아 하나님의 자녀가 되었으나 죄성으로 말미암아 죄를 범하는 인간을 위해 "자신이 대신 죽었음을 하나님께 중보"(롬8:34) 하시며 5)우리를 사탄으로 부터 보호하고 6)하나님의 나라로 인도하시기 위해 성령으로 우리 안에 오셔서 시공간을 초월하여 항상 함께 하시며 7)끊임없는 사랑으로 우리를 돌보고 계심을 믿고 아는 것입니다.

우리는 하나님이 친히 육으로 오셔서 십자가에 못박혀 대속하지 않고

서는 구원 받을 수 없을 만큼 어리석고 연약하고 죄 된 존재였습니다. 그럼에도 불구하고 예수님은 피 한 방울 남기지 않고 다 쏟아 부어서, 사랑으로 자녀 삼으시고 이제는 우리 안에 오셔서 영원히 항상 함께 하시며 사랑으로 인도하시고 돌보시고 계십니다.

이 사실을 믿고 아는 것이 신앙이요, 예수님을 만난 것이며 이 사람만이 변화할 수 있습니다 이 사실을 진실로 믿는 사람은 놀라운 변화들이 일어납니다.

육의 생각이 영의 생각으로 변화되고, 세상적 가치관이 성경적 가치관으로 변화되고, 죽은 믿음이 산 믿음으로, 세상 소망이 천국 소망으로, 이기적 사랑이 아가페사랑으로, 입술의 감사가 마음에 감사로, 축복만을 위한 기도가 헌신을 위한 기도로, 제한적 예배가 삶의 예배로, 부정적 언어가 긍정적 언어로 차가운 마음이 따듯한 마음으로 변화됩니다.

사랑을 모르는 사람도 사랑하는 여인을 만나면 모든 생각과 가치관과 꿈이 달라집니다.

하물며 나를 창조하시고, 나를 가장 잘 아시고, 시공간을 초월하여 나를 가장 사랑하시는 그 진실한 사랑을 알고 받고 있는데 어찌 변화하지 않을 수 있겠습니까?

변화하지 않는다면 그는 아직 예수님의 사랑을 모르고 예수님을 만나지 않은 것입니다.

자문 자답해 보십시오. 나는 예수님의 사랑을 믿는가? 나는 예수님의 사랑을 아는가?

제 5 장

온전한 믿음과 온전한 구원

제 5 장 온전한 믿음과 온전한 구원

믿음은 그리스도인의 삶과 구원에 있어 가장 중요한 요소입니다. 성경은 우리가 오직 믿음으로 구원을 받는다고 분명히 가르칩니다. 그러나 우리는 때로 믿음만으로 구원이 충분한가? 또는 믿음 외에 다른 것이 필요한가? 라는 질문을 던지기도 합니다.

오늘 우리는 믿음이 구원의 필요충분조건이라는 성경적 진리를 탐구하고, 믿음이 우리 구원의 핵심임을 깨달으며, 그 믿음 속에서 어떻게 살아가야 할지를 함께 나누고자 합니다.

믿음에 대한 정의
1. 믿음은 구원의 필요조건입니다.

먼저, 믿음이 구원의 필요조건이란 구원을 얻기 위해 반드시 필요한 요소를 의미합니다. 즉, 구원을 받기 위해 반드시 믿음이 있어야 한다는 뜻입니다. 성경은 구원이 오직 믿음으로 말미암아 주어짐을 분명히 가르칩니다.

성경은 "하나님이 세상을 이처럼 사랑하사 독생자를 주셨으니 이는 그를 믿는 자마다 멸망하지 않고 영생을 얻게 하려 하심이라."(요3:16)고 말씀합니다.

이 구절에서 우리는 믿음이 구원에 있어 필수적인 요소임을 알 수 있습니다.

하나님께서는 예수 그리스도를 보내셔서 구원의 길을 주셨고, 예수님을 믿는 자에게 영생을 약속하셨습니다. 구원을 얻기 위해서는 믿음이 반드시 필요합니다. 예수님을 믿지 않고는 구원을 받을 수 없습니다.

또한, "믿음이 없이는 하나님을 기쁘시게 하지 못하나니 하나님께 나아가는 자는 반드시 그가 계신 것과 또한 그가 자기를 찾는 자들에게 상 주시는 이심을 믿어야 할지니라."(히11:6)고 했습니다.

하나님께 나아가는 데 있어 믿음이 필수적이라는 것을 알 수 있습니다. 믿음이 없이는 하나님께 가까이 나아갈 수도, 구원의 은혜를 누릴 수도 없습니다. 따라서 믿음은 구원을 위해 반드시 있어야 하는 필요조건입니다.

2. 믿음은 구원의 충분조건입니다.

그렇다면 믿음은 충분조건인가? 충분조건이란, 그 조건이 충족되면 다른 조건 없이 그 결과를 얻을 수 있다는 뜻입니다. 성경은 믿음이 구원에 있어 충분조건 임을 분명히 선언합니다. 즉, 믿음 하나만으로 우리는 구원을 받을 수 있다는 것입니다.

성경은 "너희는 그 은혜에 의하여 믿음으로 말미암아 구원을 받았으니 이것은 너희에게서 난 것이 아니요 하나님의 선물이라. 행위에서 난 것이 아니니 이는 누구든지 자랑하지 못하게 함이라."(엡2:8-9)고 했습니다. 여기에서 구원은 은혜로 주어지며, 그 은혜는 믿음으로 말미암아 받게 됩니다. 이 구절은 구원이 우리의 행위에 의존하지 않으며, 오직 믿음으로 충분히 주어진다는 사실을 강조합니다.

구원을 얻기 위해 추가적인 조건이 필요한 것이 아닙니다. 믿음만으로 우리는 구원의 선물을 받을 수 있습니다. 이 말씀은 구원이 우리의 공로나 선행에 의해서가 아니라, 하나님의 선물로 주어진다는 것을 분명히 합니다.

성경은 "사람이 의롭다 하심을 얻는 것은 율법의 행위에 있지 않고 믿음으로 되는 줄 우리가 인정 하노라."(롬3:28)고 했습니다.

성경은 구원이 율법의 행위나 다른 조건에 있지 않고 믿음을 통해 주어진다는 사실을 강조합니다. 믿음 하나로 충분히 우리는 하나님 앞에서 의롭다 함을 받을 수 있습니다. 이것이 구원의 충분 조건으로 서의 믿음입니다. 우리의 행위나 노력은 구원의 필수 조건이 아니며, 오직 믿음만으로도 우리는 구원의 완전함을 얻습니다.

3. 믿음은 구원의 과정에서 전부를 포함합니다.

믿음이 구원의 필요조건일 뿐만 아니라, 충분조건이라는 점을 이해할 때, 우리는 구원이 믿음으로부터 시작하여 끝까지 이루어진다는 것을 깨닫게 됩니다. 구원은 믿음으로 시작되며, 믿음 속에서 계속 자라나고 완성됩니다.

성경은 "복음에는 하나님의 의가 나타나서 믿음으로 믿음에 이르게 하나니 기록 된 바 오직 의인은 믿음으로 말미암아 살리라 함과 같으니라."(롬1:17)했습니다.

이 말씀은 우리가 구원의 시작에서 끝까지 믿음으로 살아야 한다는 사실을 가르칩니다.

믿음은 구원의 출발점일 뿐만 아니라, 우리의 삶 속에서 계속해서 성장하고 완성되는 과정입니다. 우리는 믿음으로 구원을 받고, 그 믿음으로 하나님의 자녀로서 살아갑니다. 믿음이 우리에게 구원을 주는 충분한 조건이라는 것은, 그 믿음이 우리 삶 전체를 하나님의 뜻에 맞게 이끌어가는 능력을 가지고 있다는 뜻입니다.

4. 구원에 대한 믿음은 행위와 구별됩니다.

믿음이 구원의 충분조건이라는 사실을 받아들일 때, 우리는 구원이 행위와 구별된다는 사실도 기억해야 합니다. 하나님의 말씀인 성경은 "이와 같이 행함이 없는 믿음은 그 자체가 죽은 것이라."(약2:17)고 했습니다.

이 구절은 믿음이 행위로 나타나야 한다는 것을 가르칩니다. 그러나 이것은 구원받기 위해 행위가 필요하다는 의미는 아닙니다. 우리는 구원받은 결과로서 우리의 믿음이 삶에서 열매를 맺는다는 뜻입니다. 구원에 있어서 믿음은 충분조건이지만, 진정한 믿음은 삶의 변화를 가져옵니다. 이 변화는 구원의 조건이 아니라, 구원받은 결과로 나타나는 열매입니다. 구원받은 사람은 믿음으로 인해 삶에서 선한 행실과 거룩한 삶을 살게 됩니다. 그러나 이 행위 자체가 구원을 이루는 것이 아니라, 이미 받은 구원을 나타내는 증거입니다. 따라서 믿음이 구원의 충분조건이라는 진리는 변함이 없으며, 행위는 그 결과로서 따라오는 것입니다.

5. 믿음은 구원의 유일한 길입니다.

성경은 구원에 이르는 유일한 길이 믿음이라는 사실을 분명히 가르칩니다. 예수 그리스도를 믿음으로 우리는 하나님께 나아갈 수 있으며, 그 외에 다른 방법은 없습니다. 성경은 "예수께서 이르시되 내가 곧 길이요 진리요 생명이니 나로 말미암지 않고는 아버지께로 올 자가 없느니라."(요 14:6)고 했습니다.

예수님은 구원에 이르는 유일한 길입니다. 그리고 그분을 통해 하나님께 나아가는 길은 믿음밖에 없습니다. 믿음이 구원의 필요충분조건인 이유는, 예수님을 믿음으로만 우리는 하나님과의 관계가 회복되고 영원한 생명을 얻기 때문입니다. 하나님의 말씀인 성경은 "주 예수를 믿으라. 그리하면 너와 네 집이 구원을 받으리라."(행16:31)고 했습니다. 이 구절은 구원의 유일한 길이 믿음임을 다시 한 번 강조합니다. 예수님을 믿는 자는 구원을 받을 것이며, 그 믿음만으로 충분하다는 것이 복음의 핵심입니다.

왜 믿음이 구원의 절대적 조건인가?

구원은 인간이 죄와 고통과 죽음에서 벗어나 하나님과의 영원한 생명에 이르는 가장 중요한 문제입니다. 그러나 이 구원을 받기 위해서는 믿음이 필수적입니다. 성경은, 구원은 오직 하나님의 은혜로, 그리고 그 은혜를 믿음으로만 받을 수 있다고 가르칩니다. 그렇다면 왜 믿음이 구원의 절대적 조건일까요?

　1) **믿음은 하나님의 은혜를 받아들이는 유일한 통로입니다.** 성경은 구원은 하나님의 은혜로 주어진다고 분명히 말씀하고 있습니다. 구원은 우리가 스스로 이룰 수 있는 것이 아니라, 전적으로 하나님께서 우리에게 선물로 주시는 은혜입니다. 그러나 이 은혜를 받을 수 있는 방법은 믿음 뿐입니다.

　"너희는 그 은혜에 의하여 믿음으로 말미암아 구원을 받았으니 이것은 너희에게서 난 것이 아니요 하나님의 선물이라. 행위에서 난 것이 아니니 이는 누구든지 자랑하지 못하게 함이라."(엡2:8-9)는 말씀은 구원이 하나님의 은혜로 이루어진 것이며, 그 은혜를 받는 방식이 믿음임을 명확히 가르칩니다. 구원은 우리의 선행이나 노력으로 얻는 것이 아닙니다. 우리는 자신의 공로나 행위로는 결코 구원에 이를 수 없습니다. 오직 믿음을 통해 하나님의 은혜를 받아들이는 것이 구원의 길입니다.

　믿음은 하나님께서 이미 이루어 놓으신 구원의 역사를 우리에게 적용시키는 유일한 통로입니다. 하나님께서 구원을 주셨을 때, 우리는 그 구원을 믿음으로 받아들여야 합니다. 믿음이 없이는 하나님의 구원의 은혜를 받을 수 없습니다.

　2) **믿음은 예수 그리스도를 의지하는 것입니다.** 믿음이 구원의 절대적 조건인 이유는 예수 그리스도를 구세주로 믿는 것이기 때문입니다. 성경은 구원이 오직 예수 그리스도를 통해서 주어진다고 가르칩니다. 예수님은 우리의 죄를 대신하여 십자가에서 죽으시고 부활하심으로, 우리에게 영원한 생명을 주셨습니다. 따라서 믿음은 우리가 예수님을 구세주로 믿고, 그분의 구원 사역을 받아들이는 행위입니다.

성경은 "다른 이로써는 구원을 받을 수 없나니 천하 사람 중에 구원을 받을 만한 다른 이름을 우리에게 주신 일이 없음이라."(행4:12)고 했습니다.

이 구절은 구원이 오직 예수 그리스도를 통해서만 주어진다는 사실을 분명히 선언합니다. 그리스도 외에는 구원의 길이 없으며, 우리는 예수님의 완전한 구원의 사역을 믿음으로 받아들여야 합니다. 우리의 죄를 씻기 위해 예수님의 대속적인 죽음이 필요했으며, 우리는 그분의 희생을 믿음으로 받아들이는 자들 만이 구원에 이를 수 있습니다. 믿음이 구원에 절대적인 이유는 예수님을 통해서만 하나님께 나아갈 수 있기 때문입니다(요14:6). 예수님의 십자가 사역을 믿지 않고는 구원에 이를 수 없습니다. 믿음은 예수님의 구속 사역을 의지하는 우리의 응답이며, 그분의 은혜를 개인적으로 적용하는 방법입니다.

3) 믿음은 하나님과의 관계를 회복하는 열쇠입니다. 믿음이 구원의 절대적 조건인 또 다른 이유는, 믿음이 하나님과의 관계를 회복하는 열쇠이기 때문입니다. 죄로 인해 인간은 하나님과 단절되었고, 그 결과 영원한 사망에 이르게 되었습니다. 그러나 믿음은 우리를 다시 하나님과 연결시키며, 하나님의 자녀가 되는 통로가 되기 때문입니다. 성경은 "그러므로 우리가 믿음으로 말미암아 의롭다 하심을 받았으니 우리 주 예수 그리스도로 말미암아 하나님과 화평을 누리자."(롬5:1)고 말씀합니다.

이 구절은 믿음을 통해 하나님과의 관계가 회복되었다는 사실을 가르칩니다. 믿음을 통해 우리는 의롭다 함을 받았고, 하나님과 화평을 누릴 수 있게 되었습니다. 죄로 인해 깨어진 관계가 믿음을 통해 다시 회복되며, 우리는 하나님과의 친밀한 교제 속에서 살아가게 됩니다.

믿음이 구원에 절대적인 이유는, 하나님과의 관계를 회복하는 데에 있어서 유일한 방법이기 때문입니다. 우리는 스스로 하나님께 나아갈 수 없지만, 믿음으로 예수 그리스도를 의지할 때 하나님과 화목하게 됩니다. 믿음이 없다면 우리는 여전히 죄 가운데 있을 것이며, 하나님과의 관계는 여전히 단절된 상태로 남아 있을 것입니다.

4) 믿음은 우리의 구원을 확신케 하는 보증입니다. 믿음은 단지 하나님의 구원을 받아들이는 행위일 뿐만 아니라, 우리의 구원을 확신하게 하는 보증입니다. 성경은 믿음을 통해 우리는 하나님께서 주신 구원을 확신할 수 있다고 가르칩니다. 믿음은 우리의 구원이 확실하다는 증거이며, 하나님께서 우리를 결코 버리지 않으신다는 약속을 붙드는 힘입니다. 성경은 "믿음은 바라는 것들의 실상이요 보이지 않는 것들의 증거"(히11:1)라고 정의 합니다.

우리는 이 땅에서 구원의 완성을 온전히 경험하지 못하지만, 믿음을 통해 그 구원이 확실하다는 것을 확신할 수 있습니다. 믿음이 없다면 우리는 구원의 기쁨을 누릴 수 없고, 하나님의 약속을 확실하게 붙들 수 없을 것입니다. 믿음은 하나님께서 우리를 구원하셨다는 확신이며, 영원한 생명과 하나님과의 영원한 관계를 기대하게 하는 힘입니다. 믿음이 구원의 절대적 조건인 이유는, 그 믿음이 우리의 영원한 소망과 기대를 붙들게 하는 힘이기 때문입니다.

구원이란 무엇인가?(롬1:16-17/창2:16-17/창3:1-6)

구원은 성경 전체에서 강조되는 핵심 주제입니다. 예수님께서 이 땅에 오신 목적도 우리를 구원하기 위함 이었습니다. 그렇다면 구원이란 무엇일까요? 우리는 구원을 통해 무엇을 얻으며, 구원이 우리의 삶에 가져다 주는 의미는 무엇일까요?

1. 구원이란 마귀의 자녀가 하나님의 자녀가 되는 것입니다.

구원이란 "마귀의 자녀가 하나님의 자녀"(요일3:10)가 되고 "죽은 영이

산 영이 되어"(엡2:1) "영이신 하나님"(요4:24)과 사랑을 나누는 것입니다.

"구원이란 마귀의 자녀가 하나님의 자녀가 되는 것이다"라는 정의는 성경의 여러 구절에서 나타나는 주제를 반영하며, 성경적 관점에서 구원의 본질을 명확하게 표현할 수 있는 정의입니다. 구체적으로 살펴보면 다음과 같은 의미가 있습니다.

성경에서는 사람들이 본래 죄 가운데 태어나 하나님과 단절된 상태에 있다고 말씀합니다. 예수님께서 "너희는 너희 아비 마귀에게서 났으니…"(요8:44)라고 하신 것처럼, 죄인 된 인간은 하나님과의 관계가 끊어진 상태로 살아갑니다. 구원은 이 상태에서 벗어나 하나님의 자녀로 거듭나는 영적 변화를 의미합니다.

구원받은 사람은 더 이상 사탄의 영향 아래 있지 않고, 하나님께 속하게 됩니다. 성경은 "영접하는 자 곧 그 이름을 믿는 자들에게는 하나님의 자녀가 되는 권세를 주셨으니"(요1:12)라고 말씀합니다.

구원은 단순히 죄에서 벗어나는 것만이 아니라, 하나님의 자녀가 되어 하나님과 친밀한 관계 속에 살아가게 되는 것입니다.

마귀의 자녀로 있던 우리가 하나님의 자녀로 거듭난다는 것은 근본적인 정체성의 변화를 의미합니다. 구원을 통해 우리는 더 이상 죄와 사탄의 지배를 받는 존재가 아니며, 하나님의 사랑 안에서 사는 존재로 변화됩니다. 이 새로운 정체성은 성령을 통해 우리 안에 내주하시는 하나님과 함께 성화의 과정을 걸어가는 삶을 의미합니다.

하나님의 자녀로서 새로운 삶을 얻게 되면 그 목적과 방향 역시 달라집니다.

구원받은 사람은 더 이상 [세상의 가치관에 묶여 살지 않고], 하나님의 말씀에 [절대 가치를 두고 말씀에 의지하여] 살아가게 됩니다.

이 과정에서 성령의 열매가 나타나고, 그리스도의 형상을 닮아가게 됩니다. 하나님의 자녀가 된다는 것은 하나님의 영원한 생명에 참여하게 되는 것을 의미합니다. 이는 천국에 대한 소망을 가질 뿐만 아니라, 현재의 삶에서도 하나님의 나라의 가치로 살아가는 영적 특권을 포함합니다.

2. 구원이란 죄와 고통과 사망에서의 해방입니다.

구원의 가장 근본적인 의미는 우리를 죄와 그 결과인 고통과 사망으로부터 건져내는 것입니다. 성경은 모든 사람이 죄를 범하였고(롬3:23), 그 죄의 대가로 사망에 이르게 되었다고 말합니다(롬6:23). 죄는 하나님과의 관계를 단절시키며, 형용할 수 없는 고통과 죽음과 영원한 심판으로 우리를 이끕니다. 그러나 하나님께서는 우리를 이 죄와 고통과 사망의 상태에서 해방시키기 위해 구원을 준비하셨습니다.

구원은 죄의 권세 아래 있던 우리를 자유롭게 하는 것입니다. 예수님께서는 우리의 죄를 대신 짊어지시고 십자가에서 죽으심으로써 우리의 죄값을 치르셨습니다. 그 결과, 우리는 죄의 형벌로부터 해방되고 하나님과의 관계가 회복됩니다. 그러므로 구원은 단지 우리의 미래에만 관련된 것이 아니라, 지금 우리를 죄의 올무에서 벗어나게 하고 하나님의 사랑과 은혜를 경험하게 하는 것입니다.

3. 구원은 하나님과의 화목을 가져옵니다.

구원은 우리를 하나님과의 화목 된 관계로 인도합니다. 죄로 인해 하나님과 단절되었던 우리가 이제는 예수 그리스도를 통해 하나님과 화해하고, 그분과 친밀한 교제를 누리게 됩니다. 성경은 "우리가 믿음으로 의롭다 하심을 받았으니 우리 주 예수 그리스도로 말미암아 하나님과 화평을 누리자"(롬5:1)고 말씀합니다.

하나님과의 화목은 우리에게 참된 평안과 기쁨을 줍니다. 우리는 더 이상 두려움과 정죄 아래 있지 않고, 하나님을 아버지로 모시며 그분의 사랑 안에서 자유롭게 살 수 있습니다. 이 화목 된 관계는 우리의 일상과 모든 상황 속에서 하나님의 임재와 인도하심을 경험하게 하며, 우리의 삶을 더욱 풍성하게 만듭니다.

4. 구원은 영원한 생명을 얻게 합니다.

구원의 궁극적인 목적은 우리에게 영원한 생명을 주는 것입니다. 예수 그리스도를 믿는 자는 하나님과 함께하는 영원한 생명을 얻게 됩니다(요 3:16).

이 영원한 생명은 우리가 이 땅에서 겪는 모든 고난과 슬픔을 이겨낼 수 있는 힘과 소망을 줍니다. 우리는 구원을 통해 하나님과 영원히 함께 거할 것을 확신하며, 이 세상의 어려움 속에서도 흔들리지 않는 믿음을 가질 수 있습니다. 구원은 우리를 영원한 하나님의 나라로 인도하며, 영원한 기쁨과 평안에 이르게 하는 놀라운 은혜입니다. 그러므로 우리는 날마다 이 구원의 은혜에 감사하며, 하나님과의 화목 된 관계 속에서 거룩한 삶을 살아가야 합니다.

영생이란 무엇인가?

많은 사람들이 영생을 단지 시간적으로 끝이 없는 삶으로만 생각할 때가 있지만, 성경에서 말하는 영생은 단순히 무한한 시간을 의미하는 것이 아닙니다. 영생은 하나님과의 관계 속에서 누리는 충만한 생명이며, 하나님과 함께하는 영원한 기쁨과 평안을 포함하는 것입니다.

<u>1. 영생은 하나님과의 영원한 관계입니다.</u> 가장 중요한 것은 영생이 단지 무한히 길어지는 시간이 아니라, 하나님과의 영원한 관계를 의미한다는 사실입니다. 영생은 하나님과 교제하는 삶을 말하며, 이 땅에서 시작되

어 죽음을 넘어 하늘나라에서 영원히 이어집니다. 예수님은 영생에 대해 "영생은 곧 유일하신 참 하나님과 그의 보내신 자 예수 그리스도를 아는 것이니이다."(요17:7)고 분명히 말씀하셨습니다.

여기서 예수님은 영생이 하나님을 아는 것이라고 말씀하십니다. 이 "아는 것"은 단지 지식적인 이해가 아니라, 깊은 교제와 친밀함을 의미합니다.

영생은 하나님과의 깊은 관계 속에서 그분의 사랑과 은혜를 누리며 살아가는 삶입니다. 이 관계는 예수 그리스도를 통해 시작되며, 우리는 그분을 통해 하나님을 알게 되고, 그분 안에서 영원한 생명을 얻게 됩니다.

하나님과의 관계는 영생의 핵심입니다. 우리는 이 땅에서도 하나님과의 관계를 누릴 수 있지만, 죽음 이후에는 하나님과의 완전한 교제를 누리며 영원한 기쁨 속에서 살아가게 됩니다. 영생은 하나님과 함께하는 끝없는 사랑과 평화 속에서의 삶입니다.

<u>2. 영생은 예수 그리스도를 믿음으로 얻는 선물입니다.</u> 영생은 우리의 노력이나 자격에 의해 얻어지는 것이 아닙니다. 성경은 영생이 예수 그리스도를 믿음으로 받는 하나님의 선물이라고 가르칩니다. 우리는 죄로 인해 하나님과 단절되었지만, 예수님께서 십자가에서 우리의 죄를 대신 짊어지시고 죽으심으로써, 우리는 그분을 믿음으로 영원한 생명을 얻을 수 있게 되었습니다. 성경은 "하나님이 세상을 이처럼 사랑하사 독생자를 주셨으니 이는 그를 믿는 자마다 멸망하지 않고 영생을 얻게 하려 하심이라."(요3:16) 이 구절은 영생의 핵심을 명확히 정의합니다.

성경은 "죄의 삯은 사망이요 하나님의 은사는 그리스도 예수 우리 주 안에 있는 영생이니라."(롬6:23)고 했습니다. 이 구절은 우리의 죄가 가져오는 결과는 사망이지만, 하나님께서 우리에게 주신 은혜의 선물은 예수 그리스도를 통해 얻는 영원한 생명임을 가르칩니다.

예수님을 믿음으로 우리는 사망에서 생명으로 옮겨졌고, 이제 영생을 누리며 살아갈 수 있게 되었습니다.

　3. 영생은 현재와 미래의 삶 모두를 포함합니다. 많은 사람들이 영생을 죽음 이후에만 주어지는 것으로 생각할 때가 있지만, 성경은 영생이 현재와 미래 모두에 포함되어 있다고 가르칩니다. 영생은 우리가 예수 그리스도를 믿는 순간부터 시작됩니다. 우리는 이미 이 땅에서 영생을 경험하기 시작하며, 죽음 이후에도 그 생명이 영원히 계속되는 것입니다. 성경은 "내가 진실로 진실로 너희에게 이르노니 내 말을 듣고 또 나 보내신 이를 믿는 자는 영생을 얻었고 심판에 이르지 아니하나니 사망에서 생명으로 옮겼느니라."(요5:24)고 했습니다.
　예수님을 믿는 자는 이미 영생을 얻었다고 분명히 말씀하고 있습니다. 우리는 죽음 이후에만 영생을 얻는 것이 아니라, 지금 이 순간에도 영생을 누리고 있는 것입니다. 우리의 육체는 여전히 고통과 한계 속에 있지만, 우리의 영혼은 하나님과 함께하는 영생을 지금도 누리고 있습니다.
　그리스도인에게 영생은 죽음 이후의 미래만을 바라보는 것이 아니라, 현재의 삶 속에서도 하나님과 함께하는 생명입니다. 우리는 이 땅에서 하나님과의 관계 속에서 영생을 누리며, 그 영생이 죽음을 넘어 영원히 지속될 것을 소망하며 살아가야 합니다.

　4. 영생은 하나님 나라에서의 완전한 삶입니다. 영생의 궁극적인 완성은 하나님 나라에서 이루어집니다. 우리는 이 땅에서 하나님과의 관계를 통해 영생을 경험하지만, 그 완전한 모습은 하늘나라에서 이루어질 것입니다. 영생은 더 이상 고통과 슬픔이 없는 곳에서, 하나님과 영원히 함께하는 삶을 말합니다.
　성경은 하나님 나라에서의 영생을 "모든 눈물을 그 눈에서 닦아 주시니 다시는 사망이 없고 애통하는 것이나 곡하는 것이나 아픈 것이 다시 있지 아니하리니 처음 것들이 다 지나갔음이라."(계21:4)고 했습니다.

이 구절은 영생의 완성된 모습을 보여줍니다. 우리는 더 이상 고통과 슬픔, 질병과 죽음이 없는 완전한 평화와 기쁨 속에서 하나님과 함께할 것입니다. 하나님께서는 우리의 눈물을 닦아 주시고, 모든 고난과 고통이 사라진 곳에서 우리를 맞이하실 것입니다. 그곳이 바로 우리가 소망하는 영원한 생명의 궁극적인 완성입니다.

<u>5. 영생은 미래를 소망하며 현재를 살아가는 삶입니다.</u> 마지막으로, 영생은 단지 미래의 소망만이 아니라, 현재의 삶에 큰 영향을 미치는 진리입니다. 영생을 소망하는 사람은 이 땅의 삶을 영원한 관점에서 바라보고, 하나님을 위해 충실하게 살아가게 됩니다.

하나님의 말씀인 성경은 "그러므로 너희가 그리스도와 함께 다시 살리심을 받았으면 위의 것을 찾으라. 거기는 그리스도께서 하나님 우편에 앉아 계시느니라. 위의 것을 생각하고 땅의 것을 생각하지 말라."(골3:1-2)고 했습니다.

영생을 소망하는 우리는 위의 것, 즉 하나님의 나라를 바라보며 살아가야 합니다. 우리는 이 땅의 것에 매이지 않고, 영원한 생명과 하늘의 영광을 소망하며, 하나님께서 기뻐하시는 삶을 살아가야 합니다. 우리의 삶은 영원한 생명을 소망할 때, 더 큰 의미를 갖게 되고, 그 소망 속에서 우리는 참된 기쁨과 평안을 누리게 됩니다.

온전한 구원의 5단계(롬8:29-30/이스라엘 백성의 구원 과정)

이스라엘 백성의 출애굽과, 광야에서의 인도와, 가나안 입성은 우리에게 구원의 깊은 의미를 깨닫게 하는 영적인 모델입니다. 이 여정은 구원의 5단계인 1)선택, 2)부르심, 3)칭의, 4)성화, 5)영화와 연결되어, 하나님의 구원이 어떻게 이루어지는지를 보여줍니다. 이스라엘 백성의 출애굽과 광야 생활과 가나안 땅 정복을 구원의 5단계에 연관시켜 살펴보고자 합니다.

1. 선택 - 애굽에서 이스라엘을 택하심

이스라엘 백성은 애굽에서 노예로 고통받고 있었습니다. 이 상황은 죄의 종이 되어 세상의 유혹과 악에 빠져 있는 우리 인간의 상태를 상징합니다. 하지만 하나님께서는 이스라엘을 애굽에서 택하여 하나님의 백성으로 삼으시기로 결정하셨습니다. 출애굽기 3장 7-8절에서 하나님께서는 "내 백성의 고통을 보고… 그들을 애굽 인의 손에서 건져 내리라"고 말씀하셨습니다.

이는 구원의 첫 번째 단계인 선택에 해당합니다. 하나님께서는 우리의 행위나 자격과 상관없이 우리를 선택하셨습니다. 이스라엘 백성이 애굽에서 해방될 수 있었던 것은 그들의 공로가 아니라, 전적으로 하나님의 은혜와 선택에 근거한 것입니다. 우리 역시 죄로 가득한 세상에서 하나님의 무조건적인 사랑으로 선택을 받아 구원의 여정에 들어섭니다.

로마서 9장11-13절의 말씀을 보면 "그 자식들이 아직 나지도 아니하고 무슨 선이나 악을 행하지 아니한 때에 택하심을 따라 되는 하나님의 뜻이 행위로 말미암지 않고 오직 부르시는 이로 말미암아 서게 하려 하사 리브가에게 이르시되 큰 자가 어린 자를 섬기리라 하셨나니 기록된 바 내가 야곱은 사랑하고 에서는 미워하였다 하심과 같으니라"고 했습니다. 이 말씀은 어떤 선행에 관계없이 야곱이 태어나기 전에 사랑하기로 선택하셨다는 의미입니다. 우리가 세상에 태어나기 전에 하나님은 우리를 사랑하기로 선택하신 것이 구원의 시작입니다.

성경은 로마서 8:29에 "하나님이 미리 아신 자들을 또한 그의 아들의 형상을 본받게 하기 위하여 미리 정하셨으니…"라고 했습니다. 이스라엘 백성들은 아브라함과 이삭, 야곱을 통해 이미 하나님의 구원 계획에 따라 선택된 백성이었습니다(창15:13-14). 하나님께서는 그들을 구속하실 계획을 이미 오래전부터 정하셨습니다.

출애굽 이전에 하나님은 아브라함과 그의 자손들에게 "너는 열국의 아버지가 될 것이며, 네 후손이 가나안 땅을 차지할 것이다"라는 언약을 주셨습니다(창세기 12장, 17장).

이 언약은 하나님께서 이스라엘 백성을 구원할 것을 미리 정하셨다는 점에서 구원의 예정과 같습니다.

2. 부르심 - 모세를 통한 이스라엘의 출애굽

이스라엘이 애굽에서 구원받은 것은 하나님의 부르심에 의한 것이었습니다. 하나님께서는 모세를 보내어 이스라엘 백성을 애굽에서 나오게 하셨습니다. 하나님께서는 애굽의 억압에서 그들을 해방하시고, 젖과 꿀이 흐르는 가나안 땅으로 인도하시기 위해 부르셨습니다. 이 부르심은 모세를 통해 백성에게 전달되었고, 그들은 애굽을 떠나 하나님의 인도하심을 받기 시작했습니다.

이것은 구원의 단계 중 "부르심"에 해당합니다. 하나님께서는 복음을 통해 우리를 죄와 고통과 사망에서 구원하시기 위해 부르십니다. 이 부르심은 성령의 역사로 우리 마음에 다가와, 우리가 죄의 억압에서 벗어나 새로운 삶을 시작하도록 인도하십니다. 이스라엘이 모세의 부름에 응답하여 출애굽한 것처럼, 우리도 하나님의 부르심에 응답하여 죄의 세상에서 벗어나 하나님의 길을 따르게 됩니다.

성경은 로마서 8:30에 "미리 정하신 그들을 또한 부르시고..."라고 말씀 했습니다.

하나님은 이스라엘 백성들을 애굽에서 해방시키시기 위해 모세를 통해 부르셨습니다. 그들을 출애굽으로 인도하시는 과정은 하나님의 구원의 "

부르심"을 상징합니다. 하나님께서는 모세를 보내어 바로에게 명령하셨고, 이스라엘 백성들을 애굽에서 불러내어 구원하셨습니다. 하나님은 그들의 고통을 보셨고, 그들을 해방시키기로 작정하셨습니다. 또한 이는 복음을 통해 사람들을 죄와 사망의 상태에서 불러내시는 하나님의 구속 사역과 동일합니다.

구원의 2단계인 부르심과 거듭남과의 관계

구원의 5단계인 1)선택, 2)부르심, 3)칭의, 4)성화, 5)영화 중 부르심과 거듭남은 구원 여정의 매우 중요한 시작점입니다. 우리는 부르심과 거듭남이 어떤 관계를 가지고 있는지, 그리고 어떻게 우리를 구원의 길로 이끄는지 이해하는 것이 중요합니다. 하나님의 부르심이 어떻게 우리를 거듭남으로 인도하고, 새로운 생명으로 변화시키는지 증언하고자 합니다.

<u>1) 부르심이란 무엇인가?</u>

구원의 5단계 중 부르심은 하나님께서 죄인들을 그분의 은혜와 구원으로 이끄시는 첫 단계입니다. 하나님은 우리를 구원하시기 위해 먼저 부르시는데, 이 부르심은 일반적으로 두 가지로 나누어집니다.

<u>(1) 외적 부르심</u>: 하나님의 말씀, 즉 복음의 선포를 통해 사람들에게 구원의 길을 제시하는 것입니다. 교회에서 전해지는 말씀, 성경을 통한 메시지가 외적 부르심에 속합니다(예: 열 가지 재앙).

<u>(2) 내적 부르심</u>: 성령께서 직접 각 사람의 마음에 역사하셔서, 복음을 듣고 믿음으로 반응하도록 이끄시는 것입니다. 이 내적 부르심이 있을 때에만 사람은 복음을 믿고 받아들일 수 있습니다(예: 문설주와 인 방에 피를 바름 출12:7).

내적 부르심은 단순히 복음을 듣는 것에서 그치지 않고, 성령께서 능력으로 우리 안에서 역사하여 우리의 마음을 열고, 하나님께로 돌아오도록

이끄는 것입니다. 바울은 로마서 8장 30절에서 "부르신 그들을 또한 의롭다 하시고"라고 말하며, 부르심이 구원의 시작이자 중요한 단계임을 강조합니다.

2) 거듭남이란 무엇인가?
거듭남은 부르심의 결과로 나타나는 변화이며, 그리스도인의 삶에서 매우 근본적인 변화를 의미합니다. 예수님께서는 "사람이 거듭나지 아니하면 하나님 나라를 볼 수 없느니라"(요3:3)고 말씀하셨습니다. 여기서 "거듭난다"는 것은 새로운 영적 탄생을 의미하며, 성령의 역사로 우리의 내면이 새로워지는 것을 가리킵니다. 거듭남은 죄로 인해 영적으로 죽었던 우리가 성령의 능력으로 새롭게 태어나 하나님의 자녀가 되는 것을 의미합니다. 이 거듭남을 통해 우리는 과거의 죄와 죄의 본성에서 해방되고, 새로운 피조물로서 하나님의 뜻에 따라 살아갈 수 있게 됩니다.

3) 부르심과 거듭남과의 관계
부르심과 거듭남은 구원의 시작에 있어서 불가분의 관계를 가지고 있습니다. 하나님께서 먼저 우리를 내적으로 부르실 때, 그 부르심은 우리를 거듭나게 하는 힘으로 작용합니다. 성령의 내적 부르심이 우리의 마음을 변화시키고, 거듭나게 하시는 것입니다. 예를 들면, "외적 부르심"은 우리가 복음을 들을 때, 그 말씀은 모두에게 동일하게 전해집니다. 그러나 성령께서 특별히 우리 마음에 역사하실 때에만, 우리는 그 말씀이 진정으로 이해되고 받아들일 수 있게 됩니다. 이 성령의 "내적 부르심"이 우리 안에서 거듭남을 일으키는 것입니다.

즉, 부르심이 먼저 있고, 그 부르심을 통해 성령께서 우리의 마음을 변화시키심으로써 우리는 거듭남을 경험하게 됩니다. 에베소서 2장 1-5절에서는 우리가 죄로 죽어 있던 상태에서 하나님께서 우리를 살리셨다고 말씀합니다. 이 말씀은 하나님의 부르심이 성령의 능력으로 우리의 영혼을 깨우고, 새로운 생명을 주는 거듭남을 일으킨다는 것을 말씀합니다.

<u>4) 부르심과 거듭남의 결과: 새로운 삶의 시작</u>
 부르심과 거듭남은 그리스도인의 새로운 삶을 시작하게 하는 원동력입니다. 거듭난 자는 이제 더 이상 죄 된 옛 본성에 따라 살지 않고, 하나님의 뜻에 순종하며 성령의 인도하심에 따라 살아갑니다. 성경은 "누구든지 그리스도 안에 있으면 새로운 피조물이라. 이전 것은 지나갔으니 보라 새것이 되었도다"(고후5:17)라고 말씀합니다.
 하나님의 부르심을 통해 거듭난 우리는 성령의 능력으로 날마다 변화되어, 성화의 삶을 살게 됩니다. 이는 부르심과 거듭남이 단순히 한 순간의 사건이 아니라, 우리의 삶을 지속적으로 변화시키는 성령의 역사임을 보여줍니다.

3. 칭의 - 홍해를 건넌 이스라엘 민족의 새로운 시작

 이스라엘이 출애굽 후 홍해를 건너는 사건은 그들의 새로운 시작을 상징합니다. 홍해를 건넌다는 것은 과거의 노예 상태를 떠나 새로운 자유를 얻은 상태를 의미합니다. 이는 이스라엘이 하나님의 능력으로 적의 추격에서 벗어나 자유롭게 된 것을 보여줍니다.
 이는 구원의 5단계 중 칭의에 해당합니다. 칭의는 우리가 믿음으로 말미암아 하나님께 의롭다 함을 받는 것을 의미합니다. 이스라엘이 홍해를 건넌 것은 그들의 능력이 아니라 하나님의 능력으로 이루어졌습니다. 마찬가지로 우리는 예수 그리스도의 십자가 공로로 말미암아 의롭다 함을 받게 됩니다. 우리의 죄와 허물이 씻겨 나가고, 하나님 앞에서 새로운 신분을 가진 하나님의 자녀로 살아가게 됩니다.

성경은 로마서 8:30에 "부르신 그들을 또한 의롭다 하시고..."라고 했습니다.

<u>1) 칭의란 무엇인가?</u>

칭의는 법정적인 용어로, 법정에서 무죄를 선고받는 것과 같습니다. 성경에서 칭의는 하나님께서 우리를 의롭다고 선언하시는 것을 의미합니다. 이 의로움은 우리의 행위나 노력에 의한 것이 아니라, 오직 예수 그리스도의 공로에 근거한 것입니다.

로마서 3장 24절은 우리가 "그리스도 예수 안에 있는 속량으로 말미암아 하나님의 은혜로 값없이 의롭다 하심을 얻은 자 되었느니라"고 말합니다. 여기서 "값없이"라는 말은 우리가 하나님의 은혜를 받을 자격이 없지만, 하나님께서 오직 은혜로 우리를 의롭다고 하신다는 의미입니다. 칭의는 우리의 죄악에도 불구하고, 예수 그리스도의 속죄 사역으로 인해 하나님께서 우리를 의롭게 인정해 주시는 것입니다.

<u>2) 칭의의 근거: 예수 그리스도의 대속</u>

칭의는 예수 그리스도의 대속에 근거합니다. 우리는 모두 죄인이며, 스스로의 힘으로는 결코 의로워질 수 없습니다. 로마서 3장 23절은 "모든 사람이 죄를 범하였으매 하나님의 영광에 이르지 못하더니"라고 말씀합니다. 그러나 예수님께서 우리의 죄를 대신하여 십자가에서 죽으심으로, 그분의 의가 우리에게 전가되었습니다.

이 전가의 개념은 우리가 예수님을 믿을 때, 우리의 죄가 그분께 넘어가고, 그분의 완전한 의로움이 우리에게 전가되는 것을 의미합니다. 그래서 우리는 하나님 앞에서 의로운 자로 인정받게 됩니다. 고린도후서 5장 21절은 "하나님이 죄를 알지도 못하신 이를 우리를 대신하여 죄로 삼으신 것은 우리로 하여금 그 안에서 하나님의 의가 되게 하려 하심이라"고 말씀합니다. 이것이 바로 칭의의 본질이며, 우리의 행위가 아닌 오직 그리스도의 대속 사역에 기초한 것입니다.

3) 칭의의 방법: 믿음으로 말미암아

칭의는 믿음으로 말미암아 주어집니다. 우리는 율법을 지키거나 선행을 통해 의롭게 될 수 없습니다. 오직 예수 그리스도를 믿음으로 말미암아 의롭다 하심을 받게 됩니다. 로마서 3장 28절은 "사람이 의롭다 하심을 얻는 것은 율법의 행위에 있지 않고 믿음으로 되는 줄 우리가 인정하노라"라고 선언합니다.

이 믿음은 단순히 지식적으로 동의하는 것이 아니라, 예수 그리스도의 십자가의 대속을 온전히 신뢰하고 의지하는 것을 말합니다. 우리의 모든 죄와 허물을 예수님께 맡기고, 그분의 구원에 의지하는 믿음이 있을 때 하나님께서 우리를 의롭다 하시는 것입니다. 이때 하나님께서는 우리의 과거, 현재, 미래의 모든 죄를 용서하시고, 우리를 하나님의 자녀로 받아 주십니다.

4) 칭의의 결과: 평안과 확신

칭의는 우리에게 평안과 확신을 줍니다. 우리는 하나님 앞에서 죄책감과 두려움 대신, 그분의 사랑과 은혜로 의롭다 함을 얻은 자로서 담대히 나아갈 수 있게 됩니다. 로마서 5장 1절은 "그러므로 우리가 믿음으로 의롭다 하심을 받았으니 우리 주 예수 그리스도로 말미암아 하나님과 화평을 누리자"라고 말합니다.

칭의는 또한 우리에게 구원의 확신을 줍니다. 우리의 구원은 우리 행위에 달려 있는 것이 아니라, 그리스도의 완전한 의에 근거하기 때문에 흔들리지 않습니다. 하나님께서 우리를 의롭다 하신 것은 우리를 사랑하시며 끝까지 우리를 붙들고 계신다는 약속이기도 합니다. 이 확신은 우리가 세상의 유혹과 고난 속에서도 굳건하게 서서 하나님의 은혜를 붙들 수 있게 해줍니다.

4. 성화 – 광야에서의 인도와 훈련

이스라엘 백성이 광야에서 40년 동안 생활한 것은 그들이 하나님의 백성으로서 성숙해지고 훈련 받는 과정이었습니다. 그들은 광야에서 만나와 메추라기를 먹고, 구름 기둥과 불기둥으로 하나님의 인도를 받았습니다. 이 과정에서 그들은 불평하고 반항하기도 했지만, 하나님은 그들에게 인내하며 훈련시키셨습니다. 이스라엘은 광야 생활을 통해 하나님을 더 깊이 알게 되었고, 하나님의 백성으로 거룩함을 추구하는 삶을 배워갔습니다.

이는 구원의 단계 중 성화에 해당합니다. 성화는 구원받은 이후에 우리 삶 속에서 거룩해지고, 예수 그리스도의 형상을 닮아가는 과정을 의미합니다. 우리는 광야와 같은 인생에서 하나님의 말씀과 성령의 인도하심을 통해 훈련을 받고, 성숙한 그리스도인으로 변화되어 갑니다. 이 과정에서 우리는 때로는 실패하고 넘어지지만, 하나님의 은혜로 다시 일어나 거룩함을 추구하는 삶을 배우게 됩니다.

로마서 8:30: "의롭다 하신 그들을 또한 성화 시킴..."

<u>1) 성화란 무엇인가?</u>

성화란 우리 안에서 하나님의 성품이 형성되는 과정으로, 우리가 점점 예수 그리스도의 성품을 닮아가는 것을 의미합니다. 성화는 칭의와 구별됩니다. 칭의는 우리가 믿음으로 말미암아 하나님 앞에서 의롭다 하심을 받는 법정적인 선언이라면, 성화는 의롭다 함을 받은 자들이 거룩한 삶을 살아가며 실제로 변화되어 가는 과정입니다. 로마서 12장 2절에서 바울은 "이 세대를 본받지 말고 오직 마음을 새롭게 함으로 변화를 받아"라고 말씀합니다. 이는 우리가 세상의 가치와 문화에 휩쓸리는 것이 아니라, 성령의 도우심으로 우리의 마음과 생각이 새로워져 하나님의 뜻에 따라 변화되어 가는 것을 의미합니다. 성화는 우리가 날마다 옛 사람을 벗어버리고, 새 사람을 입어 하나님의 뜻을 따르는 삶을 살도록 하는 과정입니다.

2) 성화의 시작: 성령의 역사

성화는 성령의 역사로 시작됩니다. 성화는 성령께서 우리 안에 거하시며, 우리의 삶을 변화시키는 과정을 가리킵니다. 빌립보서 2장 13절은 "너희 안에서 행하시는 이는 하나님이시니 자기의 기쁘신 뜻을 위하여 너희에게 소원을 두고 행하게 하시나니"라고 말합니다. 성령께서 우리 안에서 일하시며, 하나님의 뜻에 따라 살고자 하는 소원과 그 소원을 이루는 능력을 주시는 것입니다.

성화는 성령의 능력에 의해 시작되고 유지되지만, 그 과정에서 우리의 순종과 헌신이 필요합니다. 성화는 수동적으로 이루어지는 것이 아니라, 우리가 성령의 인도하심에 순종하며 하나님께서 기뻐하시는 삶을 의도적으로 선택할 때 이루어지는 것입니다. 성령께서 우리에게 능력을 주시고, 우리는 그 능력에 의지하여 거룩한 삶을 살아가도록 부름 받았습니다.

3) 성화의 과정: 일상의 삶에서의 변화

성화는 일상 속에서 이루어지는 변화입니다. 우리의 말, 행동, 생각, 관계에서 그리스도의 성품을 드러내고, 죄와 싸우며, 하나님의 말씀에 따라 살아가는 삶을 의미합니다. 에베소서 4장 22-24절은 "너희는 유혹의 욕심을 따라 썩어져 가는 구습을 따르는 옛 사람을 벗어 버리고 오직 너희의 심령이 새롭게 되어 하나님을 따라 의와 진리의 거룩함으로 지으심을 받은 새 사람을 입으라"고 말씀합니다.

성화의 과정에서는 우리의 노력이 필요합니다. 거룩한 삶은 자동적으로 이루어지지 않으며, 우리가 의식적으로 죄를 버리고 하나님의 말씀에 순종하는 노력을 통해 성화의 열매를 맺을 수 있습니다. 이는 우리가 우리의 옛 습관과 죄 된 본성을 벗어 버리고, 새로운 마음으로 하나님의 뜻에 순종하는 삶을 추구하는 것입니다.

또한, 성화는 우리를 연단하는 고난과 시험을 통해 이루어지기도 합니다. 하나님께서는 우리의 삶에서 어려움과 시험을 사용하셔서 우리를 단련시키시고, 그리스도의 성품을 더 깊이 닮아가도록 하십니다.

<u>4) 성화의 열매: 성령의 열매</u>
성화의 결과로 우리는 성령의 열매를 맺게 됩니다. 갈라디아서 5장 22-23절은 "성령의 열매는 사랑과, 희락과, 화평과, 오래 참음과, 자비와, 양선과, 충성과, 온유와, 절제니"라고 말합니다. 성화의 과정에서 우리의 삶에 이러한 열매들이 나타나며, 이는 우리 안에서 성령께서 일하시는 증거입니다.

성화의 열매는 또한 우리의 관계 속에서 나타납니다. 우리는 다른 사람을 사랑하고 용서하며, 섬기는 삶을 통해 그리스도의 사랑을 드러냅니다. 성화된 사람은 더 이상 자기 중심적인 삶을 살지 않고, 하나님과 이웃을 사랑하는 삶을 살게 됩니다. 이러한 변화는 성령께서 우리 안에서 이루어 가시는 성화의 과정입니다.

<u>5) 성화와 영화의 관계</u>
성화는 구원의 완성인 영화에 이르기까지 계속됩니다. 우리가 이 땅에서 완전한 거룩함에 이르지는 못하지만, 하나님께서는 우리를 날마다 성화의 과정으로 인도하시며, 마지막 날에 우리가 완전한 영화에 이르게 하실 것입니다. 요한일서 3장 2절은 "우리가 그와 같을 줄을 아는 것은 그의 참모습 그대로 볼 것이기 때문이라"고 말씀합니다.

성화는 우리가 하나님께서 약속하신 영화의 소망을 품고, 매일의 삶 속에서 그리스도를 닮아가도록 준비하는 과정입니다. 하나님께서는 우리를 거룩하게 하시고, 마지막 날에 그분의 영광에 참여하도록 부르셨습니다.

5. 영화 - 가나안 땅에 들어 감

이스라엘 백성이 결국 요단 강을 건너 가나안 땅에 들어가는 것은 구원의 완성을 상징합니다. 가나안 땅은 하나님께서 약속하신 젖과 꿀이 흐르는 땅이었고, 그들의 모든 광야 여정의 최종 목적지였습니다. 이 가나안 땅에 들어 감은 하나님의 약속이 성취된 것이며, 그들이 오랜 고난과 연단 끝에 얻은 승리와 안식을 의미합니다.

이는 구원의 마지막 단계인 영화에 해당합니다. 영화는 우리 구원의 최종적인 완성으로, 우리가 하나님 앞에서 온전한 상태로 변화되고, 영원한 하나님의 나라에 들어가게 되는 것을 의미합니다. 우리는 이 땅에서 성화의 과정을 통해 하나님의 백성으로 준비되며, 그 마지막 날에 영광스러운 모습으로 하나님과 영원히 함께할 것입니다. 가나안 땅에 들어간 이스라엘 백성처럼, 우리도 천국에서 하나님과의 완전한 교제를 누리며 그분의 영광에 참여하게 될 것입니다.

로마서 8:30에 "의롭다 하신 그들을 또한 영화롭게 하셨느니라."고 말씀하셨습니다.

<u>1) 영화란 무엇인가?</u>

영화는 구원의 완성 단계로, 하나님께서 우리를 완전한 영광으로 변화시키시는 것을 말합니다. 이는 우리의 구원 여정의 최종 목적지로, 하나님께서 택하신 자들을 이 땅의 모든 연약함과 죄의 영향으로부터 완전히 해방시켜 그분의 영광에 참여하게 하시는 것입니다. 로마서 8장 30절에서 "의롭다 하신 그들을 또한 영화롭게 하셨느니라"라는 말씀은, 이미 하나님께서 계획하신 우리의 영화가 반드시 이루어질 것이라는 확실한 약속을 담고 있습니다. 이는 우리의 미래에 대한 확실한 소망을 제시하며, 우리가 현재의 삶 속에서 어떠한 어려움과 고난을 겪더라도 최종적으로 하나님의 영광에 참여하게 될 것을 믿고 기대할 수 있게 합니다.

2) 영화의 내용: 우리의 온전한 변화

영화는 우리의 영혼과 육체의 완전한 변화를 포함합니다. 우리는 이 땅에서 성화의 과정을 통해 점차적으로 그리스도의 형상을 닮아가지만, 이 영화의 순간에 우리는 그리스도를 닮은 완전한 모습으로 변하게 될 것입니다. 이는 더 이상 죄의 영향에 흔들리지 않고, 하나님 앞에서 완전한 거룩함과 영광 가운데 서게 된다는 의미입니다.

고린도전서 15장 52절은 "나팔 소리가 나매 죽은 자들이 썩지 아니할 것으로 다시 살고 우리도 변화되리라"라고 말합니다. 이 말씀은 우리의 부활의 몸에 대한 약속으로, 우리의 육체도 부활하여 썩지 않고 영원한 영광 가운데 거하게 될 것을 의미합니다. 우리는 영화의 순간에 우리의 연약함과 육체의 한계를 벗어버리고, 새로운 영광의 몸을 입게 될 것입니다.

3) 영화의 시기: 그리스도의 재림과 우리의 부활

영화는 그리스도의 재림 때에 이루어질 것입니다. 예수님께서 다시 오실 때, 죽은 자들이 먼저 부활하고, 살아 있는 성도들도 변화되어 하나님의 영광에 참여하게 될 것입니다. 데살로니가전서 4장 16-17절은 "주께서 호령과 천사장의 소리와 하나님의 나팔 소리로 친히 하늘로부터 강림하시리니 그리스도 안에서 죽은 자들이 먼저 일어나고 그 후에 우리 살아 남은 자들도 그들과 함께 구름 속으로 끌어 올려 공중에서 주를 영접하게 하시리니 그리하여 우리가 항상 주와 함께 있으리라" 고 말씀합니다.

이 영화의 순간에 우리의 영혼과 육체는 온전히 회복되고, 더 이상 죄와 고통, 슬픔, 질병이 없는 완전한 상태로 변화될 것입니다. 하나님께서 새 하늘과 새 땅을 예비하셔서 우리와 함께 영원한 교제를 나누실 것입니다. 이처럼 영화는 우리의 구원이 완전히 이루어지고, 하나님과 함께 영원한 영광 가운데 거하게 되는 영원한 상태입니다.

4) 영화와 현재의 삶: 고난 속에서의 소망

영화에 대한 소망은 현재 우리의 삶에 큰 위로와 힘을 줍니다. 로마서 8장 18절은 "생각하건대 현재의 고난은 장차 우리에게 나타날 영광과 비교할 수 없도다"라고 말씀합니다. 우리는 이 땅에서 성화의 과정 속에 고난과 시련을 겪지만, 이러한 모든 고난은 영화의 영광에 비하면 아무것도 아닙니다.

우리의 현재 삶은 영화의 영광을 향해 가는 여정입니다. 영화의 약속은 우리가 지금 이 순간에 인내하고, 하나님의 뜻을 따라 살아가게 하는 힘을 줍니다. 또한, 영화는 우리가 그리스도 안에서 영원한 승리와 영광을 누릴 것을 확신하게 하여, 우리의 모든 수고와 헌신이 헛되지 않음을 깨닫게 합니다.

5) 영화의 결과: 하나님과의 영원한 교제

영화의 궁극적인 결과는 하나님과의 영원한 교제입니다. 요한계시록 21장 3-4절은 "보라, 하나님의 장막이 사람들과 함께 있으매... 하나님이 그들과 함께 계시리니... 다시는 사망이 없고 애통하는 것이나 곡하는 것이나 아픈 것이 다시 있지 아니하리니"라고 말씀합니다. 영화의 단계에서 우리는 하나님의 임재 가운데 거하며, 모든 슬픔과 고통이 사라지고, 완전한 기쁨과 평안을 누리게 될 것입니다.

또한, 우리는 영화의 상태에서 하나님의 자녀로 서의 영광을 온전히 누리게 됩니다. 로마서 8장 17절은 "자녀이면 또한 상속자, 곧 하나님의 상속자요 그리스도와 함께한 상속 자니"라고 말합니다. 우리는 그리스도와 함께 하나님의 나라를 상속받으며, 그분의 영광에 참여하게 됩니다. 이것이 하나님께서 우리를 향한 구원의 궁극적인 목적입니다.

영화는 우리의 구원의 완전한 완성이며, 하나님께서 우리에게 주신 영원한 소망입니다. 우리는 이 소망을 통해 현재의 고난을 견디고, 하나님께서 약속하신 영광을 바라보며 살아갈 수 있습니다. 영화는 하나님께서 선택하신 자들에게 주신 확실한 약속이므로, 우리는 그분의 은혜와 사랑을 확신하며 완전한 구원을 기다릴 수 있습니다.

제 6 장

또 다른 보혜사 성령님

제 6 장 또 다른 보혜사 성령님

　예수님은 "하나님이 육으로" 이스라엘 유대 땅에 오셔서 우리에게 하나님의 실존과 사랑과 능력과 약속의 신실하심을 보여 주신 분이십니다. 예수님은 또한 십자가의 못박혀 죽으심과 부활을 통해 믿는 자들에게 구원을 주시는 분이십니다.
　예수님은 우리의 죄를 구속하시기 위해 이 땅에 오셨을 뿐만 아니라 바로 성령님을 주시기 위해 오셨습니다. 예수님은 요한복음 16장 7절에 "내가 너희에게 실상을 말하노니 내가 떠나가는 것이 너희에게 유익이라 내가 떠나가지 아니하면 보혜사가 너희에게로 오시지 아니할 것이요 가면 내가 그를 너희에게로 보내리니"라고 말씀하셨습니다.
　우리는 성령님이 아니면 구원을 받을 수 없고, 하나님의 자녀로 살아갈 수가 없습니다. 우리는 성령의 인도와 도우심을 받지 않고는 하나님의 자녀로서의 삶을 살 수도 없고, 하나님을 기쁘게 영광스럽게 할 수도 없습니다. 스가랴서 4:6절에 "힘으로도 되지 아니하며 능력으로 되지 아니하고 오직 "나의 영"(성령)으로 되느니라"고 하셨습니다. 구원받았지만 성령의 인도와 도우심이 없이는 결코 능력의 삶을 살 수가 없습니다.
　성령님은 "하나님이 영"으로 "예수님을 구세주와 주님으로 섬기는 자에게 오셔서 영원히 우리와 함께 계셔서 시공간을 초월하여 우리에게 하나님의 사랑을 알게 하시고 하나님의 능력으로 살게 하시는 분"이십니다.

　성령님에 대해 알고 믿는 만큼, 성령님을 인식하고 의식하는 만큼, 성령님의 능력을 사모하는 만큼 위대한 삶을 살게 될 것입니다. 성령님은 우리가 거듭나는 순간부터 믿음과 소망과 사랑의 삶을 사는데 절대적인 영향력을 미치며 성령님에 대해 무지하고 의지하지 않으면 사탄의 집중적인 공격으로 허우적거리게 될 것입니다.

빌4:13절에 "내게 "능력"(눅24:49=성령) 주시는 자 안에서 내가 모든 것을 할 수 있느니라" 말씀을 가슴에 새기고 성령의 권능을 사모하시기를 권면합니다.

한국의 많은 그리스도인들은 "성령의 내주"를 인식하지 못하고, "성령의 역사하심"을 깨닫지 못한 체 장님과 귀머거리로 자학하며 절망 가운데 살고 있습니다. 우리가 "성령의 내주와 역사하심"을 성경을 통해 믿고 아는 것처럼, 우리의 삶 속에 일어나는 성령의 역사들을 성경에서 말씀하신 대로 믿어야 합니다.

그리스도인은 세상에 일어나는 모든 사건을 "성경 말씀에 의지하여"(눅5:1-11) 믿음으로 보고, 믿음으로 듣는 사람입니다. 그리스도인의 삶 속에 하나님을 기쁘게 하려는 생각(롬8:5-8), 소원(빌2:13), 하나님의 자녀라는 확신(롬8:16), 성령의 열매들(갈5:22-23), 성령의 은사들 (고전12:1-11) 이 나타나는 것은 "성령의 임재" 와 "성령의 역사" 하심을 증거하는 것입니다. 이 사실을 분명히 믿으면 우리는 어떤 상황에서도 기쁨과 평안과 능력의 삶을 살 수 있습니다.

성령님은 어떤 분이신가?
1. 성령님은 영으로 오신 하나님이십니다.

예수님께서 부활 승천 직전에 제자들을 모아 놓으시고 마지막 "가장 위대한 명령"(마28:19)을 하실 때 성령님을 아버지와 아들과 동일한 하나님의 반열에 세워 놓으셨습니다. 또한 성령님이 하나님이 되신 증거는 성경 사도행전5:3-4절에서 성령님을 하나님이라고 부르고 계시기 때문입니다. 성령님께서는 분명히 아버지와 아들과 동일한 권세와 영광을 가지신 하나님이시라는 것을 우리에게 확증해 주셨습니다. 더욱이 성령님께서 하나님이 되심이 확실한 것은 성령님께서 하나님의 속성을 모두 가지고 계시다는 사실입니다. 오직 하나님만이 영원하시고(히 9:14) 전지하시며(고전 2:10) 전능하시고(눅 1:35) 무소부재(시 139:7-8)하시는데 성령님은 이 모든 하나님의 속성을 다 갖고 계십니다.

2. 성령님은 인격을 갖고 계십니다.

돌이나 나무, 막연한 힘 등 과는 우리가 대화를 나눌 수 없습니다. 왜냐하면 그것들은 우리처럼 인격을 소유하고 있지 않기 때문입니다. 그러나 성령님은 인격적인 하나님이신 고로 우리의 사정을 낱낱이 아실 뿐 아니라, 대화하실 수 있고 우리의 사정을 이해하시고 도와 주실 수 있는 분이십니다.

사람들은 인격(Personality)과 육체적 형체에 관하여 잘 구별하지 못할 때가 많습니다. 우리는 인격이란 반드시 인간의 육체적 형체를 가져야만 된다고 생각합니다. 그러나 실상 인격을 갖기 위해서 반드시 육체적 형체를 가져야만 하는 것은 아닙니다.

성부 하나님께서 인격을 갖고 계시느냐? 아니면 인격이 없으시냐고 묻는다면 두말할 것 없이 하나님께서는 살아 계신 인격을 갖고 계신다고 동의할 것입니다.

그러나 아무도 하나님을 본 사람은 없습니다. 왜냐면 하나님은 영이시기 때문입니다(요 4:24) 하나님은 우리가 생각하는 어떤 육체적인 형체를 갖고 계시지는 않습니다. 그러나 하나님은 천지를 창조하시고 모든 인격적인 인간을 다스리시니 그 자신이 인격을 가지지 않을 수 없습니다. 그러므로 육체적인 형체가 있든지 없든지 상관없이 인격적 속성을 가지고 있으면 인격체인 것입니다.

성령님은 인간의 눈으로 볼 수 있는 형체는 갖고 있지 않지만 인격이 가질 수 있는 모든 속성을 다 갖고 계시므로 성령님은 인격적인 분이십니다.

한 인격이 구성되기 위해서는 반드시 사물을 깨달아 아는 "지"와, 희로애락의 "정"과, 사물을 판단하고 그것에 관한 자기의 태도를 결정하는 "의지"가 있어야 합니다. 그런데 성령님께서는 지성(고전 2:10)과 감정(엡 4:30)과 의지(고전 12:11)를 갖고 계십니다. 하나님의 말씀인 성경은 성령님께서는 우리와 함께 거하시고 또 우리 속에 계시면서 역사하시는 하나님이시며, 지, 정, 의를 가지신 인격체 이신 것을 가르쳐 줍니다. 인격적인 성령님이 "우리와 함께 하심"을 인식하고 의식하며 살아야 합니다.

3. 성령님은 하나님의 영(롬8:9)이요 예수님의 영(행16:7)이십니다.
그리스도인은 성령의 실존과 역사를 인식하고 의식하며 살아야 합니다. 바울은 고전3:16에 "너희는 너희가 하나님의 성전인 것과 하나님의 성령이 너희 안에 계시는 것을 알지 못하느냐" 고후13:5에 "너희는 믿음 안에 있는가 너희 자신을 시험하고 너희 자신을 확증하라 예수 그리스도께서 너희 안에 계신 줄을 너희가 스스로 알지 못하느냐 그렇지 않으면 너희는 버림받은 자니라"고 하였습니다.

성령이 우리 안에 임하신 것은 하나님이 내 안에 오신 것이요, 예수님이 내 안에 계신 것입니다. 성령님은 예수님께서 2,000년 전에 육을 입고 오셔서 하시던 일을 오늘날 성령 충만한 사람들을 통해서 예수님과 똑같은 권세와 능력으로 사역하시는 분이십니다. 인격체로 우리 안에 오신 성령님은 예수님이 이 땅에 계실 경우 행하길 원하시는 모든 일을, '성령의 내주'를 인식하고, 의식하며, 성령의 인도와 도움으로 사는 사람들을 통해 역사하십니다.

우리는 성령님이 하나님에 대해 가르쳐 주시는 것 이상으로 하나님에 대해 알 수가 없습니다. 또한 우리는 성령님이 예수님에 대해 가르쳐 주시는 것 이상으로는 예수님에 대해 알 수는 없습니다. 왜냐면 하나님과 예수님에 대해서 가르쳐 주실 수 있는 분은 오직 성령님 한 분이시기 때문입니다.

또한 예수님과 같은 인격으로 예수님과 같은 삶을 살게 하고 예수님과 같은 능력을 행하게 하실 수 있는 분도 오직 성령님 한 분이십니다.

전지 전능한 예수님이 성령님으로 우리 안에 오셨는데 왜 불행한 삶을 살고 있을까요? 만약 개성이 강한 여성이 결혼한 후에도 남편의 존재를 의식하지 않고, 옛 삶의 방식으로 자기 편리대로, 기분대로, 생각대로, 판단하고, 결정하고, 자기 위주로 생활을 한다면 부부 생활은 불행하고 실패할 것입니다. 신앙생활은 예수님 과의 결혼생활입니다. 결혼은 가짜 사랑 고백으로도 할 수 있지만 결혼생활은 평생 사랑과 존중의 마음으로 소통과 공감 속에 살아야 행복하고 성공적인 삶을 살 수 있습니다.

성령님(우리 안에 오신 예수님)은 여러가지 방법으로 사랑을 표현하고, 사람에 대해서, 상황에 대해서, 미래에 대해서, 하나님의 계획과 약속에 대해서 우리에게 말씀하십니다. 그런데 우리가 성령의 존재와 역사를 무시하고 성령님의 권면을 외면하고 독단적으로 살면 성령님은 침묵하고 인도와 도움을 중단하시고 도움을 요청할 때까지 기다리시기도 합니다.

그리스도인은 성령님의 인도와 도움이 없이는 살 수 없는 존재임을 자각하고 성령님의 임재와 역사에 마음을 열고, 귀를 열고, 사랑하고 존중하며 살아야 합니다.

4. 성령님은 "또 다른 보혜사"[알로스 파라클레토스](요14:16)로 오심

성령님은 장소, 지리, 시대 또 국적과 사람을 초월하여 예수님과 똑같이 역사하십니다. 우리 죄를 구속하신 예수님은 전능하신 성부 하나님의 우편에서 우리를 위해 중보기도를 하고 계시며 재림 때까지 하나님 우편에서 중보 하십니다(롬8:34).

그러나 예수님은 "또 다른 보혜사"(요14:16) 즉 성령님, 다시 말해 [예수님의 영]을 우리에게 보내 주셨습니다. 보혜사 성령님은 예수님과 동일한 분이십니다. 예수님의 말씀을 믿고 "성령님을 의식하며 살 때" 비로소 우리는 하나님 앞에서 우리가 마땅히 되어야 하고, 마땅히 할 수 있는 "비범한 일을 성취하는 사람"이 되는 것입니다.

"성령님이 우리 안에 내주하신 것"(고전3:16)은 [우리 주 예수 그리스도]께서 친히 우리와 함께 계신 것과 똑같은 것입니다. 예수님이 병자를 불쌍히 여기고 고치듯이 성령님도 병자를 불쌍히 여기고 고치십니다. 예수님이 가난한 사람을 보면 긍휼히 여기시듯 성령님도 가난한 사람들을 보면 긍휼히 여기십니다.

예수님이 오병이어의 역사를 행하시듯 성령님도 어떤 사람이 보리 떡 5섯 개와 물고기 두 마리를 믿음과 순종으로 드려지면 오병이어의 역사를 행하시는 것입니다.

믿음이 없는 사람들은 "지금이 아니라 나중에 언젠가, 여기가 아니라 어딘가 다른 곳에서, 내가 아니라 다른 사람들에게,"라고 말합니다.

그러나 믿음의 사람들은 "하나님께서 다른 곳에서 행하신 것을 이곳에서도 행하실 수 있다. 그분은 과거에 행하신 것을 지금 행하실 수 있다. 그분은 다른 사람들을 위해 행하신 것을 나를 위해서도 행하실 수 있다"라고 말합니다.

성령님의 내주와 실제적 역사를 믿을 때 우리는 전과는 전혀 다른 차원의 삶을 살게 됩니다. 우리가 감히 꿈도 꾸지 못했던 높은 차원의 삶을 살게 되는 것입니다.

성령님은 어떤 일을 하시는가?

성령님은 그리스도와 같은 분으로 2,000년 전에 육을 입고 오셔서 하시던 일을 오늘날 성령 충만한 사람들을 통해서 예수님과 똑같은 능력과 권세로 사역하시는 분이십니다. 인격체로 이 땅에 오신 성령님은 예수님이 지금 이 땅에 계실 경우 행하기를 원하시는 모든 것을 우리를 통해 행하십니다. 예수님이 하나님과 똑같은 분이시듯 성령님은 예수님의 영이시기 때문에 예수님과 똑같은 분이십니다.

그렇기 때문에 성령님의 임재는 "우리 주 예수 그리스도"께서 친히 여기와 와 계신 것과 똑같은 것이며 성령님이 하시는 모든 능력의 역사들은 모두 예수님의 영광을 나타내는 것입니다. 이에 대해 성경은 "진리의 성령이 오시면 그가 너희를 모든 진리 가운데로 인도하시리니…. 그가 내 영광을 나타내리니 내 것을 가지고 너희에게 알리겠음이니라"(요 16:13-14)라고 말씀하고 있습니다. 성령님의 사역들을 구체적으로 살펴봄으로써 성령님에 대해 좀 더 알 수 있게 될 것입니다.

1. 회개케 하심 (요 16:7-11)

"그가 와서 죄에 대하여, 의에 대하여, 심판에 대하여 세상을 책망하시리라" (요 16:8)

우리가 믿지 않았을 때의 영적 상태를 성경은 "허물과 죄로 죽은 자"(엡 2:1)라고 말하는데 이 말은 하나님을 믿기 전에는 영혼이 없다는 뜻이 아니라, 영혼은 있지만 하늘나라와 하나님의 생명에서 떨어져 있어서 전혀 하나님과 하나님의 나라에 관하여 알지 못하는 무감각한 상태에 놓여 있는 것을 말합니다. 만일 이와 같은 상태에 그대로 머물려 있다가 그 육체가 죽게 되면 그 영혼은 하늘나라와 하나님과는 완전히 분리된 지옥으로 떨어져 버리게 됩니다.

그렇기 때문에 성령님은 우리로 "자기의 죄를 깨닫고 예수님의 속죄의 피를 믿어 하나님이 주시는 영생"을 얻을 수 있도록 끊임없이 역사하십니다.

하나님을 믿지 않아, 죄와 허물로 영혼이 죽어 있는 사람들에게 예수 그리스도의 구원의 복음은 말도 안되는 허무맹랑한 이야기입니다. 영혼이 죽어 무감각한 상태에 있는 불신앙 상태에서 자기의 감각이나 이성으로는 하나님의 구원을 이해할 수 없기 때문입니다. 예수 그리스도의 구원의 역사를 이해하고 믿을 수 있는 것은 오직 성령의 내적 계시의 능력에 의해서만 가능한 은혜인 것입니다.

성경에는 이를 "하나님이 자기를 사랑하는 자들을 위하여 예비하신 모든 것은 눈으로 보지 못하고 귀로도 듣지 못하고 사람의 마음으로도 생각지 못하였다 함과 같으니라 오직 하나님이 성령으로 이것을 우리에게 보이셨으니 ..." (고전 2:9-10)라고 기록하여 놓았습니다.

성령님은 하나님의 구원의 역사를 믿지 못하게 하는 자들을 회개케 하심으로 하나님께 돌아오게 하시는데 요 16:8에 기록된 말씀이 이를 나타내고 있습니다. "그(성령님)가 와서 죄에 대하여, 의에 대하여, 심판에 대하여 세상을 책망하시리라"(요 16:8)는 말씀 중 "세상"이란 거듭나지 못한 인간의 영혼을 가리키며, 세상을 책망하신다는 것은 성령님께서 거듭나지 못한 인간의 영혼에게 역사하여 그들이 깨닫고 회개케 하신다는 의미입니다.

이 이후 말씀을 보면 성령님이 인간을 어떻게 회개 시키시는지를 말씀하시는데, 성령님은 "예수님을 믿지 않고" 자기 중심적이고 정욕 적인 삶을 살아왔던 죄에 대하여 깨닫게 하심으로서 회개케 하시고(요 16:9), "오직 의로움은 예수님께 만"있다고 하는 진정한 의에 대하여 깨닫게 하시며(요 16:10), "예수님을 영접하지 않으면" 죽음 이후에 반드시 받게 될 심판의 두려움을 깨닫게 하심으로서 회개케 하십니다(요 16:11).

이렇듯 성령님은 "허물과 죄로 죽어 있는 영혼의 상태"(엡2:1)로는 절대 깨달을 수 없는 참 진리를 하나님의 강권 적인 은혜로 알게 하시고, 참된 회개를 통해 하나님의 자녀로 돌아오도록 만드십니다. 탕자의 삶을 살다가 하나님의 자녀로서 귀하게 쓰임 받았던 어거스틴, 뮬러, 죤 뉴턴, 맬 트레드, 유계준 장로, 김익두 목사 등 수많은 사람들의 기적 같은 변화는 성령님의 강권 적인 회개의 역사 안에서만 가능한 일 이었습니다.

회개는 인간의 노력이나 지식으로 이루어지는 것이 아닙니다. 성령님께서 우리의 마음을 감동케 하시고 죄를 깨닫게 하실 때 참된 회개가 일어납니다.

다윗은 밧세바와 간음하고 우리야를 죽이는 큰 죄를 범했습니다. 그러나 그는 처음에는 자신의 죄를 깨닫지 못했습니다. 이때 하나님께서 나단 선지자를 보내어 그의 죄를 책망하게 하셨고, 성령님의 감동하심으로 다윗은 깊이 회개하게 됩니다.

다윗의 회개는 단순한 후회가 아니라 철저한 내면의 변화였습니다. 그는 "정결한 마음을 창조하시고 정직한 영을 새롭게 하소서" (시 51:10)라고 기도하며 성령의 도우심을 간구했습니다 우리도 때때로 죄를 지었을 때 스스로 깨닫지 못할 수 있습니다. 그러나 성령님께서 우리 마음을 감동시키시고 죄를 깨닫게 하시면 즉시 회개하고 하나님께 돌아가야 합니다.

2. 거듭나게 하심 (요 3:1-8)

"예수께서 대답하여 가라사대 진실로 진실로 내게 이르노니 사람이 물과 성령으로 나지 아니하면 하나님 나라에 들어갈 수 없느니라" (요 3:5)

중생 즉, 거듭난다는 말은 예수님께서 요한복음 3장에서 바리새인 관원 니고데모에게 말씀하시면서 사용하신 단어입니다. 니고데모는 엄격한 율법과 종교의식을 준수하던 바리새파의 관원이요 선생이었지만 그의 종교에서 참된 만족과 구원의 확신을 얻지 못하여 밤중에 몰래 예수님을 찾아왔습니다. 그때 예수님께서는 니고데모에게 "사람이 거듭나지 아니하면 하나님 나라를 볼 수 없느니라."(요 3:3)고 선언하셨습니다.

니고데모가 다시 "사람이 늙으면 어떻게 날 수 있습니까? 두 번째 모태에 들어갔다가 날 수 있습니까?"라고 반문하자 예수께서 대답하시기를 "진실로 네게 이르노니 사람이 "물과 성령"으로 나지 아니하면 하나님 나라에 들어갈 수 없느니라. 육으로 난 것은 육이요, 성령으로 난 것은 영이니 내가 네게 거듭나야 하겠다는 말을 기이히 여기지 말라"(요 3:5-6)고 거듭나는 이치를 설명하여 주셨습니다.

여기에서 예수님은 인간의 구원은 인간 스스로의 어떤 노력이나 수양 혹은 종교적 행사를 통하여 이뤄질 수 있는 것이 아니라 오직 존재의 근원에서 새로운 창조적 혁신이 일어나야만 가능하다 것을 말씀하고 있는 것입니다.

요 1:13 말씀에도 하나님의 자녀가 되기 위해서는 하나님께 로서 나지 않으면 안 된다는 것을 "이는 혈통(부모에 의해서)으로나 육정으로나 (내 의지나 노력으로) 사람의 뜻(어떤 사람의 강요로)으로 나지 아니하고 오직 하나님께 로서(하나님의 은혜와 섭리로) 난 자들이니라"고 표현하고 있습니다.

요컨대 육은 어디까지나 육일 뿐이어서 어떤 윤리, 도덕적 혹은 종교나 율법이나 의식을 첨가 시켜도 여전히 윤리적인, 도덕적인, 종교적인 육일 뿐이라는 사실은 변하지 않습니다. 세상이 발달하면서 사람과 너무나 비슷한 휴먼로봇이 개발되고 있지만 로봇은 로봇일 뿐 사람이 될 수는 없습니다. 이는 로봇과 사람의 근본적 존재의 차원이 다르기 때문입니다. 마찬가지로 우리가 구원을 얻기 위해서는 육의 인간에서 영적인 존재로의 근원적 변화가 필요하며 이는 하나님의 은혜와 "물과 성령"으로 인한 거듭남이 있어야 만 가능한 것입니다.

성령님은 죄인을 거듭나게 함으로 육의 인간을 하나님께 로부터 난 영의 인간으로 변화시킴으로 영생을 얻게 하는 새로운 창조적 역사를 이루십니다. 뿐만 아니라 영의 아버지인 하나님을 더욱 더 알게 하시고, 죽음이 끝이 아니라 영원한 세계가 있음을 알게 하시며, 영적 역사와 영적 세계에 눈을 뜨게 하시는 것입니다.

이러한 영적인 역사들은 인간의 지식이나 노력을 통해서 이해할 수 있는 것이 아니라 오직 성령님을 통한 거듭남으로 가능한 것입니다. 예수님께서도 요 16:14에서 친히 "그가(성령) 내 영광을 나타내리니 내 것을 가지고 너희에게 알리겠음이라"고 말씀하심으로 예수님 자신을 성령의 역사하심을 통하여 우리 인간에게 나타내실 것을 말씀하셨습니다.

3. 자녀 됨을 확증하심 (롬 8:16)

"성령이 친히 우리의 영과 더불어 우리가 하나님의 자녀인 것을 증언하시나니" (롬 8:16)

많은 사람들이 교회를 다니고, 침례(세례)를 받고, 교회에 등록하면 구원을 받고 하나님의 자녀가 된다고 생각합니다. 그러나 이러한 종교의식을 준수하는 것이 예수님에 대해 조금 더 알고, 신앙생활을 할 수 있는 외적인 도움은 될지 언정 그 자체가 우리를 하나님의 자녀로 만들어주지는 않습니다. 우리가 하나님의 자녀가 되었음을 알게 되는 것은 이러한 외적인 행위가 아니라 성령의 능력으로 말미암아 "하나님의 아들이 되었다는 마음의 확실한 계시"가 임하는 때입니다. 성경은 "성령이 친히 우리 영으로 더불어 우리가 하나님의 자녀인 것을 증거 하시나니"(롬 8:16)라고 기록하며 성령님이 우리가 하나님의 자녀인 것을 확증해 주신다 고 하셨습니다.

성령님은 거듭남의 기적을 통해 하나님께서 우리의 아버지가 된 것을 마음속에 계시하여 주십니다. 아버지라는 말은 내 생명의 생성자, 내 존재의 원인 된 자를 가리켜 부르는 대명사입니다. 신앙생활을 하면서 하나님을 아버지라고 부르는 것은 하나님을 내 생성자로, 내 존재의 원인으로 깨닫게 되기 때문입니다.

우리가 하나님께 로부터 태어남으로, 하나님은 나의 아버지가 되고 나는 하나님의 친아들이 되는 내 존재의 근본을 찾는 것이 바로 기독교의 가장 큰 목적입니다.

그리고 이것은 마치 우리가 세상에서 육신의 부모를 통하여 실제로 생명을 얻고 태어난 것처럼 "성령의 능력으로 말미암아 하나님의 말씀"을 받아 거듭남으로 하나님의 신령한 자녀로 다시 태어나 새 생명을 얻는 내적 변화의 체험이 있을 때만 가능한 것입니다. 우리가 하나님을 아버지라고 부르는 것은 내가 말씀과 성령으로 인해 하나님께 로부터 태어난 존재임을 깨닫고 난 후, 마음속에서 끓어오르는 본능으로 아바 아버지라고 부를 수 있게 되는 것입니다. 그러므로 성령님의 역사 없이는 종교인은 될지 언정 하나님의 자녀는 될 수 없는 것입니다.

우리가 하나님의 자녀임을 아는 것은 힘으로도 아니 되고 능으로도 되지 아니하고 오직 성령으로 거듭날 때 "성령의 계시"로 말미암아 "마음속에 깨닫아지는 것" 입니다.

4. 가르치고 생각나게 하심 (요 14:26)

"보혜사 곧 아버지께서 내 이름으로 보내실 성령 그가 너희에게 모든 것을 가르치고 내가 너희에게 말한 모든 것을 생각나게 하시리라" (요 14:26)

우리에게 하나님을 만나게 하시고 알게 하시는 분은 바로 성령님 이십니다. 성령님은 "놀라운 신비"이신 하나님을 우리에게 나타내시고 하나님을 인간의 영에게 보여 주십니다. 우리는 성령님이 하나님에 대해 가르쳐 주시는 것 이상의 하나님을 알 수는 없습니다. 또한 우리는 성령님이 예수님에 대해 가르쳐 주시는 것 이상의 예수님을 알 수는 없습니다.

왜냐면 하나님과 예수님에 대해서 가르쳐 주실 수 있는 분은 오직 성령님 한 분이시기 때문입니다. 그래서 예수님은 "그가 내 영광을 나타내리니 내 것을 가지고 너희에게 알리겠음이니라"(요 16:14)라고 말씀하셨고, "보혜사 곧 아버지께서 내 이름으로 보내실 성령 그가 너희에게 모든 것을 가르치시고 내가 너희에게 말한 모든 것을 생각나게 하시리라"(요 14:26)라고 하셨던 것입니다.

성령님이 임한 사람은 두 가지를 경험하게 되는데 그 중 하나는 보혜사 성령님이 예수님께서 하신 말씀을 자꾸 생각나게 하신다는 것입니다. 어떤 사람은 기를 쓰고 예수님의 말씀을 생각해 내야 하는 반면, 어떤 사람은 다른 것은 생각나지 않더라도 하나님의 말씀만은 항상 샘솟듯 생각해 냅니다. 그것은 아이큐나 기억력이나 추리력과 상관없는 일입니다. 성령님이 임하시면, 성령님께서 하나님의 말씀이 생각나게 하십니다. 또 하나는 성령님께서 모든 것들을 가르쳐 주시고 깨닫게 해주 신다는 것입니다. 성령님의 특징은 한마디로 가르쳐 주시는 것입니다. 성령 체험이 있으면 기적, 부활의 진리를 쉽게 이해하게 됩니다.

보혜사 성령님은 말씀을 통해서, 실생활의 경험을 통해서, 우리가 주님의 진리에 말씀을 깨닫고 이해하도록 인도하십니다. 예수님께서는 이 세상을 떠나시기 전에 누누이 성령께서 오셔서 모든 진리를 가르치시며 주님의 말씀을 깨닫게 하시고 감당케 해 주신다고 약속하셨습니다(요 16:12~14).
그리고, 주님의 약속이 오순절 이후 제자들의 생애 속에 실제로 일어난 역사적 사실을 우리는 성경과 교회사를 통하여 알게 됩니다. 오순절 이전의 제자들은 거의 이기주의적 동기에서 예수님을 따랐고 또한 예수님의 가르치심의 내면적인 뜻은 전혀 이해하지 못하였습니다. 그리고 예수님께서 십자가에 못 박혀 돌아가셨다가 부활하신 후에도 그들의 어리둥절함 이란 형언할 수 없을 정도였으며 그들의 생활은 갈팡질팡 하였습니다. 그러던 그들이 오순절 날 성령 침례(=세례)를 받고 난 후에는 급격한 변화가 그들의 생애 위에 나타났습니다. 그들은 "성령의 가르치심을 통해서" 예수님의 말씀을 기억할 뿐 아니라 하나님의 말씀인 "진리의 내면적 뜻을 깊이 깨닫게 되었고" 또 그 진리를 소화하여 자기들의 생명이 되도록 감당하여 장성하게 된 것입니다.
오늘날도 마찬가지입니다. 만일 우리가 거듭남의 놀라운 은혜를 체험한 후에도 성령님의 가르침을 사모하여 성령의 충만함을 입지 않는다면 그러한 사람은 아무리 하나님의 말씀을 많이 공부하고 듣는다 해도 오직 문자로만 알게 될 뿐 영적인 생명을 얻지 못하게 될 수 밖에 없습니다.

또한 말씀이 가르치는 내면적인 뜻을 놓쳐 버리므로 항상 영적 생명이 기갈 되어 성장치 못하고 무능한 신앙생활을 하게 됩니다. 또 하나님께 대한 진실된 사랑의 순종이나 봉사함으로부터 얻는 영광의 감격을 경험하지 못하므로 그리스도 안에서의 온전한 성장을 얻을 수가 없게 됩니다. 그러므로 "말씀을 통한 성령의 가르치심"과 함께 "실생활을 통한 성령의 가르치심"을 결코 등한히 여겨서는 안 됩니다.

5. 진리 가운데로 인도하심 (요 16:13)

"그러하나 진리의 성령이 오시면 그가 너희를 모든 진리 가운데로 인도하시리니 그가 자의로 말하지 않고 오직 듣는 것을 말하시며 장래 일을 너희에게 알리시리라"(요16:13)

우리는 이 세상에 사는 동안 매일매일 불확실한 미지의 세계를 살아갑니다. 그러나 안심할 수 있는 것은 예수 믿는 사람들에게는 매일 매일의 생활을 인도해주시는 성령님이 함께 하시기 때문입니다. 우리가 낯선 외국에 가서도 가이드가 인도해주는 대로 가면 어디를 가든 걱정할 필요가 없는 것과 같은 이치입니다. 우리는 성경 곳곳에서 성령님이 우리를 어떻게 인도해 주시는가를 살펴볼 수 있습니다.

바울 사도는 예수님을 인격적으로 만난 후 예수 그리스도의 생명의 복음을 전하기 위해 회당이 있고 하나님을 믿는 유대인들이 많은 아시아 지역으로 복음을 전하고자 힘쓰고 애를 썼지만 "성령이 아시아에서 말씀을 전하지 못하게 하심으로"(행16:6)

성령님께서 환상 가운데 유럽으로 인도하심을 깨닫고 유럽으로 가서 위대한 선교의 역사를 이루게 되었습니다. 또한 예루살렘 교회에 큰 핍박이 있어 흩어진 사람 중 하나였던 빌립 집사는 사마리아 성에서 복음을 전할 때 더러운 귀신이 나가고 많은 중풍병자와 앉은뱅이가 일어나는 놀라운 역사가 나타내고 있었습니다(행8:6-8).

그때에 "주의 사자가 빌립 더러 일어나서 남으로 향하여 가사로 내려가는 길까지 가라"(행8:26)고 명령하고 이해가 되지 않지만 순종하였습니다. 그런데 또다시 "성령이 빌립 더러 병거로 가까이 나아가라"(행 8:29)고 인도하시고, 간다게 여왕의 내시를 만나게 하시고, 복음을 전하게 하십니다. 이렇듯 성령님은 주권적인 계획과 섭리 속에 하나님의 사람들을 강권적으로 인도하여 하나님의 뜻을 성취하십니다.

성경은 시 23편에서 "여호와를 목자로 삼는 사람"에게는 성령께서 "푸른 초장으로 쉴 만한 물가로 인도"하시고 또 "영혼을 소생시키시고 자기 이름을 위하여 의의 길로 인도"하심을 증언하고 있습니다. 이처럼 성령님은 예수님을 인생의 주인으로 삼는 성도들에게 언제나 진리의 길, 승리의 길, 축복의 길을 보여주시며 형통하고 창대 한 길로 인도하십니다.

6. 성도들을 위로하심 (행 9:31)

"그리하여 온 유대와 갈릴리와 사마리아 교회가 평안하여 든든히 서 가고 주를 경외함과 성령의 위로로 진행하여" (행9:31)

보혜사를 헬라어로 "파라클레토스"라고 하는데 이는 "옆에서 도움을 주려고 부르심을 받은 자"라는 뜻입니다. 즉, 성령님은 우리 곁에 오셔서 힘과 용기를 주시는 위로의 영으로 새 힘을 불어넣어 주시는 분이라는 것입니다. 성령님은 우리 가슴 속에 새로운 의욕을 고취시켜 주심으로 낙심과 좌절에서 다시 일어나게 하십니다.

그래서 예수님은 열 두 제자들이 풀이 죽어 다락방에 숨어 있을 때 부활의 첫 선물로 성령을 받으라고 축복하셨던 것입니다.

바울은 "찬송하리로다 그는 우리 주 예수 그리스도의 하나님이시요 자비의 아버지시요 모든 위로의 하나님이시며 우리의 모든 환난 중에서 우리를 위로하사 우리로 하여금 하나님께 받는 위로로 써 모든 환난 중에 있는 자들을 능히 위로하게 하시는 이시로다"(고후 1:3-4)라고 고백하며 성령 하나님을 찬양하며 감사합니다.

이처럼 성령님은 우리에게 언제나 힘이 되어 주시고 용기를 주십니다. 실의와 좌절의 자리에서 다시 일어나도록 힘을 불어넣어 주십니다. 견디기 어려운 고난과 시련 중에서도 넘어지지 않도록 든든한 버팀목이 되어 주십니다.

사람의 위로는 외적 행동에 그칩니다. 그러나 성령 하나님은 우리 내면에서부터 새 힘이 솟아나도록 기운을 북돋아주는 위로입니다. 우리가 성경을 보면 인생의 처절한 시련과 아픔을 극복한 사람들의 공통점은 하나님의 위로를 힘입었다는 것을 알 수 있습니다. 모세가 광야에서 지치고 힘들 때마다 하나님은 그를 다정하게 위로해 주셨습니다. 다윗이 고독하고 서러울 때마다 따뜻하게 위로해 주셨습니다. 엘리야나 다니엘이 외롭고 쓸쓸할 때마다 친구처럼 훈훈하게 위로해 주셨습니다.

성령님은 바울 사도가 사역할 때 매를 맞고 굶주리고 좌절하고 낙심할 때 "현재의 고난은 장차 나타날 영광과 족히 비교할 수 없음을 깨닫게 함"(롬8:18)으로 위로하시었고, 요셉이 억울하게 감옥에 갇혔을 때는 '여러 가지 시험을 당하지만 인내를 온전히 이루라(약1:2-4) 네가 인내가 필요함은 하나님의 뜻을 행한 후에 약속을 받기 위함이라"(히10:36)고 위로해 주시었습니다.

하나님은 오늘도 지쳐 있는 우리를 위해 위로의 영으로 우리 곁에 찾아오십니다. 주님은 상한 마음을 위로해 주시며 멍든 가슴을 위로해 주십니다. 힘을 잃고 탈진 상태에 있는 우리의 내면을 어루만져 주시고 새 기운을 주십니다. 곁에서 힘이 되어 주시고 든든한 버팀목이 되어 주시며 인생의 견고한 요새가 되어 주십니다. 그러므로 사랑의 위로 자 이신 성령 하나님이 내 안에 충만이 거할 때 넘치는 위로가 임하게 되는 것입니다.

7. 연약함을 도우심 (롬 8:26)

"이와 같이 성령도 우리 연약함을 도우시나니 우리가 마땅히 빌 바를 알지 못하나 오직 성령이 말할 수 없는 탄식으로 우리를 위하여 친히 간구하시느니라" (롬 8:26)

인간은 참으로 연약한 존재입니다. "포도나무 가지인 인간이 포도나무 되신 예수님에 연결 되어 있지 않으니"(요 15:5) 연약할 수밖에 없고 또 아무런 열매도 맺을 수 없으니 자학과 열등감으로 인해 심신이 연약하게 됩니다. 어떤 사람은 육체적인 고난의 짐 아래서 신음하고 어떤 사람은 환경의 어두움만을 보기에 낙심과 불안으로 심령이 연약해 있습니다.

어떤 사람은 진리의 가르침을 불완전하게 받았기 때문에 믿음이 연약하여 사탄과의 영적 전쟁(엡 6:12)에 대처할 능력이 준비 되지 않아 늘 시험에 빠지고, 어떤 사람은 순종의 길에 있어서 느림보이기 때문에 자주 후미에 뒤처져 있습니다.

신앙의 용장이라 불리는 바울이었지만 그 또한 연약한 존재였습니다. 그는 "여러 계시를 받은 것이 지극히 크므로 너무 자만하지 않게 하시려고 내 육체에 가시 곧 사탄의 사자를 주셨으니"(고후 12:7)라고 말한 것처럼 육체적 연약함을 가지고 있었고, 고린도후서 전체를 통해서 볼 수 있듯 수많은 외부적 고난과 핍박을 받고 있는 연약한 존재였습니다. 그러나 이러한 연약함은 바울에게 있어 신앙이 강하게 되는 계기였고, 하나님의 은혜를 깊이 감사하게 하는 계기가 되었습니다. 그렇기 때문에 바울이 롬 8:26을 통해 말하는 "우리 연약함"은 이런 일반적인 연약함을 말하는 것이 아니라 "우리가 빌 바를 알지 못하는" 정도의 연약함 이었습니다.

우리는 우리의 문제들을 하나님께 내어놓고 기도해야 하지만 무엇을 어떻게 기도해야 할지 모를 때가 있습니다. 또 우리의 기도가 하나님의 뜻에 일치하지 못할 때도 많습니다. 그래서 성령님은 그분 자신이 우리를 위해 말할 수 없는 탄식으로 간구하신다고 말씀하고 있습니다. 성령님이 우리를 위해 간구하심으로 우리의 연약함을 대신 지시는 것입니다.

성령이 우리를 위해 간구하실 때 우리의 연약함이 극복되어 하나님께 완전한 간구를 드릴 수 있는 것은 마음을 감찰하시는 하나님과 성령의 생각 사이에 존재하는 완전한 일치 때문입니다. 그렇기 때문에 성령님은 하나님의 뜻을 우리에게 알게 하실 뿐 아니라 그 뜻대로 우리를 위해 간구하실 수 있는 것입니다.

인간적인 생각으로 만사가 호전되고 물질적인 부나 건강, 사업 등이 잘 되는 것이 유익이라고 생각하는 것은 우리의 관점이지, 하나님의 정의가 아닙니다. 하나님께서는 우리가 더 강한 믿음, 더 확실한 소망, 더 깊은 사랑으로 그리스도의 부활의 영광에 참여하여 그리스도와 영원히 살기를 원하고 계십니다.

성령님은 우리로 하여금 이러한 사실을 깨닫게 하심으로 우리를 격려하시기 때문에 우리는 주님 안에서 궁극적인 승리인 우리의 영화가 이미 이루어져 있는 것임을 믿고 고난 중에 있을 때에도 힘과 평강을 얻을 수 있는 것입니다.

제 7 장

그리스도인의 인식과 의식의 삶

제7장 그리스도인의 인식과 의식의 삶

예수님을 구주와 주님으로 영접함으로 하나님의 자녀(요1:12)가 되었고, 자녀가 된 그리스도인들에게 하나님의 영이요 그리스도의 영인 성령이 내주(고전3:16) 하여 "하나님이 우리와 항상 함께 하셔서"(마28:20) 우리를 인도하시고 보호하시며 때를 따라 지혜를 주시고, 필요한 것을 채워주시는데 왜 불행과 실패의 삶을 살까요?

독생성자의 보혈로 값 주고 산 우리들, 얼마나 귀하고 보배로운 존재이며, 원하는 것이 있으면 무엇이든지 기도하면 주신다고 수없이 약속하셨는데 왜 우리들은 하나님의 사랑과 은혜 안에 거하지 못하고 불행과 실패 속에 살까요?

하나님의 자녀가 되고 성령이 내주하는 그리스도인에게도 삼대 적이 있기 때문입니다.

그리스도인의 삼대 적

성령의 역사로 거듭나 하나님의 자녀 된 그리스도인의 삶에는 1)사탄, 2)세상, 그리고 3)자아(육신)가 하나님의 약속된 말씀을 의심하게 하고, 불순종 하게 하여 하나님의 사랑과 능력 안에 거하지 못하도록 그리스도인을 괴롭히는 삼대 적이 있습니다.

1. 사탄 (The Devil)

사탄은 성경에서 타락한 천사(사14:12-15)이며, 거짓의 아비(요한복음 8:44)이며 성도를 고소하는(계12:10) 존재로 하나님의 자녀들을 미혹하고(고후11:3) 혼미케 하고(고후4:4) 매이게 하고(눅13:16) 눌리게(행10:38)

하여 불행과 실패 가운데 살게 합니다. 사탄은 우리의 믿음을 흔들고 죄를 짓 도록 유혹합니다.

사탄은 아담과 하와를 속여 선악과를 따먹게 했던 것처럼(창 3:1-6), 지금도 진리를 왜곡하고 거짓말로 미혹합니다(네가 네 인생의 주인이다). 사탄은 또한 우리가 스스로를 정죄하며 하나님께 나아가지 못하게 만듭니다. 사탄은 두려움과 염려를 통해 하나님을 신뢰하지 못하게 합니다.

사탄은 세상 사람들과, 세상의 풍조와 세상의 물질과 명예와 쾌락으로 우리를 유혹하고 두려움을 갖게 하여 하나님의 말씀보다 세상의 가치와 방법으로 살도록 끊임없이 역사합니다(본서 제3장을 참조).

사탄은 세상적 문화와 가치관으로, 인간의 근원적이고 본질적인 질문에 혼돈을 갖게 하고, 왜곡 시키고, 의심케 하여 불행의식 속에 살게 하고 실패하게 만듭니다.

예수님은 요한복음10:10에 "도적(사탄)이 오는 것은 도적질 하고(믿음, 소망, 사랑, 감사), 죽이고(하나님과의 관계를 끊어놓고) 멸망 시키려는 것(지옥 가게) 뿐이요, 내가 온 것은 양으로 생명을 얻게 하고 더 풍성히 얻게 하려는 것이라"고 하셨습니다.

2. 세상 (The World)

"세상"의 뜻은 단순히 우리가 살아가는 물리적 환경이 아니라, 하나님의 뜻에 반대되는 가치관과 문화를 의미합니다. 세상 사람들은 각기 다른 환경, 문화, 경험, 철학, 종교, 그리고 개인적 욕망에 따라 다양한 가치관을 가지고 살아갑니다. 세상에서 흔히 볼 수 있는 세상적 주요 가치관은 다음과 같습니다.

<u>1) 물질주의</u>: 삶에서 물질적 소유와 부의 축적을 가장 중요한 목표로 삼

는 가치관입니다. 더 많은 돈, 고급 차, 큰 집, 브랜드 제품 등이 삶의 성공과 행복을 보장한다고 믿고 살기에 순간적인 만족은 주지만, 공허함과 끝없는 욕망으로 이어져 혼돈과 공허 속에 살게 됩니다(눅12:16-21).

2) 쾌락주의: 쾌락과 즐거움을 삶의 가장 중요한 목표로 삼는 가치관입니다. 여행, 음식, 파티, 취미, 성적인 자유 등에서 최대한의 즐거움을 추구함으로 순간의 기쁨을 누리지만, 쾌락 추구는 삶의 공허함이나 후회만 남습니다.

3) 개인주의: 개인의 자유와 권리, 그리고 자신의 행복을 최우선으로 삼는 가치관입니다. "남들이 무어라 하든 내 인생은 내가 결정한다." 자신의 삶에 충실할 수 있으나, 공동체와의 관계가 약화되고 고립감이나 이기주의로 이어져 고립된 존재로 살게 됩니다.

4) 성공주의: 사회적 지위, 학벌, 직업적 성취, 명예 등을 성공의 척도로 삼는 가치관입니다. 더 높은 자리, 더 큰 연봉, 더 많은 업적 달성을 위해 노력함으로 경쟁에서 승리할 경우 성취감을 느끼지만, 실패할 경우 깊은 좌절감을 빠져 영원한 삶의 낙오자가 됩니다.

5) 상대주의: 절대적 진리를 부정하고, 모든 윤리와 도덕은 상황과 맥락에 따라 달라질 수 있다는 생각. "내가 보기엔 괜찮으니 문제없어.", "다른 사람에게 피해만 안 주면 돼." 스스로에게 관대해지고 자유로울 수 있으나, 도덕적 혼란이나 사회적 책임감 부족으로 인해 공동체를 문란케 합니다.

6) 인본주의: 인간의 이성, 자유, 존엄성을 최고의 가치로 삼고, 종교적 믿음보다는 인간의 힘으로 문제를 해결하려는 가치관으로 "우리는 과학과 기술로 모든 문제를 해결할 수 있다."는 주의로 인간의 잠재력을 극대화할 수 있으나, 영적인 공허함이나 한계를 극복할 수 없습니다.

"세상"으로 표현되는 "세상적 가치관"은 궁극적으로 사람들에게 진정한 정체성, 삶의 목적, 그리고 삶의 의미를 갖지 못하게 합니다.

세상적 가치관은 우리의 생각을 하나님이 아닌 다른 것에 집중하게 만듭니다.

세상은 부와 명예를 추구하도록 유혹하며 하나님 중심이 아닌 세속적 가치를 따라가게 만듭니다. 세상은 믿음을 지키려는 사람들에게 조롱과 핍박을 가합니다.

로마서 12:2 "너희는 "이 세대"(세상적 가치관)를 본받지 말고 오직 마음을 새롭게 함으로 변화를 받아 하나님의 선하시고 기뻐하시고 온전하신 뜻이 무엇인지 분별하도록 하라."고 했는데 그 뜻은,

세속적 가치를 본받지 말고 성경적 가치를 추구하라는 것입니다.

사탄은 죄악 된 자아와 세상적 가치로 사는 사람들을 유혹하고 두려움에 빠지게 하여, 세상 풍조를 따르게 하고, 육체의 욕심을 따라 육체와 마음의 원하는 것을 하도록 끊임없이 역사합니다(엡2:2-3).

3. 자아 (The Flesh)

그리스도인은 신앙 생활에서 계속하여 세 가지 주요한 적(敵)과 싸워야 합니다: 사탄(마귀), 세상(세속적인 가치관), 그리고 자아(육신, 옛사람)입니다. 이 중에서 "자아"는 가장 가까이 있고, 가장 강력한 적이며, 가장 다루기 어려운 존재입니다.

성경에서 말하는 "자아"(육신, 옛사람, 자기중심적 본성)는 하나님 없이 자기 자신을 중심으로 살아가려는 본능을 의미합니다. 인간은 타락한 본성을 가지고 태어나며, 이는 아담의 죄로 인해 모든 인류에게 유전되었습니다(로마서 5:12). 이 본성은 하나님과 대립하며, 하나님의 뜻을 거역하려는 성향을 갖고 있습니다. 예수님을 믿기 전에는 자신의 욕망과 감정을

따라 살았습니다(엡2:2-3). 그런데 예수님을 믿은 후에도 옛 본성(자아)은 여전히 남아 있으며, 성령을 따르는 삶을 방해합니다.

1) 자아는 하나님을 거역하는 본성입니다. 로마서 8:7에 "육신의 생각은 하나님과 원수가 되나니 이는 하나님의 법에 굴복하지 아니할 뿐 아니라 할 수도 없음이라."고 말씀하셨듯이 우리의 타락한 본성(자아)은 하나님을 대적하는 마음을 가지고 있습니다. 자아는 하나님의 뜻보다 자신의 욕망과 이익을 먼저 추구합니다.

2) 자아는 죄의 지배를 받습니다. 갈라디아서 5:19-21에 "육체의 일은 분명하니 곧 음행과 더러운 것과 호색과 우상 숭배와… 분쟁과 시기와 분냄과…"고 했습니다. 육신의 욕망을 따르는 삶은 결국 하나님과 멀어지고 죄의 지배를 받습니다.

3) 자아는 자기 중심적 입니다. "우리는 다 양 같아서 그릇 행하여 각기 제 길로 갔거늘…"(사53:6)했듯이 인간은 본래 자기 중심적인 존재이며, 자기 뜻대로 살고자 합니다. 자아는 하나님보다 자신을 높이려 하고, 스스로 왕이 되려고 합니다.

자아를 성령에 순종케 하는 것이 승리의 비결입니다 자아는 가장 강력한 적으로 사탄이나 세상(세상 가치관)의 유혹보다 더 깊이 우리 안에 자리 잡고 있습니다. 자아를 죽이는 것이 신앙의 핵심입니다. 우리는 날마다 십자가를 지고, 성령의 인도하심을 받으며 살아야 합니다. 하나님을 사랑하고 순종할 때, 자아는 점점 힘을 잃습니다. 예수님을 따라가면 우리는 자아의 지배에서 벗어나, 하나님이 기뻐하시는 삶을 살 수 있습니다. 바울 사도는 "나는 날마다 죽노라."(고전15:31) 고 했습니다.

선택된 이스라엘 백성이 불행하고 실패한 이유

출애굽 사건은 하나님의 위대한 구원의 역사였습니다. 하나님은 능력의 손으로 애굽의 종살이에서 이스라엘 백성을 건져 내셨고, 낮에는 구름기둥으로, 밤에는 불기둥으로 그들과 함께 하셨습니다(출13:21-22). 하나님은 단순히 멀리서 지켜 보시는 분이 아니라, 그들 가운데 계시며, 친히 인도하시는 임마누엘(하나님이 우리와 함께 하신다)의 하나님이셨습니다.

그러나 문제는 이스라엘 백성들이 하나님이 함께 하신다는 사실을 '인식하지 못하고', 또 '의식하며 살지 못했다'는 데에 있습니다.

광야에서 그들은 물이 없을 때 불평했고, 먹을 것이 없을 때 원망했습니다. 적들을 보며 두려워했고, 약속의 땅 가나안을 정탐한 후에는 "우리는 메뚜기와 같다"(민 13:33)며 절망했습니다. 그 모든 반응은 하나님이 지금 여기 계시며, 우리와 함께하신다는 믿음이 부족했기 때문입니다.

하나님은 함께 계셨습니다. 그러나 그들은 눈에 보이는 현실만 바라보며 두려워했고, 하나님의 임재를 인식하지 못했기 때문에 불안했고, 결국 하나님의 약속을 누리지 못했습니다. 그 결과, 출애굽한 1세대는 모두 광야에서 죽고 말았습니다. 약속의 땅을 코앞에 두고도 들어가지 못했습니다. 이는 단순한 불순종 때문이 아니라, 하나님의 임재를 신뢰하지 않았기 때문이며, 그분이 함께 하심을 믿음으로 의식하지 않았기 때문입니다. 오늘 우리도 마찬가지입니다. 하나님은 우리와 함께 하십니다. 예수님은 "내가 세상 끝날까지 너희와 항상 함께 있으리라"(마 28:20) 약속하셨습니다. 성령님은 우리 안에 거하시며, 언제나 우리를 인도하십니다.

하지만 우리가 그 사실을 인식하지 않고, 의식하지 않으면, 이스라엘 백성과 같은 실패를 반복하게 됩니다.

하나님이 지금 나와 함께 하신다는 믿음 없이 사는 삶은 불안과 두려움, 원망과 낙심으로 가득할 수밖에 없습니다.

반면에 하나님이 지금 나와 함께 계시다는 것을 날마다 인식하고, 그분의 임재를 의식하며 살아가는 사람은 어떤 환경에서도 두려워하지 않으며, 하나님의 인도하심을 신뢰할 수 있습니다. 그런 믿음이 있을 때 우리는 진정한 평안과 담대함을 누리며, 하나님의 약속을 이루는 삶을 살 수 있습니다.

그리스도인의 인식(認識)과 의식(意識)의 삶

인식(Recognition)은 외부 세계나 정보에 대한 이해와 해석으로 특성상 분석 적이고 객관적이며 예를 들면 "저것은 고양이다"라는 사실을 바르게 인지 하는 것이고, **의식(Consciousness)**은 자기 자신의 내면 상태를 자각하는 능력으로 주관적이고 내면적이며 예를 들면 "나는 고양이를 보고 있으면 행복하다"고 느끼며 사는 것을 말합니다 다시 말하면 인식은 외부 대상을 이해하고 판단하는 데 초점이 맞춰져 있고, 의식은 자신을 자각하고 스스로를 성찰하며 경험하는 상태를 뜻합니다. 쉽게 말해,

인식은 객관적 사실을 바르게 아는 것이라고 하면, 의식은 객관적 사실을 주관적으로 느끼며 경험하는 것입니다.

구체적인 예를 들면 인식은 예수를 구주로 영접함으로 하나님의 자녀가 된 객관적 사실을 바르게 아는 것이요, 의식은 자녀라는 사실을 마음에 새기고, 모든 언행심사를 행할 때 하나님의 자녀임을 자각하면서 말하고 행하고, 생각하는 것을 말합니다.

또 다른 예를 들면 인식은 그리스도인은 성령이 임한 존재(고전3:16)라는 객관적 사실을 아는 것이요, 의식은 성령이 임한 존재이기에 모든 언행심사를 행할 때 성령의 임재를 자각하면서 성령님께 묻고, 성령의 음성에 귀를 기울이고, 성령의 인도와 보호를 느끼며 살아가는 것을 말합니다. 이

스라엘 백성들은 하나님이 선택하시고 그들을 구원하여 인도하고 섭리하고 계심을 바르게 인식하고, "전지 전능하신 하나님이 함께 하고 계심"을 의식하며 살았다면 불행과 실패의 삶을 살지 않았을 것입니다.

"하나님이 함께 하심"을 인식하고 의식하는 삶

우리 그리스도인은 예수 그리스도를 믿는 순간 구원받고 하나님의 자녀가 되었지만, 동시에 영적 전쟁의 삶이 시작됩니다.

사탄은 하나님의 말씀을 의심하게 만들고, 두려움과 절망을 심는 거짓의 아비(요 8:44)입니다. **세상**은 하나님 없이도 살 수 있다는 거짓된 가치관과 쾌락을 조장하는 시스템(요일 2:15-17)으로 우리를 유혹하고, **자아(육신)**는 하나님의 뜻보다 내 감정과 욕망, 생각을 앞세우려는 타락한 본성(롬 7:18)입니다. 이 세 가지는 매일 우리를 공격하고 넘어뜨리려 합니다. 문제는 이 싸움이 인간의 힘으로는 이길 수 없는 싸움이라는 것입니다(슥4:6).

성경은 말합니다 "육신에 속한 자들은 하나님을 기쁘시게 할 수 없느니라." (롬 8:8)

"너희가 나를 떠나서는 아무 것도 할 수 없음이라."(요 15:5) 출애굽한 이스라엘 백성들은 하나님의 은혜로 애굽에서 나왔지만, 광야에서 끊임없이 무너졌습니다. 왜 일까요? 하나님이 함께 하셨지만, 그분의 임재를 인식하지 못하고, 눈앞의 문제만 바라보며, 자기 힘으로 판단하고 결정했기 때문입니다. 이것은 우리 그리스도인에게도 동일하게 적용됩니다. 기도하지 않고, 말씀을 묵상하지 않고, 하나님을 의식하지 않는 삶은 영적 싸움에서 항상 패배할 수밖에 없습니다.

우리가 사탄과 세상과 자아를 이길 수 있는 유일한 비결은 "하나님이 지금 나와 함께 하신다"는 사실을 믿음으로 인식하고, 의식하며 살아가는 것입니다. 하나님이 함께 하신다는 인식은 두려움을 몰아냅니다. 또한 하나님의 임재를 의식하는 삶은 유혹을 이기게 합니다. 요셉은 보디발의 아내의 유혹 앞에서 "내가 어찌 이 큰 악을 행하여 하나님께 죄를 지으리이까"라고 말합니다(창 39:9). 하나님이 지금 나와 함께 계시다는 사실을 의식한 사람의 반응입니다. 또한 하나님과 함께 하는 삶은 자아를 이기게 합니다. "내가 그리스도와 함께 십자가에 못 박혔나니… 이제는 내가 사는 것이 아니요 오직 내 안에 그리스도께서 사시는 것이라." (갈 2:20) 하나님의 임재를 믿고 의식하는 자는 자신의 힘이 아니라 하나님의 능력으로 싸우고, 세상의 소리보다 하나님의 말씀에 귀 기울이며, 자기의 생각보다 성령의 인도하심을 따르게 됩니다.

예수님의 이름 중 하나는 임마누엘, 곧 "하나님이 우리와 함께 하신다"는 뜻입니다(마 1:23). 예수님은 제자들에게 마지막으로 이렇게 약속하셨습니다: "내가 세상 끝날까지 너희와 항상 함께 있으리라." (마 28:20) 이 말씀은 단지 위로의 말씀이 아니라, 영적 전쟁의 한복판에서 승리하는 비결입니다. 사탄이 "우는 사자 같이 두루 다니며 삼킬 자를 찾고"(벧전5:8), 세상이 유혹하고, 자아가 끊임없이 속삭일 때마다, 우리는 선포해야 합니다 "하나님이 나와 함께 하신다. 나는 혼자가 아니다." 이 임재 의식이 우리의 마음을 지키고, 우리의 삶을 이끄는 승리의 열쇠가 될 것입니다.

하나님께서는 성경 전체를 통해 "우리와 함께 하시는 하나님"임을 반복해서 말씀하셨습니다. 모세에게 "내가 반드시 너와 함께 있으리라."(출 3:12) 여호수아에게 "내가 너와 함께 할 것이니 두려워하지 말라."(수 1:9) 다윗은 고백합니다: "내가 사망의 음침한 골짜기를 다닐지라도… 주께서 나와 함께 하심이라."(시 23:4) 예수님도 부활하신 후 제자들에게 이렇게 약속하셨습니다: "내가 세상 끝날까지 너희와 항상 함께 있으리라." (마 28:20) 하지만 여기서 우리는 질문하게 됩니다. 예수님은 승천하셨는데, 어떻게 항상 우리와 함께 하신다는 말씀을 이루시는가? 그 답은 '성령님'

이십니다. 예수님은 요한복음에서 "또 다른 보혜사", 곧 성령님을 보내 주실 것을 약속하셨습니다 "내가 아버지께 구하겠으니 그가 또 다른 보혜사를 너희에게 주사 영원토록 너희와 함께 있게 하리니… 그는 너희와 함께 거하심이요, 또 너희 속에 계시겠음이라." (요 14:16-17)

여기서 "또 다른 보혜사"라는 말은 헬라어로 "알로스 파라클레토스"인데, '알로스'는 본질이 같은 다른 분이라는 뜻입니다. 즉, 성령님은 예수님과 같은 본질이신 하나님의 영, 곧 그리스도의 영이시며, 그분이 우리 안에 영원히 거하심으로 하나님께서 우리와 함께 계신다는 약속이 지금 이 순간에도 성취되고 있는 것입니다.

많은 그리스도인들이 성령님을 단지 "능력"이나 "감동"으로만 생각하고, 그분이 인격적인 하나님이시며, 지금 실제로 내 안에 거하시며 함께 하신다는 사실을 제대로 인식하지 않습니다. 그러나 성경은 말합니다 "너희는 너희 몸이 너희 안에 계신 성령님의 전인 줄을 알지 못하느냐?" (고전 6:19) "누구든지 그리스도의 영이 없으면 그리스도의 사람이 아니라." (롬 8:9) 즉, 성령님이 내 안에 계시지 않으면 나는 참된 그리스도인이 아니며, 성령님이 내 안에 계신다는 것은 곧 하나님이 지금 나와 함께 하신다는 가장 확실한 증거입니다.

이것을 믿음으로 바르게 인식하고, 매일의 삶 속에서 그분의 임재를 의식하며 사는 것, 그것이 영적 승리의 시작이며, 참된 평안과 기쁨의 비결입니다. 성령님은 단지 함께 계시기만 하는 분이 아니라, 우리를 가르치시고, 생각나게 하시며, 도우시고, 인도하시며, 기도하게 하시고, 하나님과 교통하게 하시는 분이십니다(요 14:26, 롬 8:26-27, 고후 13:13).

하나님의 영이요, 그리스도의 영이신 또 다른 보혜사 성령님이 우리 안에 임하심으로 하나님이 항상 함께 하심을 '의식하며' 살아가는 삶은, 단지 교리적으로 아는 것을 넘어 매 순간 실제 삶 속에서 하나님을 인식하고 반응하는 삶입니다.

하루의 삶을 시작할 때. "성령님, 오늘도 제 하루를 인도해주세요. 제가 말하고 행동하는 모든 순간에 함께 해주세요."

성령님이 내 안에 계심을 인식하고 의식하며 살아가는 삶은 "내가 지금 어디에 있든지, 무슨 상황에 있든지 하나님과 동행하고 있다"는 깊은 의식 속에 살아가는 삶을 살게 될 것입니다.

하나님이 우리와 함께 계심을 인식하고 의식하는 삶을 살 때의 변화

하나님께서 성령님으로 우리와 함께 계심을 인식하고 의식하며 살아갈 때, 그리스도인의 삶은 단순히 '종교생활'에서 벗어나 살아 있는 하나님과 동행하는 삶으로 변화됩니다. 그분의 임재를 매일의 삶 속에서 인식하고 의식하는 사람은 구체적인 변화를 경험하게 됩니다.

1) 두려움에서 담대함으로 변화됩니다. 전에는 상황이 어려워지면 두려움, 걱정, 불안에 쉽게 사로잡혔습니다. 이제는 "성령님이 내 안에 계시고 나를 도우신다"는 확신이 있으므로, 외적인 환경보다 내 안에 계신 분을 더 의식하게 되어 담대함을 가집니다.

"너희 안에 계신 이가 세상에 있는 자보다 크심이라." (요일 4:4)

2) 죄의 유혹에서 벗어나 거룩한 삶으로 변화됩니다. 전에는 사람의 눈을 의식하며, 혼자 있을 때는 쉽게 유혹에 넘어갔습니다. 이제는 "지금도 성령님이 나와 함께 하시고, 나를 바라보고 계신다"는 의식이 하나님을 경외하게 만들고, 죄를 피하고 거룩을 추구하게 합니다. "너희 몸은 너희가 하나님께 로부터 받은 바 너희 가운데 계신 성령의 전인 줄 알지 못하느냐?" (고전 6:19)

3) 감사와 기쁨이 넘치는 삶으로 변화됩니다. 전에는 일이 잘 되어야 기

뻤고, 어려우면 쉽게 낙심하고 원망했습니다. 이제는 성령님의 임재 자체가 기쁨이 되므로 상황과 상관없이 하나님의 함께 하심을 기뻐하고 감사하는 삶으로 바뀝니다.

"주의 얼굴을 떠나지 말게 하시고 주의 성령을 내게서 거두지 마소서… 주의 구원의 즐거움을 내게 회복시키시고 자원하는 심령을 주사 나를 붙드소서" (시 51:11-12).

4) 혼자가 아닌 하나님과의 교제 속에 사는 삶으로 변화됩니다. 전에는 삶의 결정, 인간관계, 일상의 모든 부분에서 혼자 판단하고 감당하려 했습니다.

이제는 성령님을 매 순간 의식하며 "주님, 어떻게 할까요?", "성령님, 도와주세요"라고 기도하고 대화하며 살아갑니다. "너는 마음을 다하여 여호와를 신뢰하고 네 명철을 의지하지 말라." (잠 3:5)

5) 사람 중심에서 하나님 중심으로 변화됩니다. 전에는 사람의 인정, 평가, 시선을 의식하며 살았습니다. 이제는 하나님이 어떻게 보시는지를 더 중요하게 여기게 하고,

사람의 눈보다 하나님의 눈 앞에서 사는 삶으로 변화시킵니다.

"사람은 외모를 보거니와 여호와는 중심을 보시느니라." (삼상 16:7)

6) 기도 없는 삶에서 끊임없는 기도의 삶으로 변화됩니다(살전5:17). 전에는 정해진 시간 외에는 기도하지 않았고, 기도는 종교적 의무처럼 느껴졌습니다. 이제는 성령님이 내 안에 계시다는 인식이 깊어질수록, 주님과 늘 대화하고 싶어 지고, 기도가 삶의 호흡처럼 자연스러워집니다. "성령 안에서 항상 기도하고…" (엡 6:18)

성령님이 내 안에 계시다는 것을 의식하고 살아가는 사람은 삶의 방향,

반응, 태도, 생각, 말, 관계, 기쁨, 승리의 방식까지 완전히 달라집니다. 그 삶은 더 이상 "내가 사는 삶"이 아니라, "내가 그리스도와 함께 십자가에 못 박혔나니… 이제는 내가 사는 것이 아니요 오직 내 안에 그리스도께서 사시는" (갈2:20)삶이 됩니다.

삶에서 "태도"의 중요성

어떤 사람은 고난을 불행으로 생각하고 어떤 사람은 고난을 훈련으로 생각합니다.

태도(態度)의 국어사전적 의미는 어떤 일이나 상황에 직면했을 때 갖는 입장이나 자세를 말합니다. 태도가 모든 것을 해결해 주지는 못하지만 긍정적인 태도는 우리의 삶에 아주 중요한 영향을 미칩니다.

긍정직인 태도는 어떤 사건이라도 신앙적으로 해석할 수 있도록 해주고, 하나님의 관점으로 볼 수 있도록 도와줍니다.

긍정적인 태도는 사람들과 좋은 관계를 맺도록 도와주며, 인생의 도전에 긍정적으로 반응하게 하고, 곤경을 잘 이겨 낼 수 있도록 도와줍니다.

"척 스윈돌 목사"는 "내게 삶의 자세, 즉 삶의 태도는 교육, 재산, 환경, 성공과 실패보다도 더 중요하고 태도는 외모나 타고난 재능, 기술보다 더 중요하다"고 했습니다. 태도는 가정, 회사를 일으키기도 하고 무너뜨리기도 합니다.

중요한 것은 우리는 하루하루 자신의 태도를 선택할 수 있다는 사실입니다. 지나간 과거를 바꿀 수는 없습니다. 또한 특정한 방식으로 행동하는 사람들을 변화시킬 수도 없습니다. 결국 우리가 바꿀 수 있는 것은 바로 우리의 태도입니다. 삶은 자신에게 일어나는 일 10%와 그 일에 대한 자신의 반응 90%로 이루어집니다.

하나님은 우리 내면에 능력을 담아 놓으셨습니다. 그 능력은 긍정적인 태도를 통해 드러나기 시작합니다. 능력이 없는 것이 아니라 능력을 발휘할 수 있는 태도의 선택이 문제입니다. 긍정적인 태도를 갖게 되면 우리 내면에 있는 신비한 능력을 경험하게 됩니다.

"긍정적인 태도"(하나님의 시각)는 우리 내면에 잠재한 능력의 샘물을 솟구쳐 오르게 하는 마중물과 같습니다. 그러므로 어떤 상황에 서든지 *"긍정적인 태도"*(하나님의 시각)로 접근해야 합니다. 행복과 성공을 원한다면 *"긍정적인 태도"*(하나님의 시각)를 가져야 합니다.

긍정적인 태도는 문제의 심각성에 압도되는 대신에 창의적으로 해결할 수 있는 방법을 이끌어 냅니다. 리더가 사람들에게 할 수 있다는 믿음을 준다면, 정말로 할 수 있게 됩니다. 이것이야 말로 리더가 지녀야 할 가장 중요한 자질입니다. 혁신을 저해하는 가장 빠른 방법은 새로운 아이디어를 듣자마자 "불가능한 일이야."하고 말하는 것입니다. 역사가 우리에게 가르쳐 준 것이 있다면, 그것은 일을 성취한 사람들이 몽상가들이며 이상주의자들이고 낙천주의자들이었다는 것입니다.

피라미드를 짓거나, 미지의 세계로 항해를 떠나거나, 독재정치를 뒤엎거나, 마이크로 칩을 발명하는 등의 일들을 해낸 사람들은 이상주의자들이었고 예기치 않은 고난을 당할 때도 "긍정적 태도"(하나님의 시각)를 가졌습니다.

그런데 이 절대 필요한 긍정적인 태도는 "하나님은 나의 아버지이시며 하나님은 나와 함께 하신다는 사실"을 인식하고 의식하며 사는 사람만이 가질 수 있습니다.

인식과 의식의 삶을 살기 위해 "기도와 말씀"으로 충만해야 합니다. 그러기 위해 주제별 성구를 읊조리며, 필사하고, 암송하고 "성경일기"를 쓰는 훈련에 투자하시길 권면합니다. 매일 10-30분씩만 제자 훈련에 투자하면 위대한 삶을 살 수 있습니다.

말씀 충만할 때 성령 충만하게 되고 성령으로 충만할 때 예수 충만(갈 5:22-23) 하고 은사 충만(고전12:7-11/롬12:6-8)한 삶을 사는 위대한 인생이 될 것입니다.

제 8 장

말씀과 성령의 기도

제 8 장 말씀과 성령의 기도

혼돈과 공허, 그리고 고난의 질곡 속에서 형통하고 창대 한 삶을 살았던 사람들의 특징은 무엇일까요? 수많은 선택의 갈림길에서, 갈증과 갈등의 삶에서, 승리한 비결은 무엇일까요? 그것은 기도의 삶이었음을 우리는 성경을 통해 확인할 수 있습니다 하나님의 아들이신 예수님은 모든 것을 아시고, 어떤 일이든 하실 수 있고 하늘과 땅에 모든 권세를 쥐신 분이셨습니다.

그럼에도 예수님은 새벽 미명에(막1:35) 밤 늦게까지 기도하셨고 습관을 쫓아 기도하셨고 (눅22:39) "힘쓰고 애써 더욱 간절히 기도하시니 땀이 땅에 떨어지는 핏방울 같이 되었더라."(눅22:44)고 기록될 만큼 기도하셨습니다.

예수님은 제자들에게 기도를 가르쳐주었고(마6:9-13) 제자들도 사역 중에 기도가 얼마나 중요한가를 깨닫고 "우리는 기도하는 것과 말씀 전하는 것을 전무하리라"(행6:4)고 말해 사역에 최우선을 기도에 두었음을 말했습니다.

시대마다 하나님께서 사람을 쓰실 때 각기 다른 형태의 사람들을 쓰시지만 그들의 공통점은 기도에 힘쓴 사람들입니다. 하나님의 말씀인 성경은 기도하는 사람들이 "하나님은 크고 측량할 수 없는 일을 행하시며 기이한 일을 셀 수 없이 행하심"(욥5:9)을 체험함으로 하나님의 영광을 위해, 믿고 순종한 "구름같이 둘러싼 허다한 증인들"(히12:1)을 기록해 놓았습니다.

기도란 무엇인가?
1. 기도는 영혼의 호흡입니다.

마치 갓 태어난 아이가 호흡을 하듯 거듭난 하나님의 자녀는 영혼의 호흡인 기도를 시작하게 됩니다. 사람이 호흡하지 않고 살 수 없듯이 우리의 영혼도 호흡이 없이는 살 수 없습니다. 그래서 하나님의 사람으로 거듭난 사람들에게는 기도가 생명이 되는 것입니다. 호흡하지 않으면 사람들이 죽게 되듯이 기도하지 않는 사람은 영적으로 죽은 상태와 같습니다. 병원에 가면 중환자들에게 산소 호흡기를 통해 생명을 지탱하게 하는 것을 보게 됩니다. 산소 호흡기를 통해 겨우 생명을 유지는 하고 있지만 생명의 능력은 나타나지 않습니다.

마찬가지로 기도하지 않는 사람은 하나님이 주신 생명의 능력에 의해 살아가는 것이 아니라 타인의 도움에 의해 생명을 유지하며 겨우겨우 살아가는 것입니다. 살았으나 죽은 것과 같은 생명입니다. 먹고 마시고 입는 것도 전부 다른 사람의 도움으로 살아가는 것입니다. 우리가 기도하지 않아도 기도해 주는 부모와 친구들이 있습니다. 또한 "성령님이 기도해 주고"(롬8:26) 계십니다. 그러나 내가 기도하지 않으면, 살아있는 생명이지만 하나님이 주신 참 생명의 자유는 누릴 수가 없습니다.

기도는 영적 생명의 생존을 위해 절대적인 것입니다. 호흡하지 않는 어린이가 제대로 성장할 수 없듯이 기도하지 않는 영혼은 결코 하나님과 친밀한 사랑의 관계를 맺을 수가 없습니다.

2. 기도는 영혼의 대화입니다.

기도는 의식이 아니라 관계입니다. 기도는 우리가 하늘에 계신 아버지와 깊은 사랑의 관계를 키워가는 과정입니다. 삶 속에서 대화가 없이 관계가 형성될 수 없듯이, 기도하지 않고 하나님과 친밀한 사랑의 관계가 될 수 없습니다. 때로 사람들은 "하나님께서 우리의 필요를 아시는데 왜 굳이 간구해야 됩니까?"라고 말합니다. 하지만 기도는 우리의 필요를 해결하기 위해서만 하는 것이 아닙니다. 기도를 통해 하나님과 더 친밀한 사랑의 관계를 맺어가는 것입니다.

사람들은 대화를 통해 상대를 알아가고, 나를 알리게 됩니다. 마찬가지로 그리스도인은 기도를 통해 하나님의 성품과 인격, 능력 등을 알아 갑니다. 그래서 기도하면 할수록 하나님을 더 잘 알아가게 되고, 하나님의 은혜 안에 거하게 되며, 하나님의 마음을 알게 됩니다. 기도를 통해 하나님과 깊은 사랑의 대화를 나눌 때 우리 마음의 깊은 상처들이 하나하나 치유되고 성령의 능력으로 충만하여 져서 세상을 이기고 남는 힘을 얻게 되는 것입니다. 스펄전 목사님이 말하길 기독교의 역사는 기도하는 사람들의 역사라고 했습니다. 역사를 지배하고 세상을 변화시킨 사람들은 모두 기도의 사람들이었습니다. 하나님과의 대화인 기도가 바로 문제 해결의 열쇠요 능력의 원천인 것입니다.

3. 기도는 영적 전쟁입니다.

예수님은 "도둑이 오는 것은 도둑질하고 죽이고 멸망시키려는 것뿐이요 내가 온 것은 양으로 생명을 얻게 하고 더 풍성히 얻게 하려는 것이라"(요 10:10)라고 말씀하셨습니다. 예수님은 도둑(사탄)이 우리의 안일과 방심을 틈타 계속 오고 있다고 말씀하셨습니다.

사탄은 우리 영혼의 믿음, 소망, 사랑, 감사를 도둑질해가고, 하나님과의 관계를 단절시키고(죽이고), 멸망시키려(지옥에 가도록)합니다. 사도 바울도 "우리의 씨름은 혈과 육을 상대하는 것이 아니요 통치자들과 권세들과 이 어둠의 세상 주관자들과 하늘에 있는 악의 영들을 상대함이라"(엡 6:12)라고 했습니다.

사탄과 어두움의 세상 주관자들은 "하나님의 실존과 사랑과 능력과 약속의 신실함과 영원함"에 대한 끊임없는 회의와 의심을 갖게 합니다. 그래서 사람들은 때때로 악의 승리로 인한 낙심이나, 불확실한 미래에 대한 염려와 불안감 등으로 기도하지 않고, 인간적인 생각과 방법으로 해결하려다가 실패와 불행을 겪게 되는 것입니다.

우리가 기도해야 하는 중요한 이유 가운데 하나는 마귀가 존재하기 때문입니다.

"시몬아, 시몬아, 보라 사탄이 너희를 밀 까부르듯 하려고 요구하였으나 그러나 내가 너를 위하여 네 믿음이 떨어지지 않기를 기도하였노니 너는 돌이킨 후에 네 형제를 굳게 하라"(눅 22:31-32)라고 말씀하시면서 주님은 베드로에게 마귀가 어떻게 할 것인지 말씀해 주셨고, 베드로를 위해 기도해 주셨습니다. 성경은 베드로가 예수님을 저주하고 맹세한 것을 부인한 것이 베드로의 어리석음이나 연약함 때문만이 아니고 사탄이 밀 까부르듯 하기 때문이라고 분명히 말씀하고 있습니다. 우리가 마음은 원이로되 육신이 약하여 마음에 원하는 선은 행치 못하고 악을 행하는 근저에는 사탄의 강력한 역사가 있으므로 우리는 기도로 승리해야 합니다.

4. 기도는 성령 충만의 지름길입니다.

성령 충만은 뜨겁게 찬양할 때도 임하고, 하나님의 말씀을 읽거나 들을 때도 임하고, 하나님을 사랑하며 헌신할 때도 임하지만 성령 충만은 하나님께 간절히 뜨겁게 간구할 때 임함을 성경은 말하고 있습니다. 오순절 마가의 다락방에 성령 충만이 임할 때도 "전혀 기도에 힘쓸 때"(행1:14)였으며 "주여 이제도 저희의 위협함을 하감 하옵시고 또 종들로 하여금 담대히 하나님의 말씀을 전하게 하여 주옵시며, 손을 내밀어 병을 낫게 하옵시고 표적과 기사가 거룩한 종 예수의 이름으로 이루어지게 하옵소서"(행4:29-30)라고 "빌기를 다하매 모인 곳이 진동하더니 무리가 다 성령이 충만하여 담대히 하나님의 말씀을 전하니라"(31)고 했습니다. 기도할 때 모인 곳이 진동하고 성령이 충만이 임하고 말씀을 담대히 전하게 되었음을 기록하고 있습니다. 성령 충만은 기도하는 만큼 넘치게 부어집니다.

제자들이 오직 주님의 약속을 신뢰하고 눈물로 회개하며 전혀 기도에 힘씀으로 성령의 충만을 받은 일을 우리는 명심해야 합니다.

왜 기도가 되지 않는가?

많은 신앙인들이 기도를 하지 못하고, 기도가 되지 않는다고 하소연 합니다. 그럴 때 마다 저는 아직 뱃속에 있기 때문이라고 말합니다.

자녀는 부모의 특별한 사랑으로 한 생명체로 잉태되어 뱃속에 있을 때부터 부모의 돌봄 속에 귀중한 자녀로 양육됩니다. 그러나 아직 세상에 태어나지 않은 자녀는 아직 부모를 보지 못하고, 부모의 계획도 알지 못하고, 부모의 성품과 능력과 사랑도 느끼지 못하고, 부모의 어떤 약속도 듣지 못할 것입니다. 그러나 세상에 태어나 부모를 눈으로 보고, 귀로 듣고, 사랑을 받으며 양육되어 갈 때 부모의 말이 들리기 시작하고, 부모의 사랑이 느껴지고, 부모에게 필요를 말하게 되고, 기쁨과 평안을 누리게 됩니다. 그러면 궁금한 것이 너무 많고, 부모가 너무 좋고, 하고 싶은 일이 너무 많아 부모에게 도움을 청하고 싶은 마음이 간절해 지고, 하고 싶은 말이 많아지게 됩니다. 부모와 여행도 하고 싶고, 갖고 싶은 것도 많고, 알고 싶은 것도 많아 부모에게 수많은 요구와 질문을 하게 됩니다.

마찬가지로 그리스도인들도 특별한 사랑 속에 삼위일체 하나님의 품 속에 잉태되어, 하나님의 DNA를 물려 받고, 하나님의 주권적 섭리 속에 짧게는 1년 길게는 수년동안 돌봄 속에 있다가 때가 차면 거듭나게 됩니다.

육의 눈으로는 하나님을 볼 수 없고, 육의 귀로는 하나님의 음성을 들을 수 없고, 육의 마음으로는 하나님을 믿을 수가 없습니다. 영의 사람이 되어야 하나님의 실존을 볼 수 있고, 하나님의 음성을 들을 수 있고, 하나님의 주권적 역사를 믿을 수가 있습니다. 영적으로 성장할수록 부모의 사랑과 성품과 능력을 바르게 알게 되고, 부모의 큰 사랑과 능력에 기쁨과 평안을 얻게 됩니다.

성장해 갈수록 하나님의 일하심을 보게 되고, 하나님의 말씀이 들리기 시작하고, 하나님의 사랑이 느껴지기 시작합니다.

하나님의 일하심과 사랑과 능력과 신실함이 믿어지지 않고 보이지 않는다고 말합니다. 저는 그때마다 십자가를 보라고 말합니다. 십자가를 통해 하나님의 십자가 사랑을 보게 되고, 예수님의 십자가 은혜를 보게 되고, 성령님의 십자가 능력을 보게 됩니다.

내가 누구인가를 아는 것이 거듭난 것이며, 구원 받은 것입니다. 거듭나지 않고 구원 받지 못한 사람은 자신이 누구인가를 알지 못합니다.

자신이 누구인가를 모르는데 어떻게 하나님의 영광을 위해 살 수 있으며, 아버지 집인 천국을 보며 소망할 수 있겠습니까?

기도는 반드시 체계적으로 배우고 훈련을 받아야 합니다.

태어난 어린아이들이 말을 배워야 하듯 기도는 배워야 하고, 대화하는 방법을 배워야 하듯이 기도하는 방법을 체계적으로 반드시 배워야 행복하고 성공적인 신앙생활을 할 수 있습니다.

대화하는 방법을 모르면 세상에서도 행복하고 성공적인 삶을 살 수 없듯이 기도를 체계적으로 배우지 않으면 하나님과도 성숙한 사랑을 나눌 수가 없습니다.

사람들과 대화할 때도 1)어떤 관계인가에 따라, 2)어떤 태도와 마음 자세로 대화를 하는가에 따라, 3)또 어떤 순서로 말하는가에 따라, 4)대화하는 방법에 따라 사람을 감동시키듯이 하나님께도 대화하는 방법을 배워야 합니다.

더욱이 믿음과 기도는 비례합니다. 기도할 때 하나님이 살아 역사하심과 신실한 약속을 믿고(히11:6) 생사 화복이 하나님께 좌우되며(삼상2:6-7), 부와 귀가 주께로 말미암는 다는 사실(역상29:12)을 믿는 만큼 간절하고 끈질긴 기도를 할 수 있습니다.

기도의 형식

서로 사랑하는 연인끼리 그냥 살면 되지만 결혼식을 하는 이유는 중요하기 때문입니다.

음식물도 중요하지만 음식을 담는 그릇도 아주 중요한 것처럼 기도 내용도 중요하지만 기도의 형식도 중요합니다. 기도형식에 따라 기도내용이 결정되기 때문입니다. 기도형식을 마음에 인식하면서 기도의 머리 글자인 (ACTS)의 형식을 따라 기도의 구조를 정해 놓으면 기도가 더 잘 될 수 있습니다. 예를 들어, ACTS 모델은 많은 신자들이 사용하는 기도 패턴으로, 기도에 방향을 제시해줍니다.

ACTS 기도 모델

1. 찬양(Adoration): 먼저 하나님을 찬양하며 그분의 위대하심을 고백하는 기도

창조, 사랑, 능력, 약속의 신실함, 구원, 기도응답, 기적 등 성경에 기록된 수많은 하나님의 위대하심을 생각하며 구체적으로 찬양해 보십시오.

창조하시고, 섭리하시고, 구원하시고, 심판하시는 전지전능하신 하나님의 위대하심에 찬양을 드립니다. 역사의 수레바퀴를 돌리며, 국가의 흥망성쇠를 좌우하고, 개인의 길흉화복을 주관하시며, 약속대로 기도를 응답하시는 신실하신 하나님을 묵상하면서 우리의 언행심사를 보고 계시며, 알고 계시는 하나님께 경외함으로 경배 기도를 드려야 합니다.

하나님께 찬양의 기도를 드리는 것은 그분의 위대하심과 사랑, 그리고 성품을 깊이 묵상하고, 그분을 높이며 찬양 드리는 시간입니다. 찬양의 기도를 구체적으로 드리고 싶으시다면, "하나님이 누구이신 지"(**본서 2장을 참조**) 그리고 그분이 우리 삶에서 하신 일들을 생각하면서 기도하면 좋습니다.

2. 회개(Confession): 자신의 죄와 연약함과 어리석음을 고백하는 기도

하나님의 사랑과 능력을 믿지 못하고, 세상적 가치로, 내 욕심대로 살고 있음을 회개합니다. 하나님의 말씀을 믿지 못하고 순종하지 못한 것을 회개하고, 기도하지 않은 죄(삼상12:23), 먼저 그의 나라와 그의 의를 구하지 못한 죄(마6:33), 하나님 뜻대로 살지 않은 죄(살전5:16-22) 등 하나님 말씀을 따라 살지 않은 죄들을 [하늘에 계신 우리 아버지]라고 부르면서 철저히 회개하며 용서를 구해야 합니다.

회개의 기도는 하나님 앞에서 우리의 죄를 인정하고, 자백하며, 진심으로 용서를 구하는 마음을 담아 드리는 기도입니다. 회개 기도는 탕자의 심정으로 드려야 합니다(눅15:11-23) 불행과 실패의 원인이 내 생각과 욕심과 방법대로, 살아 온 것 임을 자백 하고 참으로 "하나님과 함께 하나님의 말씀대로" 살 각오로 회개 하는 것입니다. 하나님께서는 우리의 죄를 용서하시기를 기뻐하시는 분이시며, 우리가 겸손히 나아가 그분께 회개할 때 용서를 베푸십니다.

3. 감사(Thanksgiving): 하나님께서 주신 모든 은혜에 감사하는 기도

[하늘에 계신 우리 아버지]라고 부르면서 끊임없는 용서와 사랑으로 우리에게 주시는 수많은 은혜들을 생각하며 감사를 드리십시오. 1)일상적인 은혜에 감사: 생명, 건강, 가족, 친구, 매일의 필요(양식, 의복, 거처 등)를 제공해 주신 것에 대해 구체적으로 감사드립니다.

2)구원의 은혜에 감사: 예수님의 십자가와 구원의 은혜를 기억하며 감사드리는 내용이 포함됩니다.

3)하나님의 섭리와 인도에 감사: 내 삶에서 일어난 일들이 하나님의 계획과 섭리 속에서 이루어졌음을 깨닫고 그에 대해 감사드립니다.

4)성령님의 인도하심에 감사: 성령님께서 나를 인도하고 지혜를 주신 것에 대한 감사가 포함됩니다.

5)감사의 태도: 우리의 모든 것이 하나님께 로부터 온 것임을 인정하며(약1:17), 그분의 은혜를 구체적으로 기억하고 표현합니다.

이 기도를 통해 하나님께 깊은 감사의 마음을 표현하며, 그분께서 내 삶에 주신 축복과 은혜를 더 깊이 마음에 새기며 기도해야 합니다.

4. 간구(Supplication): 자신의 필요와 다른 사람들의 필요를 아뢰는 기도

1)교회와 영적 지도자들과 2)세계와 선교사들과 3)가족과 친지들과 4)고통 당하는 사람들과 영혼 구원을 위해 5)그리고 자신을 위해 믿음으로 순종할 마음으로 이 순서대로 기도하면 더 집중되고, 하나님께 진솔하게 나아가는 기도를 할 수 있습니다.

기도는 1)하나님의 사랑과 능력을 얼마나 깊이 인식하며 경이로움과 경외함으로 경배를 드리느냐 에 달려 있습니다. 2)또한 하나님의 사랑과 은혜 안에 살지 못하는 자신의 삶을 얼마나 철저한 회개 하는가에 결정이 됩니다. 3)하나님의 사랑과 능력의 위대하심을 믿음으로 경배하고, 하나님의 뜻대로 살지 못하는 자신의 연약함과 어리석음과 죄 됨을 진정으로 회개하는 사람만이, 4)그럼에도 불구하고 사랑으로 역사하시는 하나님의 은혜에 감사를 드릴 수 있고, 5)하나님께 진심으로 감사하는 사람만이 감사 위에 뜨거운 간구를 드릴 수 있습니다 하나님의 절대 주권과 하나님이 생사 화복을 주관하시는 분임을 믿어야만 지속적으로 간구할 수 있습니다.

어떻게 기도할 것인가? (마6:5-15)

사도신경, 십계명, 주기도문은 그리스도인이 믿고, 행동하고, 하나님과 교제하는 방법을 요약하고 있으며 특히 주기도문은 복음의 요약이며(터 툴리안), 신학의 몸통이며(토머스 왓슨), 간구의 원칙이며 살아가는 모든 일의 천국 열쇠입니다. 그리스도인 됨의 의미를 주기도문 보다 더욱 선명 하게 말해 주는 것은 없습니다. 루터는 주기도가 기도의 알파벳이라 하였 고 터툴리안은 주기도는 기도중의 정수이며, 기도를 가르치는 기도라 하 였습니다. 주기도는 기도의 기본을 가르치며 우리의 잘못된 기도를 교정 하는 기도입니다. 모든 것은 기본이 중요합니다. 주기도가 바로 우리 기도 의 기본입니다.

1. 너희는 이렇게 기도하라

마태복음 6장에는 주기도문 바로 앞에 '그러므로 너희는 이렇게 기도하라'고 했습니다. '너희는' 특별한 백성이므로 '이렇게 기도하라'는 것입니다. '너희는'에 대한 이해가 분명하지 않으면 우리의 기도는 잘못된 방향으로 나갑니다. 내가 누구인지 분명하지 않으면 내 언어가 아닌 다른 언어로 기도하게 됩니다. 그러므로 주기도문으로 기도하는 우리 자신이 어떤 존재인지 분명히 알아야 합니다. 주기도문의 '너희'는 산상수훈에서 계속 언급되는 '너희'와 동일한 대상일 뿐 아니라, 신약 전체의 '너희'와 또 구약에 나타나는 '너희'와도 같은 맥락에서 읽어야 합니다. "너희"는 택한 백성이요, 택한 자녀요, 영원히 함께 사랑을 나누는 소중한 신부입니다.

1) 첫 단어 '너희는'에서 우리가 누구인지, 왜 '위선자들처럼 이방 사람들처럼' (마6:5-8)기도해서는 안 되는 지를 말씀하고 있습니다.

세상 모든 사람은 누구나 기도하지만 무엇을, 어떻게, 누구에게, 왜, 기도하는가 가 다릅니다. 예수님이 가르치신 주기도문은 우리가 누구에게, 어떻게, 무엇을, 기도해야 하는가 의 기도의 대상, 이유와, 내용과, 방법을 가르쳐 주고 있습니다.

지극히 평범한 우리가 이 땅에서 하나님나라 백성으로 살아갈 힘이 어디에서 나올까요? 그 해답이 우리 안에는 없고, 우리를 불러 주신 하나님께 있습니다. 하나님께 기도할 때 우리에게 특별한 삶을 살 수 있는 능력을 주십니다.

하나님 나라 백성만이, 예수님의 보혈로 값 주고 산 믿음의 자녀들 만이 그분께 기도함으로써 이 땅에서 산상수훈의 삶을 살 수 있습니다. 하나님나라 백성은 주기도문으로 기도하기 시작한 사람들이고, 주기도문의 삶을 추구하는 사람들입니다. 그리고 주기도문이 그 삶 속에 실현되기 시작한 사람들입니다. 주기도문으로 기도할 때 우리를 기도의 사람으로 만들어 갈 것입니다.

어떤 작가가 말했듯이 성경의 모든 가르침과 교리는 우리로 하여금 기도하게 하기 위한 것입니다. 왜냐하면 기도는 하나님이 하나님 되심을 고백하는 것이기 때문입니다.

예수님께서 의도하신 것은 너희는(예수님이 선택한 너희는) 이렇게 기도하라 인간이 모두 본질적으로 하나님의 자녀가 되는 것은 아닙니다. 하나님을 아버지라 부르며 기도할 수 있는 사람은 오직 그리스도인들 만이 할 수 있습니다.

2. 기도의 대상(하늘에 계신 우리 아버지여)

주기도문 맨 앞에 나오는 [하늘에 계신 우리 아버지여]는 기도가 아니고 기도의 대상을 호칭하는 것으로 기도의 서론 격이 됩니다.

주기도문의 가장 핵심이 되는 것은 [하늘에 계신 우리 아버지]입니다.

기도는 아버지여! 라고 부르는 데서 시작됩니다. 이는 주님께서 6장 5절부터 15절까지에 이르는 기도에 대한 교훈의 핵심입니다. 6절에서는 "은밀한 중에 계신 네 아버지께 기도하라" "은밀한 중에 보시는 네 아버지께서 갚으시리라"고 말씀합니다. 8절에서는 "구하기 전에 너희에게 있어야 할 것을 하나님 너희 아버지께서 아시느니라"고 말씀하십니다.

    14, 15절에서도 우리를 용서하시거나 심판하시는 분이 바로 우리 "아버지"라 말씀합니다. 기도는 "아버지여!" 로 시작해서 "아버지여!"로 끝납니다. 우리 기도를 받으시는 분이 우리 아버지이시기에 우리는 그 분 앞에 담대히 나아가 기도할 수 있습니다. 우리는 기도의 처음부터 끝까지 그분이 우리 아버지이시라는 신뢰를 가지고 기도해야 합니다. 기도의 깊이는 그분이 정말 우리 아버지이심을 체험하는 데서 절정에 이릅니다(롬8:32).

3. "아버지" 이신 하나님

    하나님을 아버지라고 알려주신 것은 예수님께서 하나님에 대해서 알려주신 핵심적인 진리이며, 예수님께서 우리에게 알려주신 가장 위대한 계시 중의 하나 입니다. 예수님께서 이 땅에 계시면서 인격적인 아버지로서의 하나님이 어떤 분이신 지를 보여주셨습니다. 우리는 하나님을 아버지라고 부르는 부름 속에서, 우리 자신이 진정으로 누구인지를 확인할 수 있습니다. 아버지라고 부르고 있는 우리는 우연히 생겨난 존재가 아니고 하나님으로부터 사랑을 받고 있는 존재라는 사실입니다. '아버지'하고 부를 때마다 우리는 이미 용서받았으며, 이미 받아들여진 자녀임을 깨달아야 합니다.

    세상은 우리에 대해서 가치를 인정하지 않을 수 있고, 우리 자신조차도 우리를 소중하게 생각하지 않을 수 있습니다. "그러나 우리는 하나님 아버지에게는 둘도 없이 소중한 아들이며 딸입니다." 이 사실을 알 때 참된 자기의 발견이 있습니다. 우리가 하나님을 향하여 '아버지여!'하고 부를 때마다, 우리는 자녀로 부르시는 하나님의 사랑을 발견하게 되고, 그 사랑 속에 있는 참된 우리를 깨달으며 기뻐해야 합니다.

4. "하늘에 계신" 아버지

하나님은 아버지이십니다. 주기도문의 모든 내용은 바로 '아버지여!'라는 이 한 마디 속에 다 들어 있습니다. 그런데 주기도문은 하나님의 아버지 되심을 '하늘에 계신 아버지'라고 말하고 있습니다.

'하늘에 계신다'는 것은 하나님이 계신 어떤 공간을 말하기 위해서 사용된 것이 아닙니다. 하나님이 "초월 자"임을 말해주는 언어입니다. 하나님이 하늘에 계시다고 함은 우리는 땅에 있는 존재에 불과하다는 의미를 담고 있습니다. 하늘과 땅의 간격처럼, 하나님과 인간 사이에는 누구도 건널 수 없는 절대 간격이 있습니다.

하나님은 완전하지만 인간은 불완전하며, 하나님은 창조주이시지만 인간은 피조물이고, 하나님은 의로우시지만 인간은 죄인입니다. 하나님과 인간 사이에 있는 절대 간격이 바로 '하늘에 계신'이라는 이 말 속에 담겨 있습니다. 그런데 놀라운 것은 이렇게 인간과 결코 같을 수 없으며 인간과 무한한 질적 차이를 가지고 계신 그 하나님께서 우리와 너무나 가까운 '아버지'가 되셨다는 점입니다.

그러므로 '하늘에 계신 아버지'라는 하나님에 대한 호칭은 그 속에 하나님에 관한 두 가지 역설적인 진리를 함께 담고 있습니다. 하나는 하나님은 인간이 결코 이를 수 없고 '결코 나아갈 수 없는 하늘의 절대자'라는 진리요, 다른 하나는 하나님은 인간이 '너무나 쉽게 다가갈 수 있는 우리의 아버지'라는 진리입니다. 성경은 하나님께로 다가갈 수 있는 길은 인간의 잠재적 능력이 아니라, 우리에게로 다가오시는 하나님의 사랑임을 보여줍니다.

<u>'하늘에 계신 아버지'라는 뜻은</u> 하나님 아버지는 "땅에 계신 아버지와 구별되는 완전한 아버지"라는 것입니다. 아무리 땅에 있는 아버지가 훌륭하다고 해도 영원히 계시지는 못합니다. 아무리 인자하다고 해도 역시 불

완전하고, 뛰어난 지혜로 가르친다고 해도 잘못 인도할 수 있습니다. 그러나 하늘에 계신 아버지는 우리를 떠나는 법 없이 영원히 함께 계십니다. 풍성한 사랑을 가지고 계실 뿐 아니라, 완전한 지혜와 능력으로 우리를 인도하십니다. 이 완전하신 하늘의 아버지가 바로 우리의 아버지 되십니다. 하늘에 계신 하나님 아버지는 우리 모두에게 가장 완전한 아버지가 되실 뿐 아니라, 항상 우리와 함께 계십니다.

기도의 생명력은 전적으로 기도를 권하시는 하나님을 어떤 관점으로 인식하고 의식하느냐 에 달려 있습니다. 성경에 나오는 위대한 기도의 특징은 위대한 하나님에 대한 위대한 인식을 갖고 의식하며 기도하였다는 사실입니다.

5. "우리" 아버지

아버지로서의 하나님은 '나의 아버지'에 그치는 것이 아니라, '우리 아버지' 이십니다. 이것은 기도가 나와 하나님과의 개인적인 만남에 국한되는 것이 아니라, "나와 이웃과의 만남으로 확대되어야 함"을 말해주고 있습니다.

내가 하나님을 '우리 아버지'라고 부른다는 것은 나와 같이 하나님을 향하여 '우리 아버지'라고 부르는 다른 사람을 형제와 자매로 여기겠다는 뜻입니다.

우리가 하나님을 향하여 '우리 아버지'라고 부른다는 것은 다른 사람들을 향하여 '형제여 자매여!'하고 부른다는 것을 의미합니다.

주님이 가르쳐 주시는 기도는 하나님 사랑만을 강조하지 않습니다. 기도는 하나님 사랑이면서 동시에 이웃 사랑입니다. "모든 사람으로 더불어 화평함과 거룩함을 좇으라 이것이 없이는 아무도 주를 보지 못하리라."(히 12:14)고 했습니다. 오늘날 "우리"라는 공동체가 곳곳에서 무너지고 있습니다. 참된 [하나 됨]을 이루는 건강한 공동체가 어떻게 가능합니까? 그것은 하나님을 '우리 아버지'로 부르는 기도에서 시작합니다. 우리가 서로를 한 아버지를 모시고 있는 형제와 자매로 알 때 사회와 가정에서 참된 "우리"가 회복됩니다. 주기도문 속에 거룩한 코이노이아의 사명이 주어져 있습니다.

예수 그리스도를 통해서 하나님께서 우리의 아버지가 되셨고 우리는 하나님의 자녀가 되었습니다. 이것이 복음의 핵심입니다.

간구의 제목
1. 이름이 거룩히 여김을 받으시오며

주님의 기도 전체에서 가장 중요하고 핵심적인 첫째 간구는 바로 "(아버지의) 이름이 거룩히 여김을 받으시오며'입니다. 이것은 기도의 목적으로 우리의 기도가 먼저 하나님의 이름이 거룩히 여김을 받도록 하는 데 있다는 것입니다. 하나님은 거룩하신 분이시고, 인간은 하나님의 거룩 성을 가감할 수 없습니다. 마치 태양 빛을 인간이 어떻게 가감할 수 없는 원리처럼 말입니다.

그러나 우리들이 거룩한 생활을 하지 않을 때 하나님의 거룩 성에 손상이 갑니다. '율법을 자랑하는 네가 율법을 범함으로 하나님을 욕되게 하느냐 기록된 바와 같이 하나님의 이름이 너희 때문에 이방인 중에서 모독을 받는도다'(롬2:23-24) 그래서 하나님이 갖고 계시는 위대한 거룩 성을 온전히 받을 수 있기를 기도합니다. 그리고 모든 주기도문은 이 목적을 달성하기 위한 구체적인 내용입니다.

성경에서 하나님의 '이름'은 하나님이 드러내신 자신의 인격을 의미합니다. 어떤 사물이나 사람에게 이름을 붙인다는 것은 그 사물이 무엇인지 알게 하는 것입니다. 그 사물에 붙여진 이름을 통해서 우리는 어떤 사람이나 사물을 구분하게 됩니다. 나중에는 그 사람이나 사물을 직접 보지 않아도 이름만 가지고 그 대상을 생각하게 됩니다.

하나님의 이름을 거룩히 여긴다는 뜻은

첫째, "하나님을 하나님으로 인정한다는 것"입니다. 감히 이름을 붙일 수 없을 만큼 존귀하신 하나님을 하나님으로 인정하는 것입니다.

둘째, "하나님을 찬양하고 그분께 예배 드리는 것"또한 하나님의 이름을 거룩하게 여기는 것입니다. 예배를 worship이라고 하는데 이 말은 가치(worth)라는 단어에서 나온 말로, 하나님을 하나님으로 인정하고 예배한다는 뜻입니다.

셋째, 하나님의 이름을 거룩하게 여기는 것은 하나님의 주권적 섭리를 일상적인 삶 속에서 하나님의 역사로 인정하는 것입니다. 우리가 하나님을 창조주와 섭리 주와 구원 주와 심판주로 생각하고 거룩하게 여긴다는 것은 그분에게 합당한 나의 전부, 나의 최선을 드리는 것입니다.

넷째, 하나님이 계시하신 성경 말씀이 유일한 진리임을 믿는 것이 하나님의 이름을 온전히 거룩케 하는 것입니다. 「내 삶에서 온갖 종류의 우상을 제하고, 오직 하나님만을 하나님으로 인정하는 것이 곧 그의 이름을 거룩히 여기는 기도입니다.」 우리의 진실한 믿음과 예배, 그리고 바른 삶을 통해서 하나님이 하나님이심을 고백해야 합니다. '하나님은 하나님이시다'라는 고백이 있는 곳에 인간의 삶이 비로소 거룩하게 됩니다.

2. 나라가 임하시오며

두 번째 기도는 '하나님의 나라가 임하시오며'인데, 여기 '하나님의 나라'는 하나님이 다스리는 통치 영역을 말합니다. 하나님이 내 마음을 다스려 주시면 하나님의 나라가 내 마음에 임하는, 심령천국이 되는 것입니다.

우리는 우리의 마음을 마음대로 다스리지 못합니다. 하나님께서 우리 마음을, 우리 가정을, 우리나라를 다스려 주시도록 기도하라는 것입니다. 하나님이 우리의 마음을 다스려 주시면 우리는 참된 만족과 기쁨과 평안을 얻습니다(잠4:23) 그러나 마귀가 우리의 마음을 지배하게 되면 원망과 불평과 미움이 가득 차게 됩니다.

하나님의 나라는 종국적으로 주님이 재림할 때 이루어지는 천국을 말합니다. 하나님의 나라는 천국, 하늘나라, 새 하늘과 새 땅으로 칭합니다. 모두 동의어입니다. 바로 그 하나님의 나라, 천국이 임하기를 기도하는 것입니다. 그런데 우리들은 '천국'하면 죽어서 가는 곳이라고 만 생각합니다.

물론 하나님의 나라는 이 세상의 나라와는 분명히 다릅니다. 하지만 죽어야만 갈 수 있는 나라가 아닙니다. 하나님의 나라는 죽어서 가지만 살아서도 갈 수 있습니다. 하나님의 나라는 죽어야만 경험할 수 있는 나라이지만 살면서도 누릴 수 있는 나라입니다. 하나님의 나라는 내세적이면서 동시에 현세적입니다.

하나님의 나라는 이 세상의 나라와 같이 어느 한 지역에 영토를 차지하거나 우리의 시공 세계 속에 존재하는 것이 아닙니다. 하나님의 나라는 영원 가운데 있습니다. 그러므로 우리가 '하나님의 나라가 임하시오며' 라고 기도할 때, 영원 가운데 있는 하나님의 나라가 우리의 현실과 시간 속으로 임하도록 기도하는 것입니다. '주기도'의 관점은 사후 세계에 있는 것이 아니라 현실 세계에 있고, 저 나라에 있는 것이 아니라 이 나라에 있습니다.

이 세상에서 당하는 고통들, 가난, 질병. 기아, 재난, 전쟁 등과 같은 문제들은 하나님의 나라가 임해야만 해결될 수 있습니다. 그래서 우리는 무엇보다 하나님의 나라가 임하기를 기도해야 합니다. 그것은 곧 하나님의 주권과 통치가 임하기를 기도하는 것입니다. 하나님의 나라는 먼 곳에 있는 것이 아닙니다. 다른 곳에 있는 것도 아닙니다. 바로 우리 안에서부터 시작됩니다. "또 여기 있다 저기 있다고도 못하리니 하나님의 나라는 너희 안에 있느니라"(눅17:21)고 했습니다.

하나님의 나라는 우리 안에 임하는 것입니다. 주님이 다스리시는 영광스러운 나라는 내 안에 임하는 것입니다. "의와 평강과 희락"(롬14:17)이 충만한 하나님의 나라가 내 안에 임하는 것입니다. 천국은 우리 안에 있습니다.

그런데도 우리 인생에는 왜 평화가 임하지 않습니까? 왜 여전히 걱정과 두려움, 근심과 상처가 우리를 지배하고 있습니까? 밤낮 짜증만 나고, 기쁨은 온데 간데없고, 삶은 무기력하기만 합니까? 우리가 우리의 삶 속에서 하나님의 주권과 통치를 거부하기 때문입니다. 하나님의 나라보다 먹고 마시는 것에 더 관심이 있기 때문입니다. 하나님의 나라보다 내 욕망을 이루는 일에 더 관심을 쏟기 때문입니다. 하나님의 나라가 임해야 내 삶에 기쁨이 충만합니다. 한 번 뿐인 인생인데, 천국처럼 살다 가야 하지 않겠습니까? 단 한 번 뿐인 소중한 삶인데 이 땅에서도 하나님의 나라를 누려야 하지 않겠습니까? 하나님의 주권적 통치가 우리 교회와 목사님과 친지들, 나라와 민족 위에 세계 위에, 가난과 질병과 고통 가운데 있는 사람들 위에 임하시길 중보기도해야 합니다.

3. 하나님의 뜻이 하늘에서 이룬 것같이 땅에서도 이루어지이다.

두 번째 기도문에서 하나님의 나라가 이루어지기를 기도했는데, 그러면 하나님의 나라가 어느 정도 이루어지기를 원하느냐 에 대해 하나님의 뜻이 하늘에서 이룬 것같이 땅에서도 이루어지기를 원한다는 것입니다.

하나님의 뜻은 하늘나라에서 100% 이루어집니다. 천사들은 하나님의 뜻에 절대 순종합니다. 그러나 이 땅은 하나님의 뜻과 정반대로 흘러갈 때가 많습니다. 우주만물도 다 하나님의 뜻에 순종하고 있습니다. 해도 달도 지구도 하나님이 정해 주신 괘도를 벗어나지 않습니다. 동물의 세계에서도 하나님의 뜻에 순종합니다. 동물은 해로운 것은 결코 먹지 않고 아무리 먹이가 많아도 과식을 하지 않습니다. 자연은 기계적으로 하나님의 뜻에 순종하고 동물은 본능적으로 하나님의 뜻에 순종합니다. 그러나 유독 인간만이 하나님의 뜻을 거역합니다.

하나님의 뜻은 고사하고 인간의 뜻도 하나가 되지 못합니다. 이러니 어떻게 하나님의 뜻이 하늘에서 이룬 것같이 땅에서도 이루어질 수 있겠습니까?

여기 '이루어지이다.'라는 말은 함축된 말입니다. '이루어지게 하옵소서.'라는 기원도 되고, '이루어질 것입니다.'라는 신앙고백도 됩니다. 그러므로 '하나님의 뜻이 하늘에서 이룬 것같이 땅에서도 이루어지이다'라는 말은 반신반의하면서 기도하지 말고 확고한 믿음을 가지고 기도하라는 뜻입니다.

하나님은 하늘을 다스리시는 창조주로서, 이곳 땅의 시간과 공간에 구애 받지 않으시는 하나님은 자신의 뜻을 완전히 성취하십니다.

4. 오늘 우리에게 일용할 양식을 주시옵고

주기도문으로 기도할 때 하나님의 이름, 하나님의 나라, 하나님의 뜻에 초점을 맞춘 다음에는 우리의 양식에 주의를 돌립니다. 하나님께 처음 세 가지 간구를 진실하게 올려드린 사람들은 논리적이며 당연한 결과로서 이런 삶은 사는 데 필요한 양식을 구하게 됩니다.

사실 우리는 한 순간도 우리 아버지 창조주에게 의존하지 않을 수가 없습니다. 그분은 우리와 우주의 모든 것을 존재하게 하시며, 자연의 일정한 작용으로 심고 거두는 일이 가능하도록 하십니다. 기도할 때 창조주 하나님 우리 아버지에게 의지하지 않을 수 없는 우리의 의존성을 규칙적으로 시인하는 것은 바른 신앙입니다. 인간에게 필요한 모든 것을 공급해주시는 유일하고 전능한 하나님, 그 하나님께 간구하는 것은 지극히 당연한 것입니다. 하나님 없이 생존할 수 없다는 생각이 우리를 겸손하게 하는 것처럼, 우리의 생존이 하나님께 달려 있음을 인정하는 태도는 하나님을 영화롭게 합니다. 일용할 양식을 구하는 기도가 죄 사함을 위한 기도 만큼이나 필요하며 중요합니다.

주기도문 가운데 하나님에 관한 세 가지의 기도문은 모두 넓은 의미를 갖고 있고 포괄적이지만, 인간에 대한 세 가지의 기도문은 모두 구체적입니다. 우리가 우리의 문제를 갖고 기도할 때에는 구체적으로 기도해야 된다는 뜻입니다. 인간에 대한 기도의 첫 번째 제목이 오늘 필요한 양식을 구하라는 기도입니다.

우리가 하나님께 양식을 구할 때 날마다 그 날의 양식을 구하라고 하셨습니다. 실제로 이스라엘 백성이 애굽에서 나와 광야를 행진할 때 하나님은 매일매일 만나를 내려 먹게 해 주셨습니다. 일용할 양식을 구하라는 것은 하나님이 먹여 주시는 것을 전적으로 믿고 의지하라는 말씀이며, 아울러 일용할 양식에 만족하며 살아가라는 교훈도 담겨 있습니다. 그래서 일용할 양식을 구하는 데 기독교의 진수(眞髓)가 있습니다.

그리스도인의 삶은 하루하루 끊임없이 하나님께 의지하는 삶입니다. 우리는 우리에게 필요한 양식, 즉 없어도 살 수 있는 사치품이 아닌 생활필수품을 구해야 합니다. 탐욕은 정당화될 수 없습니다.

특별히 유의할 점은 일용할 양식을 구하되 '우리에게 일용할 양식'을 구하라고 한 점입니다. 그렇다면 우리 주변의 헐벗고 굶주린 형제들의 양식도 아울러 구해야 한다(조지 뮬러의 고아들을 위한 기도)는 뜻이 됩니다. 하나님은 어떤 사람에게는 물질을 많이 주시고 어떤 사람에게는 적게 주셔서 부자는 가난한 사람을 돕도록 하여, 섬김과 나눔의 축복을 누리게 하시고 가난한 사람을 돕는 것이 부자의 의무이며, 동시에 가난한 사람이 도움을 받아야 되는 것도 권리입니다.

심지어 최후의 심판 때 하나님은 '주린 자에게 먹을 것을 주었느냐 헐벗은 사람에게 입을 옷을 주었느냐'(마25:35) 로 심판하신다고 했습니다. 오늘 일용할 양식에는 오늘 필요한 영의 양식과 육의 양식이 있습니다. '영의 양식이 없이 육의 양식만으로 살 수 없습니다'(마4:4). 꼭 잊지 말아야 할 것은 [우리의 일용할 양식]입니다. 그러기에 기아에 허덕이고 영적 갈증에 허덕이는 이웃들을 생각하며 중보기도 해야 합니다.

5. 우리가 우리에게 죄 지은 자를 사하여 준 것같이 우리 죄를 사하여 주시옵고

사람에 대한 두 번째 기도문은 언뜻 보면 우리가 우리에게 죄 지은 자를 사하여 주었으니 그 공로로 우리의 죄도 용서하여 달라는 뜻으로 해석하기 쉬운데 그와 정반대의 의미입니다. 우리가 먼저 하나님께 모든 죄를 용서받았기 때문에 우리도 우리에게 죄 지은 자를 용서해 주어야 한다는 뜻입니다.

이 기도문을 가장 잘 설명해 주는 것이 바로 마태복음 18:21-35에 나오는 '일만 달란트 빚진 자의 비유'입니다. 1만 달란트를 빚진 사람이 그 주인에게 그 많은 빚을 탕감 받고 돌아가다가 자기에게 불과 100데나리온 빚진 자를 탕감해 주지 않고 옥에 가두었습니다. 그 이야기를 들은 주인은 노하여 그 사람이 빚을 다 갚도록 옥졸에게 넘겼습니다. 이 이야기야 말로 다섯 번째 기도문의 뜻을 잘 반영하는 대목입니다. 우리의 모든 죄를 다 용서함 받았기 때문에 우리가 형제의 죄를 용서해 주지 않으면 하나님도 우리의 죄를 용서하시지 않는다는 것입니다.

여기 죄 사함 이란 우리가 회개하고 구원받은 그 죄를 말하는 것이 아닙니다. 우리가 예수를 믿는 순간 과거 우리의 모든 죄(원죄)는 다 사함 받아 하나님의 자녀가 되고 하나님의 생명책에 우리의 이름이 기록되었고 이는 취소될 수도 변경될 수도 없습니다. 그러나 우리가 하나님의 자녀가 되었지만 이 세상을 살다 보면 또 죄를 지을 수가 있습니다. 여기 죄라는 것은 바로 자범죄를 말합니다. 죄가 있으면 하나님께 기도가 되지 않고 구원의 즐거움이 없어집니다. 예수님은 '예물을 제단에 드리려 다가 거기서 네 형제에게 원망 들을 만한 일이 있는 것이 생각나거든 예물을 제단 앞에 두고 먼저 가서 형제와 화목하고 그 후에 와서 예물을 드리라'(마6:23-24)고 말씀했습니다. 하나님과의 화해보다 먼저 인간과 인간 사이의 화해가 되어야 한다는 것입니다. 그렇기 때문에 우리가 먼저 형제와 화해하지 않으면 하나님께 아무리 기도한다 해도 그 기도를 들어 주시지 않습니다. 만일 주기도문 가운데 이 대목이 없었다면 형제의 죄 용서에 대해서 우리는 모두 무관심했을지도 모릅니다. 이 말씀이 있기 때문에 찔림을 받고 충격을 받고 형제의 죄를 용서하게 됩니다.

다른 사람을 향한 용서는 우리 영혼의 평화를 위해서도 절대적으로 필요합니다. 우리가 다른 사람을 용서하지 않고 분노와 미움을 품고 산다면 정작 우리가 더 심한 상처를 받게 됩니다. 원망과 분노는 날카로운 칼과 같습니다. 이것을 품고 있으면 미워하는 그 사람보다 자신이 먼저 상처를 입습니다.

정신과 의사인 맥밀란은 이렇게 말합니다. "어떤 사람을 미워하기 시작하는 순간부터 나는 그의 노예가 되고 만다." 분노를 품고 있으면 마음이 편하지 않습니다. 기도도 안 되고, 우리의 영혼을 분노로 불사르고 맙니다. 용서해야 삽니다. 용서는 타인을 위해서 뿐만 아니라 자기를 위해서 행해야 합니다. 그러나 내 생각과 의지로 용서할 수 있는 것이 아니라 성령님의 역사로 예수님이 그리스도시며 구속주요 주님이심을 아는 것만큼 우리에게 죄 지은 자를 용서할 수 있습니다. 또한 성령님께서 사탄의 간계와 악함을 알게 하고, 형제를 긍휼히 여김을 갖게 할 때 마음으로 용서하게 됩니다. 용서하지 못해 고통 당하는 사람들을 위해 중보기도해야 합니다.

6. 우리를 시험에 들게 하지 마시옵고 다만 악에서 구하시옵소서.

자신을 위한 마지막 기도문은 '우리를 시험에 들게 하지 마시옵고, 다만 악에서 구하시옵소서'입니다. 시험은 하나님이 하시는 시험이 있고 마귀가 하는 시험이 있습니다. 영어 성경을 보면 하나님이 하시는 시험은 test이고 사탄이 하는 시험은 temptation으로 각각 다르게 표시합니다. 하나님이 하시는 시험은 연단을 목적으로 하는 시험을 말하고, 마귀가 하는 시험은 멸망으로 넘어뜨리기 위한 유혹을 말합니다. 따라서 "하나님은 친히 아무도 시험하지 아니하시느니라."(약1:13)는 말씀은 악으로 넘어뜨리는 시험은 하지 않는다는 뜻입니다.

하나님은 오로지 상급을 주시기 위해 먼저 시험하십니다. 고난으로 연단하여 정금 같은 믿음을 가지게 한 뒤 비로소 놀라운 복을 베푸시고, 그래야 그 복을 온전히 누릴 수 있기 때문입니다. 주기도문의 시험은 마귀가 유혹하는 시험을 말합니다. "근신하라 깨어라 너희 대적 마귀가 우는 사자같이 두루 다니며 삼킬 자를 찾나니 너희는 믿음을 굳게 하여 저를 대적하라"(벧전5:8-9)라고 했으니 깨어 기도하며 믿음을 굳게 해야 합니다. 우리가 시험에 빠지지 않도록 기도하다가 만일 시험에 넘어지면 악에서 구원해 달라고 기도하라는 것입니다. 시험하는 마귀는 영적 존재이기 때문에 우리의 힘으로 물리치기가 어렵습니다. 그래서 악에서 구해 달라고 기도하라는 것입니다.

우리는 우리의 약점과 영적전쟁에 연약하고 어리석은 것을 잘 알고 있습니다. 사탄 역시 그리스도인의 고결함을 정면에서 공격해야 할지, 매복과 침투 등 복합적인 전술을 활용해가며 우리의 약점과 단점을 언제 어떻게 공격해야 할지를 알고 있습니다. 그래서 한 가지 위험을 피하다가 다른 위험에 희생되는 수가 많습니다. 그러므로 우리는 우리 자신을 믿지 말고 겸손히 이렇게 기도할 수밖에 없습니다. '주님, 할 수만 있으면 제발 시험에 들게 하지 마소서 시험에 져서 나를 상하게 하고 주님의 명예를 실추시키는 일을 하고 싶지 않습니다.

예수님께서는 마태복음26장 41절에 "시험에 들지 않게 (시험에 굴복하지 않게) 깨어 기도하라 마음에는 원이로되(하나님의 뜻을 행하기 원하되) 육신(인간의 본성)이 약하도다." 라고 말씀하셨습니다.

하와의 시험(창3:1-7) 아브라함의 시험 (창22:1-19) 예수의 시험(마4:1-13)등 사탄이 사람을 유혹할 때 즐겨 사용하는 네 마디 말이 있습니다. "이 정도는 괜찮겠지" "딱 한 번인데 뭘" "아직 시간이 있어" "누구나 이렇게 사는데 뭘"이라는 말입니다. 작은 실수 하나가 사람을 함정에 몰아넣고 큰 물고기도 작은 미끼에 걸려듭니다. 이 정도는 괜찮겠지 하는 방심을 경계해야 합니다.

주님이 가르쳐 주신 기도의 핵심은 [하늘에 계신 아버지]와 [우리]라는 개념입니다 나 만을 위한 기도가 아니라 우리를 위한 중보기도의 중요성을 알아야 합니다.

7. 나라와 권세와 영광이 아버지께 영원히 있사옵나이다. 아멘.

주기도문의 맨 끝 부분은 주기도문의 결론입니다. 여섯 가지 기도를 드린 까닭은 세상 모든 나라와 모든 권세와 모든 영광이 다 아버지 하나님께 영원히 있다는 것입니다. 실제로 인간이 세운 나라, 인간의 권세, 인간의 영광은 변화무쌍합니다. 그러나 하나님의 나라, 하나님의 권세, 하나님의 영광은 영원 불변합니다. "나라와 권세와 영광이 아버지께 영원히 있사옵나이다."는 일종의 신앙고백이요, 동시에 "세상 모든 권세와 영광은 마땅히 하나님께 돌려져야 합니다."라는 찬송이요 믿음의 서약입니다.

끝으로 '아멘'은 몇 가지 뜻을 갖고 있습니다.

첫째: "진실입니다" 둘째: "동의합니다." 셋째: "이루어 주십시오." 라는 기원의 뜻과 넷째: "확신합니다."라는 의미를 갖습니다.

기도는 영혼의 호흡이며, 영혼의 대화이며, 영적전쟁 이며, 성령충만의 지름길이기에 기도에 무엇보다 힘써야 합니다. 영국의 스폴죤은 "정말 놀라운 사실은 우리가 기도하기 시작할 때 너무나 많은 우연의 일치들이 생긴다"고 간증합니다. 우리는 이런 일들을 얼마나 많이 체험하며 살아가고 있습니까? 세상 사람들이 볼 때는 우연의 일치같이 보이지만 사실은 우리의 기도응답인 것입니다.

그러므로 믿음에는 "물음표"(?)가 필요 없고 "느낌표"(!)만 있을 뿐입니다. 하나님이 시간과 공간을 초월하여 사람과 환경을 통해 이루시는 기적 같은 응답에 "아, 이런 일도 있구나! 하나님은 참으로 위대하시다!" 는 사실을 확인함으로 놀라운 느낌표만 있게 되는 것입니다. 그래서 기도는 시간이 있으면 기도하고, 시간이 없으면 안 해도 되는 것이 아니라 우리가 거듭난 하나님의 자녀로 "영육 간에 건강하게 살기 위해서" 반드시 기도하고 또 기도하고 기도로 살아야 합니다.

마틴 루터는 하루에 두 세 시간씩 기도했고, 바쁜 날은 한 시간 더 기도했다고 합니다. 왜냐하면 기도하지 않으면 나 혼자 다 해야 하지만 기도하면 하나님과 함께 하기 때문이라고 했습니다.

그러므로 많이 바쁠수록, 하나님이 역사하시도록 더 기도해야 합니다. 사도 바울의 간증대로 "하나님은 그분의 능력대로 우리의 온갖 구하는 것이나 생각하는 것에 더 넘치도록 능히 이루어 주십니다."(엡 3:20)

말씀과 성령으로 기도하는 방법

저도 기도가 되지 않아 무척 힘든 시간을 보낸 적이 많았습니다. 지금도 가끔 기도가 안 될 때가 있습니다. 사람이 숨을 쉬지 못할 때의 고통처럼 그리스도인에게는 기도가 되지 않을 때처럼 고통스러운 것은 없습니다.

저는 걸어 다니며 기도할 때나, 무시로 기도할 때는 ACTS(찬양, 회개, 감사, 간구)의 기도를 합니다. 그러나 앉아서 작정하고 기도할 때는 주기도문으로 기도합니다. 그러나 하나님의 음성을 듣기를 원하고, 하나님의 지혜와 영감을 얻고, 성령 충만함을 받기를 갈망할 때는 "말씀과 성령으로 기도"합니다.

말씀과 성령으로 기도를 하면 하나님의 뜻을 알게 되고, 영적 회복력과 많은 치유들을 경험하게 되고, 권능이 임하게 됨을 경험하게 되었습니다.

1. 말씀으로 기도하는 방법

성경의 중요한 핵심을 순서대로 정리한 [주제별 성구를 읊조리고 암송]하면서 기도를 하는 것은 단순한 기도가 아니라 "말씀에 의지하여" 기도하는 것으로 우리들의 영적 성숙과 영적 성장을 가져 오게 하는 아주 중요한 기도 방법입니다.

[하늘의 해답을 묻다]의 목차대로 선별해 놓은 주제별 성구를 매일 하나씩 "읊조리"(시119:48)면서 성령께서 주시는 생각으로 기도하면 됩니다.

1) 인생의 의문과 성경. 2)하나님. 3)사탄과 죄. 4)예수님 5)구원과 믿음. 6)성령님. 7)그리스도인의 인식과 의식. 8)말씀과 성령의 기도. 9)교회와 사랑. 10)고난과 행복. 11)제자의 삶과 성령 충만. 12)죽음과 상급의 주

제별 성구를 읊조리며 암송된 말씀으로 기도하면 말씀 충만, 성령 충만, 능력 충만한 삶이 될 것입니다.

예를 들면 1번에서부터 12번까지 목차를 읽고 그 중에 암송하고 있는 말씀을 읊조리며 성령님께서 "가르쳐 주고 생각나게 해 주시는 마음"(요 14:26)으로 기도하는 것입니다. **(책 마지막에 읊조리며 성경일기를 쓸 주제별 성구가 있습니다.)**

2. 성령으로 기도하는 방법

성경 66권의 목차(창세기----요한 계시록)를 순차적으로 숙지하고, 목차를 순차적으로 부르며 기도를 시작하면 성령님께서 1) 성경에 인물들의 신앙적인 삶과 2) 사건 속에서 하나님의 일하심과 3) 하나님의 약속들을 생각나게 해 주시고, 4) 가르쳐 주심으로 성령충만한 기도를 하게 됩니다.

저는 주제별 성구를 암송한 말씀에 의지하는 기도와 성경66권의 목차의 순서를 따라 기도할 때 성령님께서 가르쳐 주시는 인물과 사건과 약속들을 생각나게 하시고 성령의 위로와 인도하심과 능력을 수없이 체험하게 되었음을 간증합니다.

제 9 장

교회와 사랑

제 9 장 교회와 사랑

　경제학으로 노벨상을 수상한 마틴 후리드만은 「선택의 자유」라는 저서에서 앞으로의 새 시대에는 보이지 않는 힘이 모든 것을 좌우한다고 말했습니다. 그는 "보이지 않는 힘"이 바로 새 시대의 가장 큰 힘이고 이 힘을 갖지 못하고 발휘하지 못하는 사람이나 사회는 이 지구상에서 살아남지 못하고 소리도 없이 사라져 버리게 될 것이라고 했습니다. 그렇다면 도대체 이 "보이지 않는 힘"의 정체는 무엇일까요?

　영국의 세계적인 경제학자인 '한스 싱거' 박사는 이 보이지 않는 힘의 정체를 사람들의 "마음의 자세"로 규명했습니다. 결국 새 시대를 이끌어 갈 "보이지 않는 힘"이란 기계 과학 문명이 아니라 그 문명을 이끌어 갈 "마음의 자세"(잠4:23) 라는 주장입니다. 그런데 인간의 마음을 움직이고 이끄시는 분은 하나님이시며, 하나님의 주권적 섭리에 의해서만 인간은 역사를 만들고 이끌어 가게 됩니다. 즉, 하나님의 주권적 섭리 하에 있을 때 인간은 새 시대를 이끌어갈 힘을 얻게 됩니다.

　하나님의 주권적 섭리 속에 주어지는 "산 소망"(벧전1:3)을 가진 사람이 새 시대를 이끌어갈 것입니다. 모든 사람들이 "돈=행복, 명예=기쁨, 인기=만족"등의 세상이 짜 놓은 거짓 등가공식에 현혹되어 마치 약속이라도 한 것처럼 세상의 힘들을 좇아 서만 달려가고 있습니다. 마음의 자세란 우리의 눈에 보이지 않는 것입니다. 무엇을 생산하고 만드는 사람의 마음속에, 그리고 그것을 파는 사람들의 마음속에, 기업을 경영하고 운영하며 관리하는 사람의 마음속에 얼마만큼 "다른 사람들을 향한 깊고 따뜻한 사랑의 마음"이 있느냐가 곧 보이지 않는 힘이 된다는 말입니다.

　분명 주님은 우리에게 평화와 기쁨과 안식을 약속하셨습니다. 그러나 그때마다 첨언하신 것은 "세상이 줄 수 없는, 내 안에서"(요14:27, 요 16:33)등의 말씀입니다. 그러니까 이 세상의 힘들이 주는 평안, 기쁨이 아니라는 말씀입니다.

예수님이 약속하신 평안과 기쁨과 안식과 행복을 어디에서 어떻게 얻을 수 있을까요? 교회에서 성령의 역사를 통해서 얻을 수 있습니다.

예수님과 (유형, 무형)교회
1. 예수님이 인류구원을 계획한 (유형, 무형)교회는 어떤 곳인가?

교회를 헬라어로 "에클레시아"라고 합니다. 이 말의 뜻은 "부름 받은 사람들" 또는 "불러냄을 받은 무리"라는 뜻입니다. 교회는 죄와 사망으로부터 구원받아 '하나님의 자녀로 부름 받은 사람들'(무형교회)과 '하나님의 자녀로 부름 받은 사람들이 하나님의 영광을 위하여 '주님의 지체'(고전12:27)로 합력하여 주님의 몸(엡1:23)을 세우는 거룩한 사랑의 공동체'(유형교회)가 있습니다.

또한 교회는 주님의 몸입니다. '교회는 그의 몸이니'(엡1:23)라고 했고 '그는 몸인 교회의 머리시라'(골1:18)라 했습니다. 교회는 한 사람 한 사람이 모여서 이루어지는 그리스도의 몸입니다. 주님이 교회에 머리시고, 교회는 주님의 몸으로 주님과 교회는 불가불리의 관계이며, 생명적 관계로 주님과 교회는 하나입니다. 그러기에 교회를 사랑하는 것이 주님을 사랑하는 것이며, 교회에 오는 것이 주님께 오는 것이며, 교회에 봉사하는 것이 주님께 봉사하는 것입니다. 주님께 나와야 구원을 얻듯이 교회에 나와야 영원한 구원을 얻습니다.

교회를 대적하는 것이 주님을 대적하는 것이며, 교회를 욕되게 하는 것이 주님을 욕되게 하는 것입니다. 교회를 멀리하면 주님을 멀리하는 것입니다. 교회는 하나님을 아버지로 모시는 하나님의 집이며, 예수 그리스도를 머리로 하는 그리스도의 몸이며, 성령님께서 거처하시고 살아 역사하시는 성령의 전입니다. 교회는 무형교회 든 유형교회 든 하나님이 계시며, 예수님이 주인이시며 성령님이 역사하시는 곳입니다.

교회는 하나님께서 악한 사탄이 역사하는 세상에서, 하나님의 자녀들을 행복하게 살도록 하기 위해 '하나님이 자기 피로 사신'(행20:28) '주님의 몸'(엡1:23)이며 성령이 역사하는 '성령의 전'(고전3:16)입니다. 하나님의 자녀들이 세상에 살면서 지치고 곤할 때 위로를 얻으며, 새 힘을 얻고 행복하고 성공적인 삶을 살 수 있도록 교회라는 거룩한 사랑의 공동체를 주셨습니다. 교회는 주님이 통치하시는 곳입니다. 그러기에 교회는 하나님이 주신 그리스도인의 소망입니다.

교회의 주인은 예수 그리스도입니다. 2,000년 전에 예수님이 분명히 말씀하셨습니다. "내가 이 반석 위에 내 교회를 세우리니"(마16:18) 이 땅에 교회를 세우신 분이 주님이시고, "내 교회를 세우리니"라 하셨으니 소유권이 주님께 있음을 주님이 처음부터 가르쳐 주셨습니다. 성경은 "예수 그리스도는 교회의 머리"(엡1:22)라 하였고, "교회는 예수 그리스도의 몸"(엡1:23)이라 하셨습니다. 또 "모든 교회는 그리스도의 것"(롬16:16)이라 하였으며, "교회는 하나님이 피로 값 주고 사신 것"(행20:28)이라 말하고, "주님이 사랑하는 신부"(엡5:25)라고 했습니다.

하나님의 부르심을 받은 믿는 사람들은 '그리스도의 몸인 교회의 각 지체들' (고전12:27)입니다. 교회는 한 사람 한 사람이 모여서 이루어지는 그리스도의 몸입니다. 이 지상의 유형 교회와 또 무형교회(성도)까지 교회는 다 주님의 것입니다.

예수님은 유형교회와 무형교회(성도)의 주인이시며, 예수님은 유형교회와 무형교회 (성도)를 동일하게 여기시고, 똑같은 사랑으로 똑같은 방법으로, 역사하십니다. 유형교회와 무형교회(성도)는 동전의 양면과 같아 분리할 수 없는 동일체입니다.

2. 예수님은 (유형, 무형)교회를 통해 인류구원을 계획하셨고 역사하십니다.

예수님은 교회를 통해 구원하고, 평화와 기쁨과 안식과 행복을 얻도록 계획하셨습니다. 예수님은 교회를 통해 믿음 소망 사랑을 가르치셔서 영적전쟁에서 승리하도록 계획하셨습니다. 교회의 기능인 예배와 교육과 친교와 봉사와 전도는 믿음과 소망과 사랑의 사람으로 성숙케 하는 예수님의 사랑 법입니다.

예수님이 이 땅에 오셔서 수많은 사역을 하실 때, 오병이어의 기적도 행하시고, 병자도 고치시고, 죽은 나사로를 살리시고, 산상복음을 전하시고, 제자들을 훈련시키시는 일들을 하셨지만 예수님의 최고의 관심은 교회를 세우는 일이었습니다. 성령님을 보내심도 (유형, 무형)교회를 세우기 위 함이며, 구원받은 성도들에게 성령을 부어 주시는 것도 (유형, 무형)교회를 세우기 위함 입니다.

예수님은 영혼을 구원하기 위해 이 땅에 오셨고, 교회를 세우기 위해 이 땅에 오셨습니다. (유형, 무형)교회를 통해 영혼을 구원하고 "하나님의 사랑을 알게 하는 일"이 예수님의 구원 방법입니다. 예수님은 교회를 통해 하나님의 사랑을 이루십니다.

예수님은 제자들에게 인생에서 가장 중요한 질문인 "너희는 나를 누구라 하느냐?"(마16:15)고 물었습니다. 시몬 베드로가 '주는 그리스도시요 살아 계신 하나님의 아들이시니다.'(마16:16)는 고백을 했을 때 "예수께서 대답하여 이르시되 바요나 시몬아 네가 복이 있도다 이를 네게 알게 한 이는 혈육이 아니요 하늘에 계신 내 아버지시니라"(17절)고 말씀하신 후 "또 내가 네게 이르노니 너는 베드로라 내가 이 반석 위에 내 교회를 세우리니 음부에 권세가 이기지 못하리라 내가 천국 열쇠를 네게 주리니 네가 땅에서 무엇이든지 매면 하늘에서도 매일 것이요, 네가 땅에서 무엇이든지 풀면 하늘에서도 풀리라"(마16:18-19)했고 "예수님이 그리스도이심을 고백한 사람들의 믿음" 위에 주님의 몸 된 (유형, 무형)교회를 세우셔서 음부의 권세가 이기지 못하도록 보호하실 것이며, 기도의 천국 열쇠를 주실 것을 약속해 주셨습니다.

예수님께서는 하나님의 자녀들을 위해 음부의 권세가 이기지 못하고, 땅에서 무엇이 매이면 하늘에서도 매이고, 땅에서 무엇이 풀리면 하늘에서도 풀리는 교회를 세우기 위해 오셨고(마16:17-20) "주님의 몸"(엡1:23) 된 교회에 성령을 부어 주셔서 "하나님의 나라와 하나님의 의"(마6:33)를 이루려 계획하셨습니다.

예수님은 보혈로 값 주고 사신 교회를 통해 하나님의 뜻인 복음으로 영혼구원을 이루어 가십니다. 교회는 예수님의 소망입니다. 하나님이 이 땅에 세우신 거룩한 사랑의 공동체는 교회입니다. 교회를 떠나서는 구원을 얻을 수도 구원을 완성할 수도 없습니다. 교회는 미래천국의 모형입니다.

교회는 우리가 죽어서 갈 천국의 삶을 이 땅에서 예행연습 하는 곳입니다. 그리스도인의 소망은 "하나님의 나라와 하나님의 의"를 이루는 것이어야 합니다. 하나님의 나라와 하나님의 의를 이루는 곳이 교회입니다. 교회는 하나님의 나라와 하나님의 의를 이루는 출발점이며, 도착점입니다.

교회는 가정이요, 학교요, 군대요, 병원이요, 행복과 성공의 산실입니다.

교회에서 하나님의 사랑을 알고, 배우고, 비전을 받고, 치유를 받고, 훈련을 받아야 합니다. 교회에서 영적으로 양육과 교육과 훈련이 된 사람은 하나님께 영광을 돌릴 영적군사가 되고, 세상에서 지도자로써 자기 적성에 맞는 모든 분야에서 빛과 소금의 역할을 하여 비범한 일을 성취하게 될 것입니다.

3. 예수님은 (유형, 무형)교회를 통해 구원하고 훈련하십니다.

밤이 맞도록 수고하여도 얻은 것 없어, 열등감, 죄책감, 소외감(버림 받음 마음), 굶주림(욕망), 분노, 두려움 가운데 사는 사람들을 예수님은 구원으로 부르십니다.

"수고하고 무거운 짐 진 자들아 다 내게로 오라 내가 너희를 쉬게 하리라"(마11:28) 이 부르심은 구원에의 초청입니다. 누구든지 그리스도께 나오는 자는 구원을 받고 참된 안식을 누리게 됩니다. 그리스도가 없이는 구원도 없고 안식도 없습니다.

자기 생각과 방법과 의지로 자신이 주인이 되어, 누구의 간섭도 받지 않고 자유로이 살겠다고 집을 나간 탕자는 모든 무형재산과 유형재산을 다 잃고, 결국 사람의 종이 되고, 돼지 쥐 엄 열매도 먹지 못하는 절망스러운 상황이 되었지만 "하나님 아버지 집(교회)"으로 돌아왔을 때 하나님 아버지께서 과거를 묻지 않고, 모든 잘못을 용서하시고 사랑으로 포옹하시고, 제일 좋은 옷을 입히고, 손에 가락지를 끼우고 발에 신을 신기는 축복을 주시고 살진 송아지를 끌어 다가 잡아먹고 즐기는 안식을 주신 것처럼 주님께 오면 구원을 받고 참된 안식을 누리게 됩니다(눅15:11-24).

그런데 예수님의 부르심은 여기에 머물지 않고 우리를 행복한 성공자로 만들기 위해 훈련에로 초청하십니다. "나는 마음이 온유하고 겸손하니 나의 멍에를 메고 내게 배우라 그러면 너희 마음이 쉼을 얻으리니, 이는 내 멍에는 쉽고 내 짐은 가벼움이라 하시니라'(마11:29-30)고 하셨습니다.

"나의 멍에를 메고 내게 배우라"는 뜻은 무엇인가요? 먼저 "배우라"의 원어의 뜻은 "훈련 받으라"는 뜻입니다. 예수님께서는 "예수님의 멍에"를 메고 훈련을 받으라는 것입니다. 그렇다면 예수님께서 말씀하신 "나의 멍에를 메라"는 뜻은 무엇인가요? 예수님께서 말씀하신 멍에는 두 개가 하나로 연결되어 있습니다. 농부가 밭에서 일할 때 최대의 효과를 거두기 위해서 두 마리의 소를 함께 멍에를 지게 합니다. 농부는 나이 많고 경험이 많은 소와, 어리고 미숙한 소를 함께 멍에를 메게 합니다. 경험이 많은 소는 쟁기를 어떻게 다루는지, 주인의 말에 어떻게 반응해야 하는지를 잘 알지만 어린 소는 전혀 모릅니다.

그래서 어린 소는 가고 싶은 방향으로 제멋대로 가려고 고집부리고 다른 방향으로 가거나 너무 빨리 가거나 늦게 가거나 반항하게 되면 나중엔 지치게 되고 목이 아프게 되고 고생하게 됩니다. 그러면서 하나 둘 씩 배워 나가는 것입니다.

이와 같이 예수님은 우리에게 혼자서 멍에를 메지 말고 "예수님과 함께 예수님의 멍에를 메라"고 우리를 초청하는 것입니다. "애야 나랑 같이 나의 멍에를 메자! 내 멍에는 쉽 단다. 너는 내가 가는 데로 함께 가면 된 단다." 그런데 주님이 가자고 하시는데 우리는 주님 오늘은 안 됩니다. 이번에는 못 하겠습니다. 라고 말합니다. 우리가 주님의 멍에를 메고서 제대로 훈련을 받지 않으면 우리 목만 아플 뿐입니다. 조급하여 주님보다 앞서 가지 말고, 게으르고, 안일하여 주님보다 뒤서 가지 말고, 주님과 함께 가면 멍에는 쉬고 짐은 가볍습니다.

교회는 사랑의 산실이며, 교회는 하나님의 사랑을 알게 하는 가정이며, 교회는 자신을 사랑하게 하는 학교이며, 교회는 다른 사람들을 사랑하도록 훈련하는 곳입니다.

(유형, 무형)교회를 통한 아가페 사랑 (고전13:4-7)

세계에서 가장 높은 에베레스트 산 정상에 오르는 사람은 소수입니다. 그러나 분명한 것은 오르는 사람이 있습니다. 정상에 오르는 사람은 인간의 위대함을 증명하여 모든 사람들에게 기쁨과 희망을 줍니다. 에베레스트 산에 오르는 것은 너무 힘들어 마음으로는 한번쯤 가보고 싶은 산이지만 엄두가 나지 않아 꿈조차 꾸지 않습니다. 그러나 갈 수 있는 산이고, 가야 할 산입니다. 그곳을 바울사도도 갔고, 위대한 인생을 살았던 사람들이 갔던 산입니다. 혼자는 갈 수 없고 예수님과 함께 만 갈 수 있습니다.

사실 혼자 에베레스트 정상에 오르는 사람은 없습니다. 다 셀퍼의 안내와 도움으로 갑니다. 우리도 우리 인생의 셀퍼이신 예수님과 함께 "인간을 가장 위대한 존재로 만드는 사랑"의 에베레스트 산에 올라가야 합니다. 에베레스트 산에 오르기 전에 작은 산부터 오르면서 근력을 키워야 하듯 우선 하나님이 만나게 해 주신 '가능한 산(=사람)'부터 오르도록 하면 언젠가 에베레스트 산도 오를 수 있을 것입니다.

사랑은 여행과 같습니다. 여행을 처음에는 싫어하던 사람도, 여행을 하면서 즐거움을 배워 더 좋은 여행 마니아가 되기도 합니다. 여행이 목적지에 도달하는 과정까지는 어려움들도 많지만, 목적지에 도달했을 때 참 행복합니다. 여행은 힘든 것만 있는 것이 아니라 누구와 여행 하느냐에 따라 참 즐겁고 행복한 것입니다 주님과 사랑의 여행을 시작해 보세요, 주님과 사랑여행의 즐거움을 누리기 시작하면, 다른 사람들 과도 사랑여행을 할 수 있을 것입니다.

성경이 말씀하는 사랑이란 도대체 어떤 의미에서의 사랑일까요?

성경에서 사용된 사랑의 언어는 4가지가 있습니다.

첫째는 에로스(Eros)적인 사랑으로 구약성경 잠언 7장18에 "오라 우리가 아침까지 흡족하게 서로 사랑하며 사랑함으로 희락하자"라는 말로 창기가 젊은 청년을 유혹하며 사용한 말입니다. 이 사랑은 자기중심적 혹은 자기만족을 위한 감각적이며 순간적인 쾌락을 탐닉하는 사랑으로 정욕(Lust)인 것입니다.

그래서 유명한 C.S 루이스(Lewis)교수는 "사랑(Eros)이 우상이 될 때, 사랑(Eros)은 악마로 둔갑한다."고 지적합니다. 성경말씀은 "하나님은 사랑이시라"라고 가르치지만, "사랑이 하나님이다"라고 가르치지는 않습니다. 왜냐면 하나님을 떠난 사랑의 의미가 잘못 정의되고 이해될 때 사랑처럼 우리를 혼란 시키는 것은 없기 때문입니다.

둘째는 필레오, 혹은 필리아의 사랑으로 친구 간의 우애를 의미합니다. 필리아는 제한된 범위 안에서만 아름다울 수 있습니다. 친구 간의 사랑입니다. 사람이나 학문, 지혜를 사랑한다고 할 때도 이 단어를 사용합니다. 철학이라는 단어가 영어로 philosophy인데, 이 단어가 바로 philea + sophia(지혜)의 합성어입니다. 마음에서 우러나오는 사랑이고, 숭고한 사랑으로 간주됩니다.

셋째는 스토르게(Storge)사랑으로 부모가 자녀를 아끼는 것과 같은 자연적인 애정(natural affection)을 뜻하나 이기심의 영역을 벗어나지 못한 것으로 자기 자식은 사랑하나, 다른 자녀에게는 지극히 냉담하고 무관심한 자세를 갖게 되는 사랑입니다. 이상에 언급한 인간적 사랑(에로스, 필리아, 스토르게)은 그 본질에 있어서 치명적인 약점과 한계를 갖고 있습니다. 이기적이며, 감정적이고, 불평등하고, 인간은 사랑을 목적으로 대하기보다. 수단이나 방편으로 대하며, 때때로 진리와 정의를 거부하고, 순간적이며 기복이 심하여 상대방에게 상처를 줄 때가 많습니다.

넷째는 아가페(Agape) 사랑으로 신약성경에만 기록된 새로운 창조적 언어로 무려 116회나 사용되었는데 그 자체를 정의하기보다 성경의 어떤 문맥 속에서 어떻게 사용되었는지를 상고해 보아야 의미를 바르게 할 수 있습니다.

"하나님이 세상을 이처럼 사랑(Agape)하사 독생자를 주셨으니"(요 3:16)의 말씀으로 우리를 구원하기 위해 자기의 독생자 예수 그리스도를 십자가에 내어 주신 희생적 사랑을 의미합니다.

또한 "자기 사람들을 사랑하시되 끝까지 사랑(Agape)하시니라"(요 13:1-5)로 변함없는 사랑을 의미합니다. "사람이 친구를 위하여 목숨을 버리면 이에서 더 큰 사랑(Agape)이 없느니라."(요15:13)는 말씀으로 예수님이 소외되고 버림받는 쓸모없는 사람들을 친구로 여겨 목숨을 버리기까지 사랑하듯, 사랑받을 자격조차 없는 사람들을 사랑하는 그럼에도 불구하고의 사랑입니다. 사랑은 결코 추상적일 수 없으며 사랑은 구체적인 섬김의 행동이 있어야 합니다.

성경이 말씀하는 아가페 사랑은 구체적인 섬김으로 행동하는 사랑입니다. 사실 인간에게는 에로스의 사랑도, 필레오의 사랑도, 스토르게의 사랑도 필요합니다. 그러나 이 사랑들은 아가페 사랑을 통해서만 비로소 위대함과 온전한 아름다움을 완성할 수 있습니다. 그런데 우리가 분명히 기억해야 할 것은 "아가페 사랑은 성령의 열매"(갈5:22)라는 사실이며 예수님은 "성령의 충만을 받아"(행10:38) 사랑을 온전하게 하셨다는 사실을 마음에 깊이 새겨야 합니다.

성령으로 충만할 때만 우리는 성령의 열매(갈5:22)로 아가페 사랑을 할 수 있습니다.

1) 성령의 열매로 맺어지는 아가페사랑은 오래 참는 것입니다
(고전13:4).

직역하면 "분노하기까지 오래 걸린다", 다시 말하면 쉽게 화내지 않고 인내한다는 뜻입니다. 단순히 기다리는 인내가 아니라 상대의 잘못과 연약함, 도발과 실수에도 불구하고 쉽게 포기하지 않으며 오래 참는 태도를 말합니다. 하나님께서 우리에게 보여주신 사랑이 바로 이런 사랑입니다. 하나님은 우리가 죄를 지어도 즉각적으로 벌하지 않으시고 회개할 기회를 주시며 오랫동안 참아 주십니다.

그래서 이 말씀은 상대가 잘할 때만 사랑하는 것이 아니라, 어렵고 힘들 때도 포기하지 않는 인내의 사랑을 강조합니다.

부부 관계에서 배우자가 실수하거나 기대에 못 미칠 때 비난보다는 참으며 기다리는 태도가 바로 이 사랑입니다. 부모와 자녀 관계에서 자녀가 부모의 뜻대로 자라지 않더라도 쉽게 포기하거나 화내지 않고 지속적으로 기다리며 기도하는 사랑이 여기에 해당합니다. 교회 공동체에서 성도 간에 갈등이 생기거나 상처를 주고받을 때, 분열되기보다는 오래 참고 하나 됨을 위해 애쓰는 마음이 이 사랑입니다. 직장에서 동료나 상사가 부당하게 대할 때, 즉각적으로 감정적으로 대응하지 않고 끝까지 품고 인내하며 선으로 악을 이기려는 태도입니다.

결론적으로, 고린도전서 13장 4절의 "사랑은 오래 참는다"는 감정적 인내만을 의미하지 않고, 의지적으로 끝까지 책임지며 포기하지 않는 사랑의 태도를 말합니다. 바로 이런 사랑이 예수님이 우리에게 보여주신 사랑의 모습입니다.

2) 성령의 열매로 맺어지는 아가페사랑은 온유합니다 (고전13:4).

성경에서 사용되는 온유하다는 뜻은 무기력이나 연약함을 의미하지 않습니다. 철학자 아리스토텔레스는 "사람은 누구나 화를 낼 줄 안다. 그러나 정당한 대상을 향하여 정당한 정도와 정당한 방법으로 화를 낼 줄 아는 사람이 온유한 사람이다."라고 했습니다. [온유]에 해당하는 헬라어는 [프라우테스] 입니다. 이것은 야생동물의 성품을 일컫는 단어입니다. 온유란 거칠고 난폭한 성품이 길들여져서 따뜻하고 부드러운 성품으로 바뀌게 된 것을 말합니다.

"즉 야성은 살아있지만 완벽히 길들여진 성품"을 말합니다. 하나님께서는 "모세는 온유함이 지면의 모든 사람보다 더하더라."(민12:3)고 했습니다. 모세는 본래 분노를 조절하지 못하는 사람이었습니다(출2:12). 그런데 하나님의 오랜 만짐과 은혜로 거센 비난과 권위에 도전하는 형 아론과 누이 미리암을 온유함으로 하나님께 맡기는 사람이 되었습니다. 온유한 사랑은 상대가 부족하거나 상처를 줄 때도 그에게 상냥하게 대하며, 품어주고, 돕고, 격려하는 태도로 나타납니다. 하나님은 우리가 친절과 관용으로 사랑을 실천하기를 원하십니다. 예수님께서도 이 땅에서 항상 온유하고 친절한 모습으로 사람들을 대하셨습니다.

가족이 잘못했을 때 짜증을 내기보다 부드럽게 말하며 도와주려는 태도가 온유한 사랑입니다. 새로 온 성도나 연약한 사람들에게 친절하게 다가가고 도움의 손길을 내미는 것이 바로 온유한 사랑입니다. 불친절하거나 거친 사람을 만났을 때 맞대응하지 않고, 부드러운 말과 태도로 대하는 것이 사랑의 온유함 입니다.

결론적으로, "사랑은 온유하다"는 말은 단순히 마음만 따뜻한 것이 아니라, 실제로 친절한 말과 행동으로 사랑을 표현하는 것을 뜻합니다. 사랑은 결코 거칠거나 무례하지 않으며, 언제나 상대방에게 유익하고 따뜻한 태도로 다가가는 힘을 가집니다. 바로 이것이 예수님께서 보여주신 참된 사랑의 모습입니다.

3) 성령의 열매로 맺어지는 아가페사랑은 투기(시기)하지 않습니다
(고전13:4).

[투기]는 희랍어로 [젤로이]입니다. 타인이 내가 갖지 못한 것을 소유하거나, 내가 이루지 못한 일을 성취했을 때 그 상황과 사람에 대해 느끼는 총체적 부정의 감정입니다. 투기의 가장 파괴적인 결과는 하나님을 향한 원망의 마음입니다. 예수님께서 구원의 공평성을 가르치실 때 사용하신 품

꾼의 비유를 보면 "일한 시간이 다름에도 주인이 모두 동일한 품삯을 나눠 주자 아침 일찍 부름 받은 품꾼에게 투기하는 마음"(마20:1-16)이 생겼습니다. 감사하던 마음은 사라지고 주인에 대한 원망이 생겼습니다. 그런데 참된 사랑은 투기하지 않습니다.

사울 왕은 모든 것을 가졌는데 다윗을 시기함으로 모든 것을 잃었습니다. 하나님은 각자 각자에게 주신 것이 있고, 주지 않은 것이 있습니다. 행복한 사람은 주신 생명나무를 즐거워하고 주지 않은 선악과를 시기하지 않아야 합니다. 남이 가진 것을 시기할 때 불행이 시작됩니다. 성령의 역사하심으로 하나님이 우리에게 주신 것을 생각하며, 이웃의 행복에 이바지하고자 할 때 행복해집니다.

4) 성령의 열매로 맺어지는 아가페사랑은 자랑하지 않습니다
   (고전13:4).

세상 사람들은 돈 자랑, 자식 자랑, 남편 자랑, 학벌 자랑, 미모 자랑, 건강 자랑, 권력 자랑, 능력자랑으로 날 새는 줄 모를 정도입니다.

[자랑하다]라는 말의 의미는 희랍어로 [페르페르유에타이]라고 되어 있는데 "다른 사람들에게 자기를 돋보이게 하기 위해서 무엇인가 부풀려서 말하는 것"을 의미합니다. 투기의 초점이 상대방에게 있다면 자랑의 초점은 자신에게 있습니다. 투기는 타인의 업적을 무로 돌리고, 자랑은 자기의 업적을 극대화 시킵니다. 예수님의 탁월한 삶의 질 가운데 하나가 자기 자랑이 전혀 없으셨다는 사실입니다. 큰 표적이나 놀라운 사건 이후에 무리를 피하여 한적한 곳으로 숨으시던 예수님은 불치의 병자들을 고친 후에도 '아무에게도 말하지 말라'고 함구령을 내리시던 예수님의 인격은 심오한 깊이를 소유하고 계셨습니다.

우리가 남보다 더 열심히 살았고, 더 헌신적인 봉사를 하여 큰일을 성취했다 해도 우리의 능력이나 노력을 자랑할 수 없는 것은, 모든 것이 하나님의 은혜 때문이기에 하나님의 위대한 사랑을 자랑해야 합니다. 하나님의 초월적 사랑이, 자격도 없는 비천한 우리에게 어떻게 미치게 되었는지를 십자가만이 설명해줄 수 있습니다.

'그러나 내게는 우리 주 예수 그리스도의 십자가 외에 결코 자랑할 것이 없으니'(갈6:14)십자가를 자랑해야 합니다. 우리의 자랑거리는 오직 예수님을 아는 지식을 인하여 모든 것을 배설물로 여기게 된 간증이 있을 뿐입니다(빌3:7-9).

5) 성령의 열매로 맺어지는 아가페사랑은 교만하지 않습니다
(고전13:4).

[교만]이란 낱말의 뜻은 '자만심으로 툭 튀어나온 부풀림의 상태'를 의미하는 말입니다. 자기 자랑이 지나치면 교만이 됩니다. C, S 루이스는 "교만은 인간이 범할 수 있는 가장 무서운 죄"라고 말했습니다. 교만할수록 마귀를 닮고 겸손할수록 주님을 닮게 됩니다. 특별히 성경은 교만에 대하여 많은 말로 경고하고 있습니다. "교만은 패망의 선봉이요 거만한 마음은 넘어짐의 앞잡이니라"(잠16:18) 교만은 광명의 천사인 루시퍼를 사단으로 타락하게 했고, 하와가 시험에서 실패한 것도, 광야에서 하나님의 선지자 모세를 실족하게 했던 것도 바로 교만 때문이었습니다.

우리는 자신을 높이는 대신에 자신이 누구였는가를 기억하고 항상 겸손한 마음으로 주님과 사람을 섬겨야 합니다. 스스로 자신을 높이는 것을 구하는 대신에 주님의 모습이 더 드러나고 주님께 유익이 되면 만족해야 할 것입니다. 그럴 때 주님은 우리를 높이고 귀하게 만들어 가십니다. 교만에는 비교의식이 내재되어 있습니다. 다른 사람보다 더 부유하거나 더 똑똑하다고 생각하기 때문에 교만한 것입니다.

'교만'으로 번역된 단어 '퓌시우타이'(physioutai)는 "스스로 남들보다 더 많이 안다고 여기며 남을 무시하고 업신여기는 마음, 또 다소 공격적인 태도로 다른 이들보다 자신이 더 우월하다는 것을 보여주려는 태도"를 의미합니다. '자신이 더 우월하다는 것을 보여주려는 태도'는 흔히 자기 존중감이 부족할 때 겉으로 드러납니다. 자신의 모습이 보 잘 것 없고 무가치하다고 여길 때 남들 앞에서 자기 자신을 과장되게 드러내려고 합니다. 사람들에게 주목받고 싶어서 끊임없이 자기 자신을 내세워 사람들 중심에 서고자 애씁니다. 사람들에게 사랑과 존경을 받기 위해 자기 자신을 내세우는 교만한 행동은 오히려 사람들을 자신에게서 멀어지게 만들 뿐입니다.

6) 성령의 열매로 맺어지는 아가페사랑은 무례히 행치 않습니다
   (고전13:5).

'무례'라는 말의 뜻은 한문으로 써놓고 보면, 없을 무(無)에 예의 례(禮)입니다. 예의가 없는 것입니다. 그리스어로는 '스키마'라고 하는데, 마음이 교만하여 남을 무시하고 경멸하고, 멸시하는 사람입니다. 높은 사람에게는 비굴한 태도를 가지고, 낮은 사람에게는 오만한 태도를 가지는 사람이 무례한 사람입니다.

[무례하다]라는 말은 본래 "공적 상황에서 질서를 범하므로 그 사람의 태도의 아름다움이 깨어진 상태"를 뜻합니다. 그러나 참된 사랑이 있는 곳에서 무례한 태도는 극복됩니다. 우리는 종종 주변에 소위 신앙을 빙자하여 그리스도인의 교제 속에서 무례함을 나타내는 성도들을 볼 수 있습니다. 이것은 참 신앙인의 모습이 아닙니다. 영어에서는 [예절]이라는 말이 코티어스((courteous)란 단어로 쓰여 졌는데 이는 본래 "궁중(court)에서의 왕자의 예절"을 가리키는 말이었습니다.

그리스도인들이야 말로 진정한 의미에서의 왕자들입니다. 우리는 그리스도인이기에 오히려 더 예의 바른 삶의 규모와 태도를 언행에서 나타내야 합니다. 사랑은 무례히 행치 않습니다. 상대방을 존중할 줄 모르고, 이해할 줄 모르고, 자기 잘난 척만 하기에 오늘 우리 가정과 사회가 갈등과 원망과 불화가 그치지 않고 있습니다.

　무례함은 상대방의 마음에 상처를 주고 관계를 멀어지게 합니다. 반면 진정한 사랑은 상대를 존중하며 관계를 지키려는 마음을 가집니다.

　예수님도 사람들을 대하실 때 늘 존중과 예의를 지키셨고, 특히 연약한 자들을 따뜻하게 품으셨습니다. 배우자나 가족에게 거친 말이나 태도로 대하지 않고, 언제나 예의를 갖추고 존중하는 태도가 사랑입니다. 다른 성도의 의견이나 사정에 대해 함부로 판단하거나 무시하지 않고, 겸손하게 경청하며 배려하는 태도가 사랑입니다. 동료나 상사, 또는 부하 직원에게 비하하거나 깔보는 말을 하지 않으며, 상황에 맞게 품위 있게 말하고 행동하는 것이 사랑입니다.

7) 성령의 열매로 맺어지는 아가페사랑은 자기 유익을 구치 않습니다 (고전13:5).

　"구한다"라는 헬라어 "제이테오"는 "애쓴다." "찾아다닌다."로 번역되는데 자기 이익을 위해서는 적극적으로 노력한다는 뜻으로, 자기를 명예롭게 한다든가, 자기에게 이익이 되거나 자신에게 도움이 되는 일이라면 물불 안 가리고 맹렬하게 추구하는 것을 뜻합니다. 자신의 유익을 구하는 자의 문제는 자기의 유익을 구하느라 점점 다른 사람의 유익에는 별 관심이 없어진다는 것입니다. 그래서 자기의 유익을 구하려는 그 마음은 너무나 쉽게 남에게 피해를 끼치는 자리로 나아가는 것입니다.

　남은 망하더라도 자신만 잘 되면 된다는 이기심이 그 사람의 인생을 사로잡습니다.

　그러면 이 사람은 사기꾼도 될 수 있고, 철저한 거짓말쟁이도 되며 나아가 도둑도 될 수 있는 것이요, 심지어 살인자도 되는 것입니다.

　'자신의 유익을 구하는 자'에 대한 특징이 몇 가지 있습니다.

　첫째는 자기의 유익을 구하는 자의 특징은 자비가 없고 덕이 없습니다.

그래서 남이 실수할 때 쉽게 용서하지 않습니다. 이러한 자들은 권력에 아첨하지만 약자들에게는 포악한 것이 특징입니다.

둘째는 자신의 유익과 관계가 없는 모든 관계와 사건에 관하여 심한 무관심을 보이는 것이 특징입니다.

셋째는 자기의 유익을 구하는 사람의 특징은 끊임없이, 자기가 하고 싶은 데로 하려는 경향이 진하다는 것입니다. 따라서 자신의 뜻이 관철되지 않으면 모든 책임을 갑자기 포기하고 도망가는 것이 특징입니다. 이들은 사소한 의견에서도 양보하지 않고, 의견이 다르면, 언제나 자기주장대로만 밀고 나갑니다. 막무가내요 고집불통입니다. 이 모든 것이 바로 자기의 유익만을 구하는 사람들의 특성이요 습성인 것입니다.

버나드 라는 신학자는 "사람이 성령의 통치를 받지 않으면 그는 자신의 육체가, 욕심의 노예가 된다."고 했습니다. 성령의 열매로 맺어지는 참 사랑은 자기의 유익을 구하지 않고 상대의 유익을 생각하는 것입니다.

8) 성령의 열매로 맺어지는 아가페사랑은 성내지 않습니다
　　(고전13:5).

[성낸다는 말은 헬라어로 [파록수노]인데 본래 '인간관계에서 누군가를 향해 갑작스럽게 자기의 분노의 감정을 폭발 시킨다.'는 뜻입니다. 이 말은 주로 내게 대한 타인의 악담, 비방 혹은 악행에 대한 일체의 부정적 반응을 의미합니다.

사랑은 쉽게 화를 내지 않으며, 누군가의 말이나 행동에 빠르게 격분하거나 흥분하지 않습니다. 이 말은 화 자체를 무조건 억제하라는 뜻이 아니라, 감정이 상할 만한 상황에서도 절제하고 통제하는 태도를 강조합니다.

분노는 관계를 깨뜨리고, 갈등을 심화 시킵니다. 야고보서 1장 20절에서도 "사람의 성내는 것이 하나님의 의를 이루지 못함이라"고 말합니다.

참된 사랑은 감정에 휘둘리지 않고, 상대방을 해치는 분노를 삼가는 마음으로 관계를 지켜 나갑니다.

상대방이 실수를 하거나 마음에 들지 않는 말을 할 때 즉각적으로 감정적으로 반응하지 않고, 상황을 차분히 풀어가는 태도가 사랑입니다. 자녀가 속을 썩일 때 순간적으로 욱하지 않고, 인내하며 훈계하고 대화하려는 모습이 사랑입니다.

서로의 의견 차이로 갈등이 생길 때 목소리를 높이거나 비난하지 않고, 온유하게 문제를 해결하려는 태도가 사랑입니다. 부당한 일을 당했을 때 즉각적으로 화내지 않고, 냉정하고 합리적으로 대처하는 태도가 사랑입니다.

9) 성령의 열매로 맺어지는 아가페사랑은 악한 것을 생각지 않습니다 (고전13:5).

여기서 '생각'이라는 말은 헬라어로 "로기조마이"라는 단어인데 본래 '계산된 것을 보관하다'는 뜻입니다. 그리하여 '악한 것을 생각한다.'는 말은 남이 내게 입힌 피해나 상처의 기록을 보관하여 두고, 읽고 또 읽고, 생각하고 또 생각한다는 의미입니다.

사랑은 상대방의 잘못을 기억하며 복수심을 품거나 미워하지 않습니다. 상대방이 실수하거나 나쁜 행동을 했더라도 그것을 계속 마음에 새기고 원망하거나 되갚으려 하지 않습니다. 우리는 종종 누군가에게 상처를 받으면 그 일을 계속 마음에 새기고 잊지 않으려는 경향이 있습니다. 그러나 참된 사랑은 용서하고 덮어주며, 과거의 잘못을 계속 끄집어내지 않습니다.

하나님께서도 우리가 회개할 때 우리의 죄를 "다시는 기억하지 않겠다"고 하신 것처럼(히브리서 8:12), 우리도 같은 마음으로 사랑해야 합니다.

배우자에게 예전에 있었던 잘못을 계속 들먹이거나 마음에 쌓아두지 않고, 진심으로 용서하며 새로운 마음으로 관계를 유지하는 태도가 사랑입니다. 자녀의 실수를 오래 마음에 담아두지 않고, 훈계하되 미움 없이 용서하는 마음이 사랑입니다. 상처를 받았을 때 그것을 계속 마음에 새기지 않고, 주님 안에서 화해하고 하나 됨을 추구하는 모습이 사랑입니다. 동료나 상사가 나에게 잘못했더라도 계속 미워하거나 복수하려 하지 않고, 최대한 용서하고 덮어주려는 태도가 사랑입니다.

10) 성령의 열매로 맺어지는 아가페사랑은 불의를 기뻐하지 않습니다 (고전13:6).

불의(不義)란 범죄의 결과입니다. 불의란 말은 본래 헬라어로 "아디키아(adikia)"인데 '율법을 깨뜨린 것'을 말합니다.

사랑은 상대방을 한없이 포용하고 받아들이지만 불의를 기뻐하지는 않습니다. 모든 것을 받아들일 수 있지만 불의한 것에 대해서는 단호히 거부합니다. 사랑을 품위 있게 만드는 것은 불의를 거부하고 진리를 사랑하는 마음입니다.

자녀를 향한 사랑도 그렇습니다. 무조건하고 자기 자녀를 감싸고 편든다고 하여 사랑이 아닙니다. 그것은 눈먼 사랑이며 자녀의 인생을 망치는 것입니다. (삼상2:22-25) 히브리서에서는 "주께서 그 사랑하시는 자를 징계하시고 그의 받으시는 아들마다 채찍질하심이니라"(히12:6)고 말씀하고 있습니다. 진정한 사랑은 자녀의 불의와 잘못에 대해서 징계할 줄 아는 사랑입니다. 책망할 때는 자기감정이 들어가서는 안 됩니다. 충분히 설명해주어야 합니다. 그리고 책망할 때는 단호하게 해야 합니다.

교회는 사랑과 위로가 있는 곳이 되어야 합니다. 그러나 교회는 또한 거룩한 곳이 되어야 합니다. 불의에 대해서는 단호한 태도를 보여주어야 할 곳이 바로 교회입니다. 현대 교회가 힘을 잃고, 세상 사람들로부터 업신여김을 당하는 까닭은 교회가 스스로 거룩함을 상실했기 때문입니다. 모든 죄,

모든 불의는 하나님을 슬프게 합니다. 사랑은 불의를 기뻐하지 않습니다.

11) 성령의 열매로 맺어지는 아가페사랑은 진리와 함께 기뻐합니다 (고전13:6).

사랑을 표현할 때 흔히 "눈이 멀었다"고 합니다. 사랑은 눈이 멀어서 다른 것은 보이지 않고 그 상대방만 보입니다. 그러나 온전한 사랑은 눈이 가리워지는 사랑이 아닙니다. 사랑하면서도 참과 거짓, 옳고 그름을 분명히 보아야 합니다.

진리를 보지 못하는 사랑은 서로를 죽음과 파멸로 이끕니다. 맹목적인 사랑은 사랑의 그 지순함을 칭찬할 수는 있지만 서로를 살리는 사랑이 아닙니다. 사랑하면서도 상대방을 온전히 볼 수 있는 것 이것이 진리와 함께 하는 사랑입니다.

사람들은 현실을 제대로 보지 못합니다. 그들은 자기들이 믿고 싶고, 보고 싶은 것 만을 보려고 하기 때문입니다. 진리는 온전히 보는 것입니다.

진리를 보지 못하는 사랑은 흔히 부모의 자녀 사랑에서 나타날 수 있습니다. 자녀가 잘못된 성격이나 방향으로 나가고 있는데도 그것을 보지 못합니다. 주변 사람들은 '어 저러면 안 되는데 저렇게 키우면 안 되는데' 해도 본인만 모른 채, 인정하려 하지 않습니다. 버릇없는 아이, 남에 대한 배려가 없는 이기적인 아이, 폭력적이거나 아니면 자기 세계로만 빠져드는 아이가 있으면 부모는 최대한 객관적으로 자기 자녀를 보려는 노력이 필요합니다. 내 자식은 그렇지 않겠지 하지만 그러는 사이 아이는 성격이나 태도가 그렇게 고착되고 맙니다.

남녀 간 사랑도 마찬가지입니다. 진리 앞에 서는 사랑이 되어야 합니다. 우리는 서로 사랑하는데 상대방에 대해서 성품과 성장과정을 알며, 사랑하려 하지 않습니다. 상대방이 가진 장점만 사랑하거나, 나에게 필요한 것만 채우려 합니다. 우리가 사랑하는 사람은 장점만 가진 부분적 인간이 아닙니다. 내 필요만 채워주는 소모품도 아닙니다. 약점과 강점, 훌륭한 것과 허물이 함께 어울려 온전한 한 인간이 됩니다. 그 사람 머리만 사랑하거나 그 사람 손이나 심장만 사랑할 수 없습니다. 진리와 함께 하는 사랑은 그 허물까지도 껴안는 사랑입니다.

12) 성령의 열매로 맺어지는 아가페사랑은 모든 것을 참습니다
   (고전13:7).

[참음]은 무엇보다 '인간관계에서의 인내'를 가리킵니다. 본래 여기서 사용된 단어 헬라어 "스테고"는 원래 '....으로 덮어준다.'는 뜻입니다. 사랑은 인간관계에서 발견된 상대방의 약점이나 허물에도 불구하고 그 모든 것을 덮어주고 인내하는 교제를 뜻합니다. 인간의 마음 속 깊은 곳에는 누구나 남의 잘못한 것을 고발하고 싶어 하는 본능이 있습니다. 인간은 남의 허물을 동정하는 대신 즐깁니다. 참된 사랑은 이웃의 허물이나 결함을 인내하며 그의 변화를 기도하며 기다려주는 덕입니다. 우리가 사랑의 특성을 이야기하며 첫째로 '사랑은 오래 참고'를 이야기했는데 여기서 '모든 것을 참고'는 '오래 참는다.'는 말보다 훨씬 더 적극적인 의미를 내포합니다. 여기서 [참고]는 덮어준다는 뜻이라고 말씀드렸는데 '덮어주되 자기가 그 짐을 대신 짊어지고 상대의 허물을 간과(看過)한다.'는 뜻이 있습니다. 누군가 내 주변의 형제에게 도덕적 실수가 발견되었을 때 그 아픔의 짐을 함께 지고 아파하면서 '그의 회복을 도우라'는 뜻입니다. 그것이 진정한 사랑입니다. 인내입니다. 사랑은 모든 것을 참습니다.

죄를 덮어준다는 것은 단순히 죄를 지적하고 안 하고의 문제가 아닙니다. 죄인을 얼마나 사랑으로 가슴에 품고 있느냐 의 문제입니다. 사랑은 결코 옳고 그름을 분별하고 지적하여 정의를 세우는 일의 중요함을 부정하지 않습니다. 예수님은 결코 죄 자체를 품지 않으셨습니다. 어떤 모양으로 든지 죄는 분명히 죄라고 밝히셨습니다. 그러나 예수님은 죄인을 진실로 사랑하고 마음으로부터 품으셨습니다. 다만 이렇게 죄를 진실로 덮어주면서 죄를 지은 사람의 형편에 따라 그를 다르게 대했습니다. 때론 일단 죄인을 품어 줌으로 두려움에서 벗어나게 하신 후 따끔하게 죄를 지적하십니다. 간음하다 현장에 잡힌 여인에게 그렇게 하십니다(요8:11).

사랑은 다른 사람들의 허물과 죄를 덮어주는 능력입니다. 이 사랑은 오직 위로부터 성령으로만 올 수 있습니다. 하나님께 사랑의 마음을 주시기를 간절히 구해야 합니다.

**13) 성령의 열매로 맺어지는 아가페사랑은 모든 것을 믿습니다
   (고전13:7).**

이 말씀은 결코 우리에게 맹목적인 믿음을 가르치는 것은 아닙니다. 사랑은 결코 현실을 환상적으로만 접근하지는 않습니다. 참된 사랑 안에 거할수록 사실 우리는 현실을 진정한 현실로 바라보는 안목을 갖게 됩니다. 그래서 성경은 인간의 죄나 속임수, 부패성, 절망을 사실 그대로 조명하면서 그러기에 이 세상과 인간은 하나님의 사랑이 없이는 구원될 수 없다고 가르치는 것입니다. 그리고 이 사랑이 임할 때 인간에 대한 절망이 새로운 소망으로 바뀔 수 있다는 것을 성경은 가르칩니다.

어떤 주경학자는 이 구절에서 [믿는다]는 말을 '이웃에게 속는 줄 알면서도 그에 대한 궁극적인 신뢰의 자세를 포기하지 않는 믿음'이라고 설명했습니다. 왜냐하면 그를 사랑하고자 하기 때문입니다.

이 사랑은 예컨대 어머니의 사랑 같은 것입니다. 집을 뛰쳐나간 탕자를 둔 어머니에게 이웃과 친척들이 '이제는 그만 죽은 자식으로 알고 귀향에 대한 기다림을 포기하라'고 종용하지만 어머니는 '그 애는 반드시 돌아올 거에요.'라고 말하며 믿음으로 기다립니다. 또 불신자 남편을 두고 그를 위해 불철주야 기도하는 아내의 사랑 같은 것입니다. 누가 보아도 그 남편이 믿음을 가질 가망이 없어 보입니다. 그러나 아내는 우리 남편은 반드시 믿

을거에요! 이 아내는 남편을 사랑하기 때문에 믿는 것입니다. 사랑은 모든 것을 믿습니다.

한 걸음 더 나아가 여기에서의 [믿음]은 '최악의 상황 속에서도 상대방의 최선을 믿는 것'입니다. 이 믿음이야 말로 복음을 증거하고자 하는 모든 그리스도인에게 반드시 요구되는 믿음입니다. 우리는 이런 믿음의 태도를 예수님에게 배워야 합니다. 연약하고 불안정하고 미숙하기만 한 시몬 그를 처음 만났을 때 주님은 베드로를 향해 '네 이름을 게바(베드로=반석)라 하리라' 베드로에게 이 반석(이 육중하고 안정된 견고함의 이미지를 지닌 바위)의 별명이 어울릴까요? 이것은 인간 시몬에 대한 예수님의 믿음이었습니다. 부활을 목격하고도 다시 어부로 돌아간 베드로를 찾아와 끝까지 사랑으로 녹여(요21장) 마침내 이 사랑으로 인해 그는 초대 교회의 반석이 될 수 있었습니다.

14) 성령의 열매로 맺어지는 아가페사랑은 모든 것을 바랍니다
    (고전13:7).

사랑함으로 참고, 사랑함으로 믿고, 사랑하기에 바랍니다. 그러나 그리스도인의 바램, 그리스도인의 희망의 본질은 단순한 소원에 근거한 것이 아닙니다. 그것은 하나님의 사랑의 약속에 근거하고 있는 것입니다. 그것은 하나님의 섭리에 대한 신뢰에 근거하고 있는 것입니다. '하나님을 사랑하는 자 곧 그 뜻대로 부르심을 입은 자들에게는 모든 것이 합력하여 선을 이루는 것'(롬8:28)을 믿기 때문입니다.

우리는 하나님 안에서 바랍니다. 우리의 환경은 희망을 이루는 과정이며 희망의 원동력은 사랑입니다. 바울사도는 이 진리를 로마서 3장 3-4절에서 탁월하게 설명하고 있습니다. '.... 환난은 인내를 인내는 연단을 연단은 소망을 이루는 줄 앎이로다.' 그러므로 그는 환난 중에서 즐거워합니다. 즉 오늘의 환난은 내일의 소망의 성취를 가져올 것을 믿기 때문입니다. 그러나 그 성취를 누가 보장할 수 있을까요? 또 바랄 수 없는 중에 바라고 즐거워하는 내면의 힘을 어떻게 얻을 수 있을까요?

로마서 5장 5절에서 바울사도는 '소망이 부끄럽게 하지 아니함은 우리에게 주신 성령으로 말미암아 하나님의 사랑이 우리 마음에 부은 바 됨이니' 성령으로 말미암아 우리 마음속에 부어진 하나님의 사랑(아가페)이 소망을 가능하게 하는 것입니다. 성령의 열매로 맺어지는 참 사랑은 하나님의 섭리를 믿음으로 모든 것을 바랍니다.

15) 성령의 열매로 맺어지는 아가페사랑은 모든 것을 견딥니다 (고전13:7).

[견딤]이라는 단어는 지금까지 사용된 [참음]이란 단어보다도 훨씬 더 강력한 단어입니다. 이것은 온갖 환경의 중압감 아래서도 흔들림 없이 버티고 서있는 모습을 가리킵니다. 어떤 설교가는 '비록 희망이 끊어질 때에라도 여전히 견디는 것'이라고 말했습니다. 설혹 그 희망이 사라진다 해도 사랑의 사람은 계속해서 견디고 서 있을 수 있다는 말입니다. 그래서 어떤 이는 이 구절을 의역하기를 '사랑은 모든 것에도 불구하고 여전히 남아 있다'라고 말했습니다. 사랑하기 때문입니다. 이 세상 무엇보다 가장 끈질긴 것 그것은 바로 사랑입니다. 사랑은 결코 죽지 않습니다. 참된 사랑은 '마지막'이란 선언을 받아들일 줄 모릅니다. 사랑은 견딥니다. 어떤 상처도, 실패도, 절망도, 눈물도, 좌절도 견딥니다. 사랑은 모든 것을 견딥니다.

에리히 프롬은 사랑의 성숙 구도에 대해 "유치할 때에는 내가 사랑받으니까, 남을 사랑한다. 그러나 성숙하게 되면, 내가 사랑하여 비로소 사랑을 받는다."고 말하였습니다. 사랑받는 것보다 사랑하는 것이 먼저라는 것입니다. 사랑하는 것은 원인이요, 사랑받는 것은 결과라는 것입니다.

또한 성숙한 사람과 유치한 사람은 사랑하는 동기에 있어서도 차이가 있습니다. 유치한 사람은 "내가 너를 필요로 하기 때문에 내가 너를 사랑한다."는 것입니다. 사랑할 조건이 있기 때문에 사랑한다는 것입니다. 그러나 성숙한 사람은 "내가 너를 사랑하기 때문에 네가 필요하다"는 것입니다. 다시 말해서, 상대방이 나에게 필요한 존재이기 때문에 사랑하는 것이 아니라, 먼저 내가 그를 사랑하기 때문에 그 사람이 나에게 필요하다는 것입니다.

권면: 우리들이 사람들을 사랑하는데 실패하고 큰 상처를 받는 이유가 하나님과 깊고 뜨거운 사랑을 나누지 않기 때문입니다. 사랑에는 의지가 필요합니다. 그러나 사랑은 의지만으로 할 수 없습니다. 하나님과의 뜨거운 사랑을 통해, 하나님의 사랑이 내 심령에 흘러 넘쳐 합니다. 그래야 사람을 사랑할 수 있습니다. 하나님 사랑의 깊이와 높이와 넓이와 길이를 알고 누리는 만큼만 사람을 사랑할 수 있습니다. 사랑하려고 힘쓰고 애쓰기 전에 나를 향한 하나님의 위대한 사랑을 생각하며 나를 힘들게 하는 사람도 하나님의 위대한 사랑을 알기 원하는 간절한 마음으로 "말씀에 의지하여" 지속적으로 뜨겁게 중보 기도하는 것이 정말로 확실히 중요합니다.

중보기도 없이 하는 사랑은 우리 혼자서 하는 사랑이기에 너무 힘들고 지속하지 못하지만 중보기도 하면서 하는 사랑은 성령님과 함께 하는 사랑이라서 사랑의 능력이 나타납니다.

욥은 "고난의 때에 하나님의 십자가 사랑을 눈으로 보고"(욥42:5) "친구들을 위하여 중보기도"(욥42:10)할 때 하나님이 욥을 축복하였을 뿐만 아니라 자신을 괴롭혔던 친구들을 이전보다 더 사랑할 수 있었습니다.
분명한 것은 인간의 의지만으로는 사람을 사랑할 수 없기에 중보기도를 통해 성령님과 함께 사랑해야 합니다. 성령의 도우심으로 사랑해야 합니다. 사람을 사랑할 강한 의지를 갖고 성령의 도우심을 간절히 갈망해야 합니다. 성령님께서 하나님의 은혜를 알게 해 주시고, 좋은 점을 보게 하시고, 사랑의 마음을 주실 때 "그럼에도 불구하고 사랑"(고전13:4-7)할 수 있게 됩니다.

제 10 장

고난과 행복

제 10 장 고난과 행복

고난의 태도(벧전2:19-21, 벧전5:7-11)

예수님을 구주로 영접하고 하나님의 자녀가 되면 하나님이 친히 성령으로 우리 안에 오셔서 사랑으로 축복으로 역사하시는데 왜 우리에게 고난이 있는가? 이것은 모든 그리스도인들이 갖고 있는 공통된 의문일 것입니다. 사실 인간과 고난은 분리해서 논할 수도 생각할 수도 없습니다(롬 8:28).

그래서 세계적인 실존주의 철학자 키에르케고르(S. A. Kierkegaard)는 데카르트(R. Descartes)의 '나는 생각한다. 고로 내가 존재한다.'라는 말을 조금 바꾸어 '나는 고통 당한다. 고로 내가 있다(I struggle, therefore I am)'라고 하였고, 인도의 위대한 지도자 간디(M. K. Gandhi)는 "고난은 생명의 한 원리이다" 라고 하였습니다. 이처럼 고난이 없는 생은 상상할 수 없습니다. 어찌 보면 고난은 인간이 살아있다는 증거일지도 모르겠습니다. 이렇듯 대부분의 사람들은 태어나 서부터 죽을 때까지 수많은 고난과 실패 속에 살게 됩니다.

고난은 어떤 사람에게는 불행이고, 걸림돌이고, 아픔이고, 인생의 쓰라림 입니다. 고난 때문에 인생을 망치기도 하고, 낮은 자존감으로 스스로를 자학해 '자신과의 관계'를 망가뜨리기도 합니다.

그러나 어떤 사람에게는 고난이 축복이고 디딤돌이 되기도 합니다. 고난을 통해 하나님을 만나기 때문입니다. 하나님께서는 때때로 사람을 하나님께로 이끄시는 방편으로 고난을 사용하십니다. 고난을 통해 예수 그리스도를 진정으로 알게 하십니다. 하나님은 우리 인생의 쓰라림을 덜어 주시지는 않습니다. 하지만 우리에게 기쁨을 더해 주셔서 쓰라림을 덮어 주십니다. 쓰라림은 육의 아픔이고 기쁨은 영의 기쁨입니다. 그리스도 안에 있는 우리의 기쁨은 모든 쓰라림을 삼키고도 남음이 있습니다.

하나님은 고난과 실패를 통해 인격을 형성시키고 성숙한 인간으로 만들어 가십니다. 큰 나무는 온실 속에서 성장할 수 없고, 비바람과 모진 추위를 견디어야 하듯, 역사상 위대한 발자취를 남긴 사람들은 하나같이 고난과 실패의 긴 터널을 통과했던 사람들입니다. 고난과 실패의 때에 인생의 주인이신 창조주 하나님을 만난 사람은 더 겸손해지고, 다른 사람을 더 사랑하며, 다른 사람을 위해 더 헌신적인 삶을 살아가게 됩니다.

고난의 의미

고난은 나를 변화시키고 성숙시키기 위한 하나님의 한 방법입니다. 에디슨(Tomas A Edison)은 "고난과 실패는 건물의 기초 공사와 같다"고 했습니다. 미국의 정신과 전문의 에릭 린드맨(Erick Lindman) 박사의 설문조사에 의하면 고난을 당한 사람들의 85%는 자신의 고난이 결국 축복이 되었다고 답했다고 합니다. 그 이유로 고난 때문에 나쁜 습관을 고칠 수 있었고, 고난으로 가정과 신앙, 사랑을 회복했으며 고난을 극복하기 위해 노력한 결과 인생이 새로워졌고, 원망과 불평을 하는 삶이 아닌 감사하는 삶을 배우게 되었다는 것입니다. 이처럼 고난은 어긋나 있던 삶의 방향을 바꾸는 터닝 포인트입니다.

마치 아름다운 나비가 되기 위해서 번데기 상태를 벗어나는 고통을 겪는 것과 같은 이치입니다. 고난이 괴로운 것은 그것에 굴복했기 때문이지 그 자체 때문은 아닙니다. 고난은 위대한 잠재능력을 깨닫게 하기 위한 하나님의 인도하심입니다.

크리스토퍼 로그(Christopher logue)라는 시인은 그의 시 〈절벽 가까이로 부르셔서 (Come to the Edge)〉에서 다음과 같이 노래하고 있습니다.

> 절벽 가까이로 나를 부르셔서 다가갔습니다.
> 절벽 끝에 더 가까이 오라고 하셔서 더 다가갔습니다.
> 그랬더니 절벽에 겨우 발을 붙이고 서 있는 나를
> 절벽 아래로 밀어 버리시는 것이었습니다.
> 나는 그 절벽 아래로 떨어졌습니다.
> 그때서야 나는 내가 날 수 있다는 사실을 알았습니다.

하나님은 이처럼 우리를 절벽 끝에 서게 하심으로 내재된 잠재능력의 위대함을 깨닫게 하십니다. 독일의 대문호 헤르만 헤세(Herman Hesse)는 〈데미안〉이라는 그의 책에서 '새는 알에서 나오려고 투쟁한다. 알은 세계다. 태어나려고 하는 자는 한 세계를 깨뜨리지 않으면 안 된다. 새는 신에게 날아간다. 신의 이름은 아드락사스다.'라는 명언을 남겼습니다. 더 높고 넓은 세계로 나아가기 위한 새의 몸부림처럼 우리 주위를 둘러싸고 있는 환경을 깨는 노력을 해야 됨을 말합니다. 그러나 새는 스스로의 의지와 노력으로만 알을 깨뜨리고 나오는 것이 아니라 어미 새의 사랑에 의한 외부의 충격으로 껍질을 깨고 나오게 됩니다. 마찬가지로 인간은 하나님의 사랑의 역사로 새로운 세계에 눈을 뜨게 됩니다. 하나님은 고난이라는 충격을 통해 우리에게 새로운 영적 세계를 알게 하십니다.

고난은 영적세계에 눈을 뜨고 믿음을 크게 하기 위한 하나님의 방법입니다.

도종환 시인의 시 중에 〈흔들리며 피는 꽃〉이란 시가 있습니다.

> 흔들리지 않고 피는 꽃이 어디 있으랴

> 이 세상 그 어떤 아름다운 꽃도 다 흔들리면서 피었나니
> 흔들리면서 줄기를 곧게 세웠나니
> 흔들리지 않고 가는 사랑이 어디 있으랴
> 젖지 않고 피는 꽃이 어디 있으랴
> 이 세상 그 어떤 빛나는 꽃들도 다 젖으며 피었나니
> 바람과 비에 젖으며 꽃잎 따뜻하게 피었나니
> 젖지 않고 가는 삶이 어디 있으랴.

우리 곁에 지금 울고 있는 사람, 그리고 웃고 있는 사람들을 살펴보십시오. 그들은 모두 흔들거리며 자신의 꽃을 피워가고 있습니다. 그 영롱한 꽃봉오리도 한 때 비에 젖어 울어야 할 때가 있었습니다. 이것이 바로 인생이고 삶입니다. 질병으로 신음하다 치료하시는 하나님을 만납니다. 가슴이 아파 울부짖다 더 아파하시는 하나님을 만납니다. 소중한 사람을 잃고 목 놓아 울다가 부활의 주님을 만나 영광의 소망을 간직하게 됩니다. 이렇듯 고난을 통해 새로운 영적세계에 눈을 뜨게 됩니다. 고난을 통해 새로운 세계로 인도를 받게 되고, 고난을 통해 새로운 꿈을 꾸며, 고난을 통해 우리 자신의 위대함을 발견하게 됩니다.

제임스 패커(J. I. Packer) 교수는 그의 책 〈성령을 아는 지식〉에서 '눈을 감은 사람은 손이 미치는 곳 까지가 그의 세계요, 무지한 사람은 그가 아는 것 까지가 그의 세계요, 위대한 사람은 그의 비전이 미치는 곳 까지가 그의 세계다.'라고 합니다. 사람은 꿈 너머 꿈을 꾸는 만큼 원대한 인생을 살 수 있는 것입니다.

일본인들이 많이 기르는 관상어 중에 '고이'라는 잉어가 있는데 이 잉어를 작은 어항에 넣어 두면 5~8cm 밖에 자라지 않습니다. 그러나 연못에 넣어두면 12~25cm까지 자라고 강물에 방류하면 90~120cm까지 큼

니다. 고이는 자기가 숨 쉬고 활동하는 세계의 크기에 따라 피라미가 되기도 하고, 대형 잉어가 되기도 합니다. 이와 마찬가지로 우리가 숨 쉬고 활동하는 영적 세계의 크기에 따라 우리의 인생의 크기도 달라집니다. 우리가 어떤 믿음과 비전의 크기를 가졌느냐에 따라 평범한 인생도 되고 비범한 인생도 되는 것입니다. 그런데 '고이' 스스로는 연못이나 강물에 들어갈 수가 없고 주인이 넣어 주어야 하듯 인간은 평안을 원하기에 스스로 고난의 길을 갈 수 없고 하나님께서 연못으로 강물로 보내 주어 큰 고이로 큰 인물로 만드는 것입니다.

고난은 인내를 배워 요동하지 않고 하나님을 신뢰케 하는 과정입니다. 여러 가지 고난을 받을 때 조급하거나, 요동하지 말고 하나님을 신뢰함으로 인내로써 하나님께 지혜를 구하여, 응답을 경험해야 합니다(약 1:2-8). 성경은 '너희에게 인내가 필요함은 너희가 하나님의 뜻을 행한 후에 약속을 받기 위함이라'(히 10:36)고 했습니다. 인내를 통해 인간은 성숙되어 가고 내면의 아름다움이 향기를 발하게 되며, 지도자로서의 민주적 권위를 갖추게 됩니다.

세 종류의 고난(벧전 2:19-20)
1. 부당히 받는 고난 (벧전 2:19)
성경은 '부당히(애매히) 고난을 받아도 하나님을 생각함으로 슬픔을 참으면 이는 아름다우나'(벧전 2:19)라고 했습니다. 요셉은 특별한 죄를 범하지 않았는데도 불구하고 형들의 미움을 받아 애굽에 노예로 팔려 갔습니다. 또, 보디발 장군 아내의 유혹을 뿌리침으로 인해 억울한 누명을 쓰고 감옥에 갇혔습니다. 인간적으로 보면 참 억울하고 분통이 터질 일입니다.

그러나 요셉은 '하나님이 주신 꿈과 약속을 생각하며' 슬픔을 참았습니다. 억울해하고 낙심하며 주저앉은 것이 아니라 도리어 하나님이 주신 꿈과 약속을 생각하며, 하나님께 가까이 더 가까이 나아갔습니다. 사람들은 고난이 가중되면 세상으로 나아가는데, 요셉은 고난이 가중될수록 하나님 품으로 녹아 들어 갔습니다. 요셉이 자신의 모든 생각, 관념, 욕망을 고난의 용광로에 녹여, 자신은 없고 오직 하나님의 마음과 생각으로 하나가 되었을 때, 하나님께서는 요셉으로 하여금 바로 왕의 꿈을 해몽하게 하셔서 애굽의 총리가 되게 하셨습니다.

성경에 나오는 '한나'라는 여인도 '여호와께서 그로 성태치 못하게'(삼상 1:5)하시므로, 극한 고난을 겪어야만 했습니다. 한나는 아이를 낳지 못하고 있는데, 믿고 의지했던 남편 엘가나는 브닌나라는 또 다른 아내에게서 아이를 얻었습니다. 더욱이 브닌나는 한나를 정신적으로 심히 격동케 하고 번민케 하였습니다. 한나는 이러한 고난의 때에 하나님께 나아가 '통곡하며'(삼상1:10), '서원하며'(11), '오래 기도'(12)하였습니다. 한나의 기도를 들으신 하나님께서는 한나에게 아들 사무엘을 주셨고, 한나가 서원대로 사무엘을 하나님께 드리자 세 아들과 두 딸을 더 낳게 하셨습니다.

한나가 하나님께 드린 사무엘은 이스라엘 역사상 가장 높이 평가받는 제사장으로 백성들의 신뢰를 받았고, 이스라엘 초대 왕과 다윗 왕을 세울 만큼 하나님께 크게 쓰임을 받았습니다. 이 과정을 살펴보면서 깨닫게 되는 것은 한나의 고난은 단순한 고난이 아니라 하나님이 한나로 서원케 하여 특별한 자녀를 낳게 하기 위한 축복된 섭리였다는 것입니다.

신앙생활도 열심히 하고 성별 된 삶을 살고 영혼을 구원하기 위해 남보다 더 헌신적인 봉사를 하는 그리스도들에게도 뜻하지 않는 고난을 겪을 때 참 이해할 수 없고 안타까울 때가 있습니다. 그러나 시간이 지나고 나면 그것이 하나님의 특별한 축복을 위해 인도하시는 과정이거나, 크게 쓰시기 위한 훈련이었음을 깨닫게 되어 집니다.

2. 죄가 있어 받는 고난 (벧전 2:20)

성경은 '무슨 죄가 있어 매를 맞고 참으면 무슨 칭찬이 있으리요'(벧전

2:20)라고 했습니다. 무슨 죄가 있으면 반드시 어떤 형태로든지 매를 맞게 됩니다. 하나님은 죄를 당연하게 여기지 않으시며 방관하시지 않습니다. '주께서 그 사랑하시는 자를 징계하시고 그의 받으시는 아들마다 채찍질 하시며, 하나님이 아들과 같이 너희를 대우 하시나니 어찌 아비가 징계하지 않는 아들이 있으리요 징계는 다 받는 것이거늘 너희에게 없으면 사생자요 참 아들이 아니니라'(히 12:6-8)고 말씀하시는 것처럼 하나님의 사랑하는 자녀이기에 죄를 범하면 어떤 모양으로 든 징계를 분명히 하십니다.

하나님은 거룩한 분이시기에 죄악 된 삶을 사는 사람을 축복할 수가 없습니다. 죄악을 범하는 사람의 기도는 듣지 않으십니다(사59:1-2). 그리스도인에게 기도가 되지 않는 것만큼 힘든 일은 없을 것입니다.

연인 사이에 대화가 끊어지면 사랑에 어려움이 생기고 의사소통이 되지 않아 갈등이 생기는 것처럼 우리가 기도가 되지 않으면 징계를 받는 때입니다. 더욱이 기도하든 말든 내버려 두실 때는 가장 크게 매를 맞는 때입니다(시81:10-12). 매를 맞는 것은 꼭 종아리를 맞듯 징계를 받는 것 만을 말하는 것은 아닙니다.

자녀가 '받아야 할 것을 받지 못하고, 누려야 할 것을 누리지 못하는' 것도 매를 맞는 것과 같습니다. 어쩌면 받아야 할 은혜를 받지 못하고 누려야 할 평안을 누리지 못하는 것이 더 큰 징계일 때도 있습니다. 보이지 않고, 들리지 않고, 생각해야 할 것을 생각하지 못하고, 믿어야 할 것을 믿지 못하는 것도 매를 맞는 것입니다. 그러나 알아야 할 것은 하나님께서 징계하시는 것은 도저히 용서받을 수 없는 죄인인 우리를 포기하시기 때문이 아니라 우리를 사랑하시기 때문으로, 하나님께서는 징계의 때에도 우리를 향한 끊임없는 사랑의 역사를 행하고 계시다는 사실을 알아야 합니다.

성경은 우리가 죄악 된 삶을 살 때 하나님께서 어떻게 역사하시는가를 욥기서 33장 14절에서 22까지에 자세히 기록해 놓았습니다. '하나님은 수차에 걸쳐 말씀'(14) 하시고, 우리가 '잠들 때, 꿈에나 이상 중에 인치 듯 교훈'(15)하시고, 우리의 '어리석은 잔꾀나 교만으로 패망'(17) 하지 않도록 하려고 하십니다. 이는 그 '죄악 된 교만이 지옥에 가게하고 멸망하지 않도록'(18) 하기 위함 입니다. 때로는 '인간으로 써는 감당할 수 없는 형극의 시련 뿐만 아니라 병상의 고통과 뼈가 쑤시는 징계'(19)를 주시기도 합니다.

그래도 인간이 깨닫지 못하고 고집을 부리면 '죽음 직전까지 갈만큼 상상을 초월한 불치병이나 기타의 사고'(20-21)와 같은 큰 고난을 당하기도 합니다. 그럼에도 인간이 교만하고 완악하여 하나님께서 수많은 사람들과 사건을 동원하고 영적인 방법을 총동원하여 말씀하셔도 깨닫지 못해, 극한 고난을 겪고 가정이 풍지박산이 나는 상황이 되기도 합니다.

그러나 이때에도 하나님은 우리를 버려두지 않으시고 '정당히 행할 것'(욥 33:23)을 말씀을 통해 우리에게 알게 하십니다. 무엇보다 죄악을 깨끗케 하시는 것은 우리의 행위로 말미암지 않고 오직 '예수는 그리스도이심을 믿음'으로 우리의 '모든 죄악이 용서받았음'(욥 33:24)을 알게 하십니다. 우리의 모든 죄악이 용서받았음을 알게 되었을 때 우리의 마음의 상처들은 깨끗하게 치유되고 하나님과의 관계는 회복되어지고 하나님께 의롭다 여김을 받게 됩니다.

'예수님을 구주로 영접하여 하나님의 자녀'(요 1:12)가 된 후에도 '세상에 대한 미련을 버리지 못하고 하나님의 품을 떠나는 자녀'(눅15:11-13)가 있습니다. 아버지에게 받은 모든 재산을 탕진하며 허랑방탕한 생활을 하다 흉년을 만났던 탕자처럼(눅15:13-14) 하나님 아버지의 품을 떠나 세상에 나아가 믿음, 소망, 사랑, 시간 재능, 건강 등 하나님 아버지께 받은 모든 유형, 무형의 재산을 탕진하며 허랑방탕한 삶을 살면 영적 흉년을 만나게 됩니다.

영적 흉년을 만나면 하나님의 미세한 음성을 듣지 못하고 우리의 기도가 상달되지 않습니다. 또한 삶의 흉년을 만나 사람들에게 능욕을 당하고, 여러 가지 환난을 당하며, 인간관계가 깨어지고, 꿈들이 희미해지기 시작합니다. 그 뿐이 아닙니다. 육 적 흉년을 만나 건강을 잃고 삶의 근간이 흔들리게 됩니다.

그러므로 죄를 행함으로 고난을 받으면 탕자처럼 회개하고 하나님의 품으로 돌아와야 합니다. 하나님께 돌아오기만 하면 하나님은 과거의 잘못을 묻지 않고 '용서와 사랑'으로 축복하여 주십니다(눅15:11-24).

3. 선을 행함으로 받는 고난 (벧전 2:20)

성경에 '자녀이면 또한 후사 곧 하나님의 후사요 그리스도와 함께한 후사니 우리가 그와 함께 영광을 받기 위해 고난도 함께 받아야 될 것이니라.'(롬 8:17)고 말씀하신 것처럼 그리스도인은 복음을 증거하면서 많은 핍박과 어려움을 겪게 됩니다.

제자들의 삶이 그것을 입증하고 있습니다. 기독교 역사에 수많은 순교자들의 삶이 진리를 사수하기 위한 '선을 행함으로 받는 고난'을 보여주고 있습니다. 이렇듯 선을 행함으로 받는 고난은 하나님의 영광을 위해 살기에 받는 고난, 복음을 증거하기 위해 받는 고난을 말합니다.

스데반을 죽이고 예수 믿는 성도들을 박해하기 위하여 가던 사울이 다메섹 도상에서 예수님을 만나고 바울로 변화된 후, 이제는 복음 때문에 고난을 받게 되었습니다. 그는 자신이 받은 고난에 대해 고린도교회 성도들에게 말하기를 '환난과 궁핍과 고난과 매 맞음과 갇힘과 요란한 것과 수고로움과 자지 못함과 먹지 못함과'(고후 6:4-5) '수고를 넘치도록 하고 옥에 갇히기도 더 많이 하고 매도 수없이 맞고 ……여러 번 굶고 헐벗었노라'(고후 11:23-27)고 고백하였습니다. 이런 고난의 때에, 사도 바울은 하나님 나라를 바라보면서 믿음으로 담대히 감당하였습니다.

이 세상은 어두움의 세상이요, '이 세상 신이 믿지 아니하는 사람들의 마음을 혼미케 하며'(고후 4:4) '만물보다 거짓되고 심히 부패한'(렘 17:9) 인간들이 사는 세상입니다. 하루를 살아도 내리막길과 오르막길이 있고, 일 년을 사노라면 춘하추동이 있는데 어찌 선한 일을 행할 때 환난과 고난이 없겠습니까? 선을 행함으로 고난을 받는 것은 당연합니다. 이렇듯 선을 행함으로 고난을 받을 때는 바울 사도처럼 믿음으로 이겨야 합니다. 믿음은 마치 결혼과 같습니다. 결혼을 할 때 '기쁠 때나 슬플 때나, 부유할 때나 가난할 때나, 건강할 때나 아플 때나 그대를 사랑하고 아끼며 그대의 신실한 남편과 아내가 될 것을 하나님과 부모님들과 모든 증인들 앞에서 약속합니다'라고 서약을 합니다. 신앙이 바로 이런 것입니다.

신앙은 우리에게 건강, 성공, 돈, 명예, 평화와 웃음만 주는 것이 아닙니다. 우리는 슬플 때도, 병든 때도, 가난한 때도 성령님의 실존과 사랑과 능력에 대한 믿음으로 살아야 합니다. 이것이 바로 그리스도인의 삶입니다.

고난은 축복의 가면입니다. 고난은 축복을 위한 훈련입니다. 고난으로 깨어지고 낮아진 사람만이 하나님이 주시는 팔 복(마5:3-12)을 누리게 됩니다.

고난의 유익

참된 그리스도인들은 고난이 유익임을 고백합니다. 대부분의 사람들은 고난을 당하면 낙심하고 원망과 불평을 하지만 참된 그리스도인들 중에는 고난 당할 때 하나님께 더 가까이 나아가 자신을 성찰하고 회개하고 하나님의 은혜를 구하는 사람들이 있습니다.

요셉은 부당한 고난을 당할 때나, 전혀 희망이 보이지 않는 고난을 당할 때도 하나님께 더 가까이 나아가 하나님의 은혜를 구했습니다(창41:1).

다윗도 사울 왕으로 인하여 억울한 고난을 당할 때 하나님의 말씀에 의지하여 믿음으로 순종하며 끊임없이 하나님의 은혜를 구했습니다(삼상

26:25).

시편 119편 67절에는 "고난 당하기 전에는 내가 그릇 행하였더니 이제는 주의 말씀을 지키나이다"고 했으며 시편 119:71절에는 "고난 당하는 것이 내게 유익이라 이로 말미암아 내가 주의 율례들을 배우게 되었나이다"고 했습니다.

인간은 천성적으로 하나님을 신뢰하고 의지하기보다 자신의 방법과 능력으로 삶을 살려고 합니다. 그러나 처절한 고난을 통해 자신의 한계를 알고 하나님의 은혜를 사모하게 됩니다.

시편 81편 10-12절에 "나는 너를 애굽 땅에서 인도하여 낸 여호와 네 하나님이니 네 입을 크게 열라 내가 채우리라 하였으나 내 백성이 내 소리를 듣지 아니하며 이스라엘이 나를 원하지 아니하였도다 그러므로 내가 그의 마음을 완악한 대로 버려 두어 그의 임의대로 행하게 하였도다"고 했습니다. 하나님은 기도하지 않는 것을 불순종으로 여기며 완악하게 여깁니다. 사무엘 상 12장 23에 "나는 너희를 위하여 기도하기를 쉬는 죄를 여호와 앞에 결단코 범하지 아니하고…."고 했습니다. 위대한 제사장이었던 사무엘은 기도를 쉬는 것이 죄임을 증언했습니다.

성경은 구원 받은 자녀들에게 끊임없이 기도할 것을 강조하여 말씀합니다. 모든 것이 다 하나님께로 부터 옵니다. 야고보서 1:17에 "온갖 좋은 은사와 온전한 선물이 다 위로부터 빛들의 아버지께 로부터 내려 오나니 그는 변함도 없으시고 회전하는 그림자도 없으시니라"고 했습니다.

그리스도인들에게 주어지는 모든 고난은 기도하게 하시는 하나님의 사랑 법입니다.

기도가 모든 것의 시작이며 완성입니다. 믿음만큼 기도하고, 기도하는 만큼 믿음이 성장합니다. 기도만큼 성령충만 하고 성령충만한 만큼 기도의 삶을 삽니다.
　어떤 고난의 때라도 기도하는 사람은 성령의 역사로 최상의 행복을 누리게 됩니다.

고난의 때에 성령의 역사로 누리는 최상의 행복 (마5:3-12)

　예수님을 우리의 구세주로 영접하면 예수님이 성령님으로 '우리 안'에 오셔서 예수님이 하시던 일을 하시기 시작합니다(요14:16-17, 요14:26).
　창세기(창3:15)에서 약속하신 대로 친히 육을 입고 오셔서 십자가의 보혈로 구속하신 예수님께서 이제는 성령님으로 '우리 안'에 오셔서 '하나님이 디자인하신 행복'을 알게 하십니다. 그래서 그리스도인에게는 진정한 행복이 시작되어집니다.
　"성령님께서 말씀의 의미들을 가르쳐 주시는 은혜"(요14:26)를 통해 성경을 깊이 "상고"(행17:11)하며 기도할 때 성령님께서 예수님이 말씀하신 최상의 행복을 깨닫게 하시고 누리도록 하십니다. 성령님께서 고난의 과정 속에서 우리의 심령을 가난하게도 하시고, 애통하게도 하시고, 온유하게도 하시고, 의에 주리고 목마르게 하셔서 예수님이 말씀하신 최상의 행복을 깨닫고 누리도록 하십니다.

1. 심령이 가난한 자의 행복 (마5:3)

　헬라어에는 "가난"을 의미하는 대표적인 두 개의 단어가 있는데 하나는 '페네스'로 '생계를 유지하기 위해 노동하지 않으면 안 되는 상태'를 말합니다. 또 다른 하나는 '포토코스'인데 이 낱말은 '절대적인 극빈상태' '무릎을 꿇지 않으면 안 되는 빈궁'을 말합니다.

　본문에서 말씀하는 가난이란 후자인 '포토코스'라는 말로 '비천하고 무력하여 아무 것도 가진 것이 없어 전적으로 하나님께 의존할 수밖에 없는

사람'을 의미합니다.

[심령의 가난]은 자기 존재 자체에 대한 새로운 자각입니다. 성경이 말하는 심령의 가난함은 성령의 역사(요16:8)로 자신의 영적 가난함을 감지하고 영적인 파산 상태에 있는 자신에 대해 충분히 인식하며 수긍하는 것을 의미합니다.

내 안에서는 죄 밖에 나올 것이 없는 하나님의 계명을 깨트린 범죄자임을 자각하는 것입니다. 자신의 한계와 무지와 무능을 직시하므로 나타나는 자아의 무너짐 이요, 자아의 깨어짐 입니다. 그래서 하나님의 도우심이 없이는 절대로 하나님 나라에 들어갈 수 없는 존재임을 확실하게 자각하고, 하나님의 필요를 절대적으로 인식하는 상태, 하나님이 함께 하지 않는다면 아무것도 할 수 없고, 삶에 아무 의미도 없다는 것을 절절히 체득하는 상태입니다.

"심령이 가난한 사람"은 나는 가진 것이 아무것도 없으며, 나는 무익하며, 스스로는 아무것도 할 수가 없으며(요5:19), 나는 하나님의 도움이 절대적으로 필요하다는 것을 깨달은 것입니다. 그리스도인 안에 있는 성령의 역사하심으로 자신의 "곤고한 것과 가련한 것과 눈먼 것과 벌거벗은 것을"(계3:17)깨닫고, 자신의 어리석음과 연약함과 죄 됨과 사랑의 한계를 절절히 인식하고 하나님의 은혜를 간절히 사모하는 사람이 하나님이 주시는 행복을 누릴 수 있습니다.

본문에서 사용된 복이란 단어는 희랍어로 마카리오스(makarios)로 그 어원의 의미는 "인간에 행복의 근원은 하나님 자신임"을 뜻하고 있습니다. 하나님과의 관계를 통하여 서만 인간은 참으로 행복할 수 있고 참 행복은 하나님을 바로 알고 하나님과의 바른 관계로부터 출발함을 말합니다. 죄인이 자신의 죄를 회개하고 십자가 앞에 나아와 예수 그리스도를 구주와 주님으로 받아들이고 그리스도의 거룩한 영을 통하여 하나님을 아버지라고 부르는 순간부터 행복은 시작된다고 말하고 있습니다.

행복은 소유(having)에 있는 것이 아니라 존재(being)에 있습니다. 인간은 무엇을 소유했느냐가 중요한 것이 아니고, 그가 하나님의 면전에서 어떠한 존재가 되느냐가 중요합니다. 인생의 가치나 행복은 소유의 문제가 아니고 심령의 문제입니다. 심령이 가난한 사람에게 복(행복)을 주실 때 천국을 주십니다. 천국은 장소적인 개념이 아니라 하나님의 통치가 이루어지는 곳입니다.

천국이란 과거 현재 미래, 하늘 땅 시공을 초월하여 하나님의 절대주권의 통치가 이루어지는 곳입니다.

2. 애통하는 자의 행복 (4절)

애통이란 말은 "우리 안에 있어야 할 어떤 중요한 것이 없음을 인하여, 그리고 없어야 할 것이 우리 안에 있음으로 아파한다"는 의미입니다. 우리 안에 있어야 할 하나님의 성품은 없고, 없어야 할 죄가 우리 안에 있어 죄가 우리를 지배하고 있다는 사실로 인하여 우리는 아파하는 것입니다(롬7:19).

애통의 참 의미는 죄에 대한 애통입니다. 바울은 하나님의 의(義)에 부딪히자 상대적으로 불의한 자신을 깨닫고 하나님 앞에 엎드려 "오호라 나는 곤고한 자로다 누가 나를 이 사망의 몸에서 건져내랴"(롬7:19-24)고 애통해 합니다. 하나님 앞에서 자기 자신을 발견하는 사람마다 애통하지 않을 수 없는 것은 자신의 죄 때문입니다. 심령의 가난이 죄에 대한 지적인 발견이라면, 애통하는 마음은 죄에 대한 정적인 성도들의 체험이라 할 수 있습니다.

우리 안에 없어야 할 것으로 우리 속을 가득 채우고, 있어야 할 그것은 없는 자신을 바라보면서 하나님 앞에서 깨어질 때 그 순간 하나님은 우리를 사로잡습니다. 그리고 우리를 다시 만들기 시작합니다. 이 깨어지는 체험이 없이는 아무도 하나님 앞에서 새롭게 될 수 없습니다. 현대인의 가장 커다란 문제는 근심하지 말아야 할 것을 근심하고, 근심해야 할 중대한 문제에는 근심이 결핍되어 있다는 사실입니다. 성도의 애통은 마침내 죄를 버리게 만들고 우리를 거룩한 성화와 성숙의 자리로 인도하여 행복을 누리게 하십니다.

3. 온유한 자의 행복 (마5:5)

'온유'로 표현되는 헬라어는 '프라우스'인데, 사물에 관련해서 쓸 때는 '부드러운' 이라는 뜻이고, 짐승에게 쓸 때는 '유순한', 사람들에게는 '온화한' 이라는 뜻으로 쓰입니다. 그래서 온유를 잘못 이해하면, 약하고 비겁한 것으로 생각하기 쉽습니다. 그러나 진정으로 온유한 사람은, 겉으로 드러나는 모습은 부드럽고 온화하지만, 그 내면은 강하고 자유롭습니다. 바로 '외유내강'한 사람입니다.

"온유한 자는 하나님 앞에서 그의 말씀과 그의 징계에 복종하는 사람들이며, 하나님의 길을 따르며, 그의 계획에 동의하며, 인간들에게 관대하게 대하는 사람들이다."(매튜 헨리) 온유함은 타고난 것이 아니라 은혜로 말미암은 것입니다. 즉 성령님께서 역사하심으로 이루어진 귀한 열매입니다.

동료에 의해 받게 되는 모욕과 무례함을 끈기 있게 견디어 내게 하며, 성도들 중 지극히 작은 자로부터의 교훈과 훈계를 기꺼이 받아들이게 하고, 자신보다도 다른 사람들을 더욱더 높이 평가하게 합니다. 축복을 동반하는 온유함은 타고난 것이 아니라 성령님께서 주시는 은혜로 말미암은 것입니다. (모세와 바울)

"온유한 자는 복이 있나니 그들이 땅을 기업으로 받을 것임이요"을 요약하면 온유한 사람이 행복합니다. 왜냐면 땅을 기업으로 받기 때문입니다.

시편37:11에는 "오직 온유한 자는 땅을 차지하며 풍부한 화평으로 즐기리로다" 즉 온유한 심령은 그가 지상에서 소유한 것이 많든 적든지 간에 그것을 더욱더 기쁘게 누릴 수 있습니다. 탐욕스럽게 욕심을 부리는 기질로부터 구원을 받은 사람은 그가 가지고 있는 것만으로도 만족합니다.

"의인의 적은 소유가 악인의 풍부함보다 승하도다."(시37:16) 마음으로 만족하는 것은 온유함의 열매 중의 하나입니다. 오만하고 탐욕스러운 자는 비록 그들이 많은 토지를 소유할 수 있을지라도 "땅(=안식)을 기업으로 받지" 못합니다. 작은 집에 사는 겸손하고 온유한 그리스도인들이 궁궐에서 사는 악인들보다도 훨씬 더 행복합니다.

4. 의에 주리고 목마른 자의 행복 (마5:6)

'혁신의 아이콘(icon)'이자 이 시대 최고의 최고경영자(CEO)로 칭송 받아온 애플의 창업주이자 CEO였던 스티브 잡스는 한 여름 뙤약볕 아래서 스탠포드 졸업생들을 향한 연설의 마지막 순간에 Stay Hungry라고 외쳤습니다. Stay Hungry. 늘 굶주린 채로 살라는 것입니다. 자기 자신에게 굶주린 사람만이 자기에게서 새로운 것을 발견할 수 있기 때문입니다. 실제로 스티브 잡스는 혁신과 창조에 Stay Hungry, 늘 굶주려 하면서 새로운 제품들을 만들어내, 애플을 세계 제일의 회사로 만들었습니다.

하버드 대학교의 하워드 가드너 교수는 자신의 저서 〈Leading Mind〉에서 이렇게 썼습니다. "세상에서 가장 강한 힘은 목마름이다" Most Power is Thirsty! 그러면서 가드너 교수는 시대를 이끌어가던 리더들의 공통점 역시 시대변화를 애타게 추구하던 목마름이라고 주장했습니다.

누가 하나님의 은혜를 받을 수 있겠습니까? 바로 하나님의 말씀에 대한 굶주림이 있는 사람입니다. 배부른 사자는 사냥을 하지 않습니다. 그래서 세상은 굶주리고 목마른 사람들에 의해 변화됩니다. 하나님의 나라도 마찬가지입니다. 배부른 사람들이 아니라 주리고 목마른 자들이 복을 받게 됩니다. 그런데 무엇에 주리고 목말라 해야 하는가? 그리스도인은 의에 주리고 목말라 해야 합니다. 의에 대한 다양한 의견으로 논쟁이 있습니다. 분명한 것은 의는 인간의 의가 아니라 하나님의 의입니다. 하나님이 의롭게 여기시는 의(義)입니다. 복음이 하나님의 의입니다.

"복음에 하나님의 의가"(롬1:17)나타났습니다. 세상 사람들이 말하고 생각하는 도덕적 의나 윤리적 의가 아니라 하나님이 의롭다 여기시는 복음이 의입니다. 하나님의 의에 굶주린 사람들, 그들이 복 있는 사람들입니다. 복음에 대한 굶주림과 목마름이 행복입니다. 하나님의 의를 먼저 구하는 사람, 하나님의 의에 먼저 주리고 목마른 사람, 그들이 행복한 사람입니다. 왜냐하면 하나님의 의(=복음(롬1:17)에 주리고 목마른 사람들이 이 세상에서 하나님의 나라를 누릴 수 있기 때문입니다.

오직 죄 없는 예수 그리스도를, 우리를 위하여 죄로 삼으신 하나님의 자비하심만이 영원하고도 무궁한 의가 되는 것입니다. 이것이 복음입니다. 죄 많은 우리를 살리시기 위해 십자가에서 죽으신 예수 그리스도, 그분이 복음이고, 그 복음이 바로 하나님의 의를 드러내는 것입니다. 그래서 사도 바울은 그 유명한 로마서 1:17에서 "복음에는 하나님의 의가 나타나서 믿음으로 믿음에 이르게 하나니 기록된바 오직 의인은 믿음으로 말미암아 살리라 함과 같으니라."고 했습니다.

5. 긍휼히 여기는 자의 행복 (마5:7)

남을 긍휼히 여기는 자는 자신이 아무 것도 아닌 자임을 아는 자입니다. 긍휼이 여기는 자가 되려면 자신의 무가치함을 먼저 인식해야 합니다. 자신을 바로 알아야 비로소 남을 바로 볼 수 있고 대할 수 있습니다. 자신은 아무 것도 아닌 것을 깨닫고, 오직 하나님만 전적으로 의지하는 자가 다른 사람을 긍휼히 여깁니다. '긍휼'이란 말은 사전적 의미로는 남을 불쌍히 여겨서 돕는 것입니다. 그렇지만 성경에서의 긍휼이란 말은 더 깊고 심오한 의미를 내포하고 있습니다. 성경에서의 '긍휼'은 흘러 넘치는 사랑을 주체 못하시는 하나님께서 한없이 약하고 악한 사람들을 대할 때 보여주시는 태도입니다. 또한 긍휼은 윗사람이 아랫사람을 가엾고 불쌍히 여기는 것을 뜻합니다.

긍휼은 높은 수준의 사랑을 지닌 사람이 낮은 심령 수준의 사람을 사랑하는 것입니다. 또한 넓은 의미로는 사랑할 수 없는 자를 그럼에도 불구하고 사랑하는 것이 긍휼입니다. 긍휼은 내용에 따라 인자, 자비, 사랑, 불쌍히 여김 등의 말로 다양하게 번역되는데 그만큼 폭이 넓고 심오한 말입니다. 하나님이 우리를 보실 때 우리의 처지에서 생각하시려 하고, 우리가 느끼고 행동하고 경험하는 모든 것에 동참하시어 우리를 이해하고 싶어 하십니다. 이것이 하나님의 마음이고 성령님이 주시는 긍휼입니다. 성령님이 주시는 긍휼은 사람들에게 자존감을 갖게 합니다.

구약시대 유대인들은 하나님의 가장 중요한 성품을 긍휼로 인식했습니다. 히브리어로 "헤세드"입니다. 이것은 보답을 전혀 기대하지 않고 베푸는 사랑, 고통받는 사람들을 향해 드러내는 사랑을 의미합니다. 하나님의 긍휼하심의 최고점은 십자가입니다.

긍휼은 하나님께서 예수 그리스도를 통해서 보여주신 성품이며, 성령의 열매이고 우리 안에 살아 계시는 그리스도로 말미암아 나타나는 결과로서 그리스도인의 의무입니다. 우리가 그리스도를 통한 하나님의 긍휼히 여김을 경험했다면 우리도 다른 사람들에게 긍휼을 베풀어야 할 의무가 생기는 것입니다. 그러기에 긍휼은 단순한 연민의 정이 아닙니다. 자신을 불쌍한 처지에 있는 사람과 동일시하는 능력입니다.

주님은 하나님께로부터 긍휼히 여김을 받은 우리로 하여금 다른 이들을 긍휼히 여기라고 말씀하시는 것은 긍휼을 베풀 때 하나님께 긍휼히 여김을 받아 행복하기 때문입니다.

6. 마음이 청결한 자의 행복 (마5:8)

마음은 세상을 보는 창문입니다. 그렇기 때문에 사람은 어떤 마음으로 세상을 보느냐에 따라 차이가 많이 납니다. 마음의 색이 검으면 온 통 세상이 검게 보이게 될 것입니다. 마음의 색이 노란 색이면 세상은 노랗게 보이게 마련입니다. 하나님을 향한 마음이 순수하지 못하여, 분열된 자아로 하나님을 보게 되면 결코 하나님을 볼 수 없습니다. 부정한 마음으로 보게 되면 왜곡된 하나님, 자신이 원하는 하나님만 보일 뿐이지 참 하나님은 결코 볼 수 없습니다.

세상은 온통 행복이 외부적인 조건에 있는 것처럼 말하지만, 예수님은 행복이 마음에 있음을 천명하고 계십니다. 바로 여기에 세상이 가르쳐주지 않는 행복의 길이 있습니다. 마음은 모든 생각과 감정, 그리고 의지의 중심입니다. 말하자면 인격(知, 情, 意)의 핵심부입니다. 마음의 상태가 고스란히 그 사람의 인격과 행실에 배어납니다. 그래서 성경은 이렇게 증거합니다. 잠23:7 "대저 그 마음의 생각이 어떠하면 그 위인도 그러한즉 … " 잠4:23 "무릇 지킬 만한 것보다 더욱 네 마음을 지키라 생명의 근원이 이에서 남이니라"

우리는 환경이 바뀌면 행복해질 거라고 생각합니다. 부자가 되고, 건강하고, 살아가는 데 아무런 어려움이 없으면 행복해질 거라고 생각합니다. 그런데 예수님은 행복은 보이는 환경에 좌우되는 것이 아니고, "보이지 않는 내면이 어떤 상태에 있느냐?"에 행복이 좌우된다고 말씀하고 계십니다.

청결이란 단어는 헬라 원어로 '카다로스($\kappa\alpha\theta\alpha\rho\grave{o}\varsigma$)'입니다. 그 의미는 깨끗하다, 순결하다는 뜻입니다. 히브리어로 '타흐르'입니다. 이 단어는 하나님께 제사를 드릴 때 자주 사용하는 단어입니다. 하나님께 깨끗하고 순결한 제물을 드릴 때 주로 이 단어를 사용하였습니다. 그렇기 때문에 구약에서 청결은 단순히 깨끗함을 뜻하는 윤리적인 의미보다 더 깊은 의미가 들어 있습니다.

잡것과 섞이지 않은 순수 함이란 의미가 내포되어 있습니다. 그러므로 청결이라는 말은 이중적인 마음을 품지 않고 오로지 하나님만을 향하는 순수함을 뜻합니다. 또 다른 의미는 마음이 여러 갈래로 나뉘어져서는 안 되며 오직 하나의 마음이어야만 한다는 것입니다. 그 말은 우리의 관심을 여기저기에 분산시키지 말고 단순하게 하나님만 바라보고 살라는 것입니다.

그렇게 일편단심 오직 하나님 한 분만 바라보고 늘 그 마음에 하나님과 하나님의 말씀으로만 가득 채울 때 마음이 청결한 자라고 합니다.

"마음이 청결한 자는 복이 있나니 그들이 하나님을 볼 것임이요"를 요약하면 마음이 청결한 사람이 행복합니다. 왜냐면 하나님을 볼 수 있기 때문입니다. 마음이 청결한 자에게 약속된 행복은 하나님을 보는 행복입니다. 본래 하나님은 볼 수 없습니다. 그러나 영안이 열리면 볼 수 있습니다. 오직 성령님께서 영안을 열어 주셔서 예수님이 믿어지고 예수님을 통해 하나님을 보게 됩니다.

하나님을 보는 것이 왜 행복입니까? 하나님을 본다는 것은 하나님을 만나는 것입니다. 하나님을 만나는 자에게는 진정한 행복이 있는 것입니다. 하나님을 인격적으로 만나 사랑을 나누고 아픔을 나누고, 꿈을 나누고 인생에 대해 소통하고 공감할 때 진정 참 행복을 경험하게 됩니다. 그 사람에게는 진정 천국이 있고 진정 안식이 있습니다. 어떠한 환경이든지 관계없이, 마음이 청결한 자에게는 하나님과 함께 하는 천국의 행복이 있는 것입니다.

7. 화평케 하는 자의 행복 (마5:9)

동서고금을 막론하고 모든 인간은 평화를 희구합니다. 마음속으로는 모두다 평화를 원하는데 현실 속에서는 평화가 없습니다. 도대체 그 이유가 무엇일까요? 그것은 인간의 죄 때문입니다. 죄로 인하여 인간의 불행과 비극이 시작되고 불행과 비극 속에 살고 있습니다. 죄로 인해 고통 당하는 인간을 향하여, 세상을 향하여 예수님은 마5:9 "화평케 하는 자는 복이 있나니 ... "라고 말씀하십니다. 화평은 평화와 동의어입니다. '화평케 하는 자'란 하나님과 화평하고 사람들과 화평을 만들어가는 사람으로 그런 사람이 행복하다고 말씀합니다.

참 평화는 오직 하나님에게서 나오며, 평화라는 말은 (헬)'에이레네' (히)'샬롬'이란 단어인데, 평화는 인간이 만드는 게 아니라 하나님이 부어 주시는 '하나님의 선물'입니다. 참 평화는 오직 하나님과의 친밀한 관계를 맺을 때 하나님이 부어 주시는 겁니다. 하나님이 주시는 평화는 환경 조건을 초월하는 것입니다.

하나님이 우리의 영혼에 부어 주시는 것이므로 환경과 상관없이 물밀듯이 우리 마음에 밀려듭니다. (헬)'에이레네'의 의미는 인간의 머리로 이해할 수 없는 '신비로운 평화'라는 뜻입니다. 바울은 감옥에서 온갖 고초를 당하고 있었지만, 하나님의 평화를 맛보았습니다. 이것은 환경적으로 잠깐 문제가 없어지고, 갈등이나 다툼이 없어지고, 편리한 환경이 조성됨으로 일시적으로 주어지는 세상 적 평화와 전혀 차원이 다른 것입니다. 주님은 우리에게 평화를 누리라고 말씀하지 않고 화평케 하는 자가 되라고 말씀하십니다. 1)하나님과 화평한 자가 2)자신과 화평하고 3)이웃과 화평할 수 있고 4)화평하게 하는 사람이 되어 행복을 누리게 되는 것입니다.

"화평케 하는 자는 복이 있나니 그들이 하나님의 아들이라 일컬음을 받을 것임이요"를 요약하면 화평케 하는 사람이 행복합니다. 왜냐면 하나님의 아들이라 일컬음을 받기 때문입니다. 라는 뜻입니다. "일컬음을 받는다"는 것은 그렇게 인정되고 칭찬받는다는 의미입니다. 그리고 여기서 '자녀'(테크나)라는 말을 쓰지 않고 특별히 '아들'(휘오스) 이란 말을 썼습니다. 히브리 문화권에서 아들이란 말은 '상속자'라는 뜻입니다. 하나님 아들로서 평화를 상속받아 행복을 얻고 누리게 될 것입니다.

8. 의를 위하여 핍박을 받는 자의 행복 (마5:10-12)

예수님의 행복론은 세상의 그것과 전혀 다릅니다. 세상의 행복론은 육신적이고 물질적이며 현세적입니다. 육신을 위해 안락한 환경 조건만 갖추면 행복하고, 물질을 많이 소유하면 행복하고, 이 세상에서 잘 먹고 잘 사는 게 행복이라고 말합니다. 물론 우리가 육신을 갖고 살기에 이런 것들도 필요합니다. 그러나 인간은 영혼을 갖고 있기에 그런 것만으로는 결코 행복할 수 없습니다. 육신적이고 물질적이며 현세적인 것들은 부차적입니다. 정말 핵심적이고 본질적인 것은 마음의 기쁨과 평안입니다.

"의를 위하여 박해를 받은 자는 복이 있나니 천국이 그들의 것임이라"를 요약하면 의를 위하여 박해를 받는 사람이 행복합니다. 왜냐면 천국을 받고 누리기 때문입니다 라는 뜻입니다. 일반 상식으로 볼 때 전혀 이해할 수 없습니다. 고통을 당하는 게 도대체 무슨 행복인가? 10절에서 '박해 받다'는 단어는 헬라어로 '디오코'인데, 악의를 품고 계속 따라다니며 괴롭힌다는 뜻입니다. 쉽게 생각하면 스토킹(stalking)을 의미합니다. 사탄은 인간을 멸망시키려고(요10:10) 따라다니며 괴롭힙니다. 벧전5:8 "근신하라 깨어라 너희 대적 마귀가 우는 사자 같이 두루 다니며 삼킬 자를 찾나니" 정말로 사탄은 가장 악랄하고 끈질긴 스토커(stalker)입니다.

그냥 '박해 받은 자'가 아니라, '의를 위해 박해 받은 자'라고 말씀하셨습니다.

'의'라는 것은 여러 가지로 생각할 수 있겠지만 마5:11절 보니까 "나를 인하여 ... "라고 했습니다. 그러니까 예수님 때문에 당하는 고난이 곧 의를 위해 박해 받는 것입니다. "의를 위하여 박해를 받은 자는 복이 있나니, 천국이 저희 것임이라"는 말씀에서 의를 위한다는 말과, 주님을 위한다는 말은 동일한 개념입니다. 결국 예수 그리스도를 믿고 그분을 섬기되 온갖 고난과 죽음까지 라도 감수한 사람에게는 반드시 보상이 있는데 그것은 곧 천국이 저희 것이 된다는 것입니다.

참 행복은 천국을 소유하는 것입니다. 여기서 말하는 천국은 두 가지 국면을 포함입니다. 현재적인 천국과 미래적인 천국입니다.

현재적인 천국: 천국의 핵심은 하나님의 주권, 통치권에 있습니다. 우리가 이 세상에 사는 동안에도 하나님이 임재 하시고 우리를 다스리시면 현재적인 천국이 이뤄지는 겁니다. 그때 하나님이 부어 주시는 "성령 안에 있는 의와 평강과 희락"(롬14:17) 등이 곧 현재적인 축복입니다.

미래적인 천국: 언젠가 주님이 부르시면 우리는 다 천국이 들어갈 겁니다. 그때 주님 앞에 각각 서서 상급을 위한 심판을 받게 됩니다. 본문 12절 보면 "기뻐하고 즐거워하라 하늘에서 너희 상이 큼이라" 그랬습니다.

지금 우리가 이 세상에 사니까 하늘의 상이 얼마나 귀중한지 잘 모릅니다. 이 세상의 그 어느 상이나 축복과는 비교가 되지 않는 겁니다. 그걸 알면 기뻐할 수 있다는 겁니다. 12절에 즐거워한다는 말의 원어는 '좋아서 펄쩍펄쩍 뛴다.'는 의미입니다. 장차 받을 상급을 영적인 눈으로 보니까 고난도 감수하고 순교도 불사할 수 있는 행복을 누리게 됩니다.

제 11 장

제자의 삶과 성령 충만

제 11 장 제자의 삶과 성령 충만

인류 역사상 가장 행복하고, 가장 성공적인 삶을 살았던 제자들은
1) 자신이 누구인가?
2) 자신은 무엇을 위해 어떻게 살아야 하며 누구와 함께 살아야 하는가?
3) 자신은 어디로 가는가? 를 바르게 인식하고 분명하게 의식하며 살았습니다.

<u>어떻게 그런 삶을 살 수 있었을까요</u> 그 해답이 사도행전6:4절 "우리는 오로지 기도하는 일과 말씀 사역에 힘쓰리라"는 말씀에 있습니다. 예수님의 삶을 본받아 "기도와 말씀에 힘쓸 때" 성령 충만을 받아, 하나님과 깊은 사랑을 나누며 무한한 행복을 누렸습니다.

또한 "기도와 말씀에 힘씀"으로 성령 충만을 받아 "성령의 열매"를 맺고 "성령의 은사"가 나타나 인류 역사에 가장 위대한 일을 성취하여 하나님을 영광스럽게 함으로 하늘 나라에 영광스러운 상급을 받는 성공적인 삶을 살았습니다.

제자의 삶(행6:4)을 살 때 가장 행복하고 성공적인 사랑의 삶을 살게 됩니다.

예수님과 함께 뜨거운 사랑을 나누며, 위대한 사역의 현장을 수없이 목격했고, 예수님의 말씀을 믿고 순종했을 때 자신들에게 나타나는 놀라운 능력들을 체험했음에도 제자들은 예수님의 죽음 앞에 슬픔과 절망을 감당할 수 없었습니다. 그러나 부활하신 예수님이 다시 나타나셔서(행1:3) "사도와 함께 모이사 그들에게 분부하여 이르시되 예루살렘을 떠나지 말고 내게서 들은 바 아버지께서 약속하신 것을 기다리라 요한은 물로 침례를 베풀었으나 너희는 몇 날이 못되어 성령으로 세례를 받으리라"(행1:4-5)고 말씀하셨습니다.

그리고 사도행전 1:8에 "오직 성령이 너희에게 임하시면 너희가 권능을 받고 예루살렘과 온 유대와 사마리아와 땅 끝까지 이르러 내 증인이 되리라"고 하셨는데 이 말씀의 의미는 너희가 "성령 세례(성령 충만)"를 받아야만 나와 같은 권세와 능력 있는 사역을 할 수 있다고 말씀하신 것입니다.

제자들은 사도행전1:14절에 "여자들과 예수의 어머니 마리아와 예수의 아우들과 더불어 마음을 같이하여 오로지 기도에 힘쓰더라" 고 기록된 것처럼 제자들은 예수님이 교훈으로 주신 말씀들과, 예수님이 약속으로 주신 말씀들을 반복하여 읊조리며(묵상), "오로지 기도에 힘쓸 때"(행1:14) "오순절 마가의 다락방에서 성령 세례(최초의 성령 충만)"(행2:1-4)를 받았습니다.

제자들은 사도행전2:1-4절의 "성령 충만"의 신비로운 영적체험을 하는 순간 예수님의 말씀과 삶을 깨닫게 되었습니다.

예수님의 삶과 사역을 축약한 사도행전10:38을 보면 "하나님이 나사렛 예수에게 성령과 능력을 기름 붓듯 하셨으매 그가 두루 다니시며 선한 일을 행하시고 마귀에게 눌린 모든 사람을 고치셨으니 이는 하나님이 함께 하셨음이라"고 기록되었습니다.

주마등처럼 흘러가는 지난날 예수님의 사역들을 반추해 보면서 예수님이 새벽마다 (막1:35)기도하시고, 밤이 새도록(눅6:12) 기도하시고, 습관을 따라(눅22:39) 기도하시고, 누가복음 22:44 "예수께서 힘쓰고 애써 더욱 간절히 기도하시니 땀이 땅에 떨어지는 핏방울 같이 되더라."는 말씀처럼 얼마나 기도에 힘쓰셨는가를 깊이 인식하게 되면서 "1.사랑을 위해(마22:37-40), 2.하나님의 영광을 위해(고전10:31) 기도에 힘쓸 때 예수님처럼 성령이 충만하게 임하게 됨"을 가슴에 새기게 되었습니다.

제자들에게는 설명할 수 없는 고난, 인간의 힘으로는 감당할 수 없는 고난이 끊임없이 닥쳐 오지만 "오로지 기도에 힘쓸 때마다" 하나님의 주권적 섭리로 기적 같은 놀라운 일들이 **"예수님의 말씀대로 성취 되어 짐"(행 2장-행5장)**을 체험하게 되었습니다.

그러자 제자들은 "우리는 오로지 기도하는 일과 말씀 사역에 힘쓰리라"(행6:4)고 선언 하고 "기도하는 일과 말씀 사역에 힘쓰는 삶"을 살았습니다.

제자들의 삶(행6:4)은 "우리는 오로지 기도하는 일과 말씀 사역에 힘쓰리라"는 의미를 추론할 때 제자들은 "오로지 성령의 충만을 사모하며, 기도에 힘쓰면서"(행1:14)

1)예수님이 교훈으로 주시고, 약속하며 주신 말씀들을 **읊조리며(묵상)** 기도하고 2)주님이 주신 말씀을 생각나는 대로 잊지 않도록 **필사하고**, 3.예수님이 하신 말씀들을 가슴에 새기고, 다른 사람들에게 전하기 위해 **암송하고**, 4.매일매일 예수님의 말씀대로 믿고 순종했을 때 성령님께서 어떻게 역사하시는가에 대한 **성경(말씀)일기**를 기록하는 "삶"(**본서 별책 부록 참조**)를 통해 "계속 성령 충만"을 받아 "성령의 열매"를 맺고 "성령의 은사"가 나타나는 "권능의 삶"을 살았습니다.

제자의 삶(행6:4)의 성경적 원리와 근원
1. 읊조리며(묵상)(시119:97)
시편 119:148 "주의 말씀을 조용히 읊조리려고 내가 새벽녘에 눈을 떴나이다."

시편119:97 "내가 주의 법을 어찌 그리 사랑하는지요 내가 그것을 종일 작은 소리로 읊조리나이다." 초대교회의 제자들은 이스라엘 사람으로서 이런 묵상의 전통 안에 있었습니다. 묵상은 단순히 생각하는 것이 아니라 입으로 읊조리는 것(히브리어로 '하가')을 뜻합니다. "말씀을 읊조리며 기도하는 것"이 말씀 중심의 삶이었습니다.

2. 필사하며(렘30:2)

신명기 17:18-19에 "그가 왕위에 오르거든 이 율법서의 등사본을 레위 사람 제사장 앞에서 책에 기록하여 평생에 자기 옆에 두고 읽어…"

예레미야 30:2 "이스라엘의 하나님 여호와께서 이와 같이 말씀하여 이르시기를 내가 네게 일러 준 모든 말을 책에 기록하라."

제자들도 구약의 이 전통을 따라 하나님 말씀을 기록하는 일에 익숙했으며, 기록(필사)은 말씀을 기억하고 묵상하는 중요한 방법으로 사용했음을 알 수 있습니다.

3. 암송하며(신6:6-7)

신명기 6:6-7 "오늘 내가 네게 명하는 이 말씀을 너는 마음에 새기고 네 자녀에게 부지런히 가르치며 집에 앉았을 때든지 길을 갈 때든지 누워 있을 때든지 일어날 때든지 이것을 강론할 것이며…"

시편 77:11-12 "곧 여호와의 일들을 기억하며 주께서 옛적에 행하신 기이한 일을 기억하리라 또 주의 모든 일을 작은 소리로 읊조리며 주의 행사를 낮은 소리로 되뇌이리이다."고 했습니다.

초대교회에는 개인이 성경을 소지하기 어렵던 시절이었기 때문에 암송은 필수적이었고, 암송한 예수님의 말씀을 마음에 새기고 사람들에게 전하는 데 능숙했습니다.

4. 성경일기를 쓰며=삶과 말씀의 기록(말3:16)

하나님이 행하신 일과 깨달음을 기록하는 전통은 매우 강했습니다.

누가복음 1:3에 "그 모든 일을 근원부터 자세히 미루어 살핀 나도 데오

빌로 각하에게 차례대로 써 보내는 것이 좋은 줄 알았노니 이는 각하가 알고 있는 바를 더 확실하게 하려 함이로라"

말라기 3:16 "그 때에 여호와를 경외하는 자들이 피차에 말하매 여호와께서 그것을 분명히 들으시고 여호와를 경외하는 자와 그 이름을 존중히 여기는 자를 위하여 기념책에 기록하셨느니라." 이 말씀들은 우리가 **"하나님의 말씀과 내 삶 속에서 역사하신 내용을 기록"** 하는 **"성경일기"** 를 쓰는 것이 성경적 근거 임을 알려줍니다.

특히 복음서와 사도행전, 서신들이 실제로 제자들이 기록한 말씀의 증거물입니다.

제자들의 삶은 "기도와 말씀에 전념하는 삶"(행 6:4)이며, **이 네 가지 훈련은 모두 말씀을 중심으로 살아가는 방법으로 가장 성경적인 제자들의 삶이었습니다.** 여기서 사도행전1장14절의 "오로지 기도에 힘쓰더라"의 의미를 좀 깊이 살펴 보아야 합니다.

1. 단순한 기도인가, 약속된 말씀에 의지한 기도인가?

사도행전 1장은 예수님께서 부활하신 후 제자들에게 성령을 보내 주시기로 약속하신 말씀을 기록하고 있습니다. 사도행전 1:4~5에 "예루살렘을 떠나지 말고 내게서 들은 바 아버지께서 약속하신 것을 기다리라." "몇 날이 못 되어 성령으로 세례를 받으리라."

제자들은 이 약속을 직접 들었고 믿었습니다. 따라서 이들이 모여 기도할 때 그저 막연히 기도한 것이 아니라, 예수님이 직접 주신 약속의 말씀을 붙들고 기도했음을 알 수 있습니다.

2. "오로지"의 헬라어 의미

여기서 "오로지 힘썼다"라는 표현은 헬라어로 "프로스카르테레오"인데, 이 단어는 지속하다, 집중하다, 한 가지에 전념하다는 뜻을 가지고 있으며 단순히 '반복'이 아니라, 한 가지 목표에 깊이 몰입하는 것을 말합니다. 즉, 그들은 단순히 기도의 시간만 채운 것이 아니라 목적 있는 기도, 특히 하나님의 약속의 말씀을 붙든 기도에 몰입했던 것입니다.

3. 말씀 묵상과 기도의 관계

성경에서 기도는 말씀 묵상과 긴밀히 연결됩니다. 예를 들어, 요한복음 15:7에 "너희가 내 안에 거하고 내 말이 너희 안에 거하면 무엇이든지 원하는 대로 구하라 그리하면 이루리라." 여기서도 기도의 힘은 말씀이 마음에 거할 때 강해짐을 말합니다.

따라서 사도행전 1:14의 기도도 단순히 '간청'하는 것이 아니라, 예수님이 교훈으로 주신 말씀(하나님의 나라의 비밀)과 약속의 말씀(성령 강림)을 붙들고 반복하여 읊조리며(묵상하며) 기도했음을 깨달을 수 있습니다.

사도행전 1:14의 "오로지 기도에 힘쓰더라"는 단순히 기도에만 집중했다는 의미 이상으로, 예수님이 직접 가르쳐 주신 말씀과 약속하신 말씀을 깊이 읊조리며 (묵상하며) 그 말씀을 붙잡고 기도했다는 의미입니다.

이 기도는 말씀 없는 빈 기도가 아니라, "약속하신 말씀을 근거"로 한 믿음의 기도였고, 그것이 성령 강림이라는 응답으로 이어졌습니다.

제자의 삶(행6:4)을 사는 궁극적인 이유와 목적(마22:37-40))

제자들이 말씀을 읊조리며, 필사하고, 암송하고, 성경일기를 쓰며, 기도에 힘쓰며, 성령 충만을 갈망하는 것은 예수님이 말씀하신 **"사랑의 삶"(마 22:37-40)**을 살기 위해서 입니다(**본서 별책 부록 참조**).

그리스도인에게 가장 위대한 사명은 "너희는 가서 모든 족속으로 제자를 삼아 아버지와 아들과 성령의 이름으로 침례를 주고 내가 너희에게 분부한 모든 것을 가르쳐 지키게 하라"(마 28:19-20)는 말씀입니다. 또한 그리스도인에게 가장 위대한 계명은 "네 마음을 다하고 목숨을 다하고 뜻을 다하여 주 너의 하나님을 사랑하고 네 이웃을 네 몸과 같이 사랑하라"(마 22:37-40)는 말씀입니다.

그런데 가장 위대한 계명과 가장 위대한 사명은 불가분의 관계로 분리할 수 없습니다. 왜냐면 가장 위대한 계명에 대한 순종이 없이는 가장 위대한 사명을 수행할 수 없기 때문입니다. 그런데 우리는 위대한 사명은 강조되면서 위대한 계명은 소홀히 하고 망각하며 살고 있습니다.

모든 사람은 행복과 성공을 갈망합니다. 하나님도 인간이 행복하고 성공적인 삶을 살도록 끊임없이 역사하고 있습니다. 그럼에도 불구하고, 인간은 불행과 실패 속에 허우적거리며 살고 있습니다. 그 이유가 무엇일까요? 사랑을 모르기 때문입니다. 사랑하지 않기 때문입니다. 행복과 성공의 시작도 끝도 사랑입니다. 하나님의 사랑을 모르고는 행복할 수도 없고 성공할 수도 없습니다. 하나님의 크신 사랑을 알 때 행복하고, 하나님을 진심으로 사랑할 때 성공하게 됩니다.

우리가 기도하는 궁극적인 이유와 목적이 무엇입니까? 우리가 말씀을 묵상하고 필사 하며 암송하고 성경일기를 쓰는 이유와 목적이 무엇입니까?

"제자들이 기도와 말씀에 힘쓰는 삶"(행6:4)을 사는 이유와 목적은 사랑이었습니다.

너무 너무 사랑하여 영원히 사랑하며 살고 싶어 결혼하였는데, 사랑하면서도 오해와 서운함이 쌓여 미움과 원망의 대상이 되고, 눈에 넣어도 아깝지 않을 자녀를 위해서 라면 어떤 희생도 마다하지 않고 사랑했던 자녀들과, 대화가 단절되고, 남보다 못한 관계 속에서 함께 살아가는 이 비극적인 삶이 한국 가정을 불행과 슬픔에 빠뜨리고 있습니다. 왜 그럴까요?

사랑은 하는데 사랑의 방법(고전13:4-7)을 배우지 못했고(**본서9장 참**

조) 훈련 받지 못해서 자기 방법과 생각과 감정으로 사랑하기 때문에 "소와 사자"의 사랑처럼 사랑하는 만큼 서운함과 오해가 쌓여 결국은 "번 아웃 증후군(Burnout Syndrome) 상태에 이르게 됩니다.

사랑의 방법(고전13:4-7)보다 사랑의 대상과 순서(마22:37-40)가 더 중요합니다.

마태복음22:37-40절에 "예수께서 이르시되 네 마음을 다하고 목숨을 다하고 뜻을 다하여 주 너의 하나님을 사랑하라 하셨으니 이것이 크고 첫째 되는 계명이요 둘째도 그와 같으니 네 이웃을 네 자신같이 사랑하라 하셨으니 이 두 계명이 온 율법과 선지자의 강령이니라"고 했습니다.

이 말씀은 너무나 잘 알고 있지만 실제로 살아 내기는 어렵습니다. 왜 그럴까요 사랑은 명령만으로 되는 것이 아니기 때문입니다. 진정한 사랑은 경험된 사랑으로부터 나오는 반응입니다. 그래서 우리는 이 질문을 던져야 합니다. "나는 하나님의 사랑을 진정으로 알고 있는가? 나는 하나님의 사랑을 제대로 경험하고 있는가?

하나님을 사랑하려면 하나님의 사랑을 먼저 알아야 합니다. 하나님은 호세아서 6:6에 "나는 인애를 원하고 제사를 원하지 아니하며 번제보다 하나님 아는 것을 원하노라"고 했습니다. 하나님께서 원하시는 것은 단순한 종교 행위가 아니라 하나님의 사랑을 아는 친밀한 관계입니다.

우리가 하나님을 사랑할 수 있는 유일한 이유는 하나님께서 먼저 우리를 사랑하셨기 때문입니다. 요한일서4:19절에 "우리가 하나님을 사랑함은 그가 먼저 우리를 사랑하셨음이라"고 했습니다. 하나님의 사랑은 그저 감상적인 개념이 아닙니다. 그 아들을 우리를 위해 내어 주신 희생적 사랑이며, 우리의 죄를 덮고 새 생명을 주시는 능력의 사랑입니다. 하나님의 이 깊은 사랑을 알고, 믿고, 경험할 때, 비로서 우리는 하나님을 마음과 목숨과 뜻을 다해 사랑할 수 있게 됩니다.

또한 이웃을 사랑하려면 자신을 바르게 사랑할 수 있어야 합니다. 예수님은 네 이웃을 "네 자신 같이 사랑하라"고 말씀하셨습니다. **그렇다면 이웃 사랑의 기준은 결국 자신에 대한 사랑입니다.** 그러나 많은 사람들은 자신을 바르게 사랑하지 못합니다.

자신을 비하하거나, 지나치게 자책하거나, 반대로 교만에 빠져 있습니다. 이 모든 왜곡은 하나님의 사랑을 제대로 알지 못할 때 나타납니다. 하나님의 사랑을 아는 사람은 자신이 얼마나 소중하고 존귀한 존재인지 깨닫게 됩니다.

사랑의 시작은 하나님의 사랑을 아는 데서부터 시작됩니다. 하나님을 사랑하려면 그 분의 사랑을 먼저 알아야 합니다. 이웃을 사랑하려면 자신을 바르게 사랑할 수 있어야 하며 이는 하나님의 사랑 안에서만 가능합니다. 그러므로 모든 사랑의 시작점은 바로 하나님의 사랑을 아는 것입니다. 나는 하나님의 사랑을 얼마나 깊이 알고 있는가? 하나님과의 관계는 지식의 차원을 넘어서 감격과 신뢰로 이어지고 있는가? 나는 자신을 어떻게 대하고 있는가? 그 기준은 세상의 기준인가 하나님의 사랑인가? 나는 내 주변의 이웃을 사랑하고 있는가 아니면 판단하고 있는가?

하나님은 성경 말씀대로 성취하시는 분 이것이 얼마나 큰 힘이 되고 위로가 되며, 기쁨과 평안이 되는지 모릅니다. 하나님은 모든 것을 계시하시고, 약속하신, 말씀대로 성취하시는 분이십니다. 이것이 우리의 믿음이요, 이 믿음에 의해 모든 것이 시작되고 완성됩니다. 하나님은 성경66권의 하나님이십니다. 하나님은 말씀 자체이십니다.

말씀을 신뢰하는 것이 하나님을 신뢰하는 것입니다. 하나님 안에 말씀이 있고, 말씀 안에 하나님이 있습니다. 하나님과 말씀은 하나입니다. 말씀을 가까이 하는 것이 하나님을 가까이 하는 것이며, 말씀을 믿은 것이 하나님을 믿는 것입니다. 말씀에 순종하는 것이 하나님께 순종하는 것입니다. 말씀을 사랑하는 것이 하나님을 사랑하는 것입니다.

말씀을 말씀 되게 하시는 분이 성령님 이십니다. 그래서 말씀으로 기도해야 하는 것입니다. 말씀으로 기도할 때 성령님께서 말씀을 말씀 되게 하시는 것입니다.

하나님은 말씀으로 하나님의 사랑을 알게 하십니다. 하나님은 말씀으로 하나님의 능력을 알게 하십니다. 성령님은 하나님의 약속된 말씀을, 말씀대로 성취하심으로 하나님의 사랑과 능력을 증명하십니다.

<u>"우리가 하나님의 말씀을 매일매일 읊조리며, 필사하고, 암송하고, 성경일기를 쓰는 이유와 목적"</u>(**본서 별책 부록 참조**)은 하나님께 가까이 좀 더 가까이 나아가는 지름길이며, 하나님의 사랑과 능력을 알아가는 것이며, 하나님을 사랑하는 방법입니다.

제자들의 삶(행6:4)처럼 **1.성구를 읊조리며(묵상)** 기도하고, **2.성구를 필사하여** 영육을 회복 하고 **3.성구를 암송하여** 영적으로 무장 하고, **4.성구로 성경일기를 쓰면** 성령 충만케 되어 <u>부부 간에 부모와 자녀 간에, 셀리더와 셀 원 간에 사랑을 회복해 갈 때 "거룩"(=성스럽고 위대한)한 사랑의 삶(마22:37-40)을 살아갈 것입니다.</u>

성령 충만에 의한 성령의 열매와 성령의 은사

예수님은 사망 권세를 깨뜨리고 영광의 부활로 우리의 부활을 보증해 주신 후 우리의 연약함을 체휼 하셔서(히4:15) 악한 사탄과 영적 전쟁에서 승리하시기 위해서는 반드시 '성령의 능력을 힘 입어야 하심'을(눅24:49) 아신 예수님께서는 부활하신 후 제자들에게 "성령의 충만을 받으라고 명령하시고, 성령 충만을 주실 것을 약속"(행1:4-5)하셨습니다.

성령의 충만을 받은 사람(행1:8)만이 <u>세계 도처에 이르러 사랑으로</u> "생육하고, 번성하고, 충만하고, 정복하고 다스리는 권능의 삶"(창1:28)을 살수 있기 때문입니다. 성령 충만을 받아야 "성령의 열매"(갈5:22-24)를 맺어 예수님의 인격을 닮아가고, 성령의 은사(롬12:6-8/고전12:4-7)를 나타내 예수님처럼 능력의 삶을 살아 하나님을 영광스럽게 하기 때문입니다 예수님의 명령이니 성령 충만을 사모하여 받아야 하며, 신실하신 예수님의 약속이니 믿고 간절히 구해 꼭 받아야 합니다.

왜냐하면 오늘날 성도들의 문제는 "자녀로서 의 권세"(요1:12)는 있는데 하나님 자녀로서 의 "능력"(눅24:49)이 없기 때문입니다.

<u>권세와 능력은 어떻게 다를까요?</u> "권세"(Exousia)란 말은 어떠한 능력을 자유로이 행사할 수 있는 권리를 의미하며, "능력"(Dunamis)이라는 말은 흔히 "기적"과 관련하여 사용되는 용어로서 어떠한 일을 행할 수 있는 힘 또는 재능을 의미합니다. 예를 들면 의사는 환자를 수술할 권세가 있습니다(의사 면허증 소지).

그러나 환자를 치유할 능력은, 있는 의사도 있고 없는 의사도 있습니다. 의사는 면허증의 권세도 있어야 하지만 치료할 수 있는 능력도 있어야 합니다.

권세(요1:12)위에 능력(눅24:49)이 임하여 권능(행1:8)의 사람이 될 때 많은 불치병(영과 마음과 육신과 삶의)을 치유함으로 능력 있는 삶을 살아 하나님을 영광스럽게 할 것입니다. 자녀의 권세"(요1:12)를 가진 성도들은 "약속된 능력"(눅24:49)을 받아 "권능"(행1:8)의 삶을 살도록 "성령의 충만을 계속해서 간절히 갈망"(행4:8/행4:31)해야 합니다. "주는 그리스도시요 살아 계신 하나님의 아들이시니 라."(마16:16)고 고백한 베드로와 제자들에게 부활하신 주님께서 "몇 날이 못 되어 성령으로 침례를 받으리라"(행1:5)는 약속을 믿고 회개하며 "오로지 기도에 힘쓸 때" (행1:14)오순절 날 성령 충만을 받았습니다(행2:4).

오늘날도 예수를 주로 시인하여(고전12:3)거듭난 그리스도인도 성령의 충만을 받아야 합니다(엡5:18) 거듭남은 말씀과 성령으로 "그리스도의 몸에 접붙임을 받고 예수님의 생명을 받아들이는 체험"이지만 성령의 충만은 "예수님께서 제자들에게 권능을 충만히 채우시는 하나님의 기름 부음"입니다.

거듭남은 "영생(=영원한 생명)을 얻는 체험"이요. 성령의 충만은 거듭난 성도가 "하나님의 권능을 받아 그리스도의 능력이 임하는 체험"이 되는 것입니다. 그러므로 거듭남은 새로운 예수님의 생명을 얻기 위하여 필히 체험해야 하고 성령의 충만은 하나님의 사역을 행하는데 있어서 예수님의 놀라운 "사명 적 권능"을 얻기 위하여 제자들이 반드시 갈망해야만 하는 것입니다. 성령이 내주할 때 갖던 믿음 소망 사랑 감사들이 성령이 충만하면 믿음이 더 굳건해 지고, 소망이 더 확실해지고, 사랑이 더 뜨거워지며, 감사가 더 구체화되어 갑니다.

또한 사탄의 역사가 분별되어지고, 사람의 외적인 것만 보고 판단하고 비판하고 정죄하던 삶이 사탄과 죄의 종이 되어 고통 당하는 영혼의 고통을 보기 시작합니다.

긍휼히 여기는 마음이 생겨지고, 세상을 사랑하던 마음이 하나님 사랑에 푹 빠져 물불을 가리지 않고 하나님을 사랑하며, 모든 것을 주어도 아깝지 않고, 구원에 대한 감사와 감격이 샘솟습니다. <u>내가 예수님을 통해 나의 일을 하는 것이 아니라, 예수님이 나를 통해 예수님의 일을 하게 되어집니다.</u>

성령이 충만하다는 것은 성령님께 사로잡혀, 성령님에 의해 다스림을 받고, 성령님에 의해 기도하고, 성령님에 의해 생각하고, 성령님에 의해 말하고, 성령님에 의해 행동하는 "성령의 다스림"과 "성령의 나타남"을 말합니다.

<u>우리가 분명히 알아야 할 것은 "말씀이 충만"해야 "성령이 충만"하다는 것입니다.</u>

우리 안에 임한 성령님이 우리의 "영과 혼과 육과 삶"을 다스리시고 우리의 모든 것들(생각/언행/소유된 것들)을 도구 삼아 성령님께서 일하심으로 예수님의 위대한 역사를 이루시는 것입니다.

성령의 충만은 첫째는 성령님께서 내 마음을 다스리셔서, 성령의 내적 역사인 성령의 열매를 맺게(갈5:22-24)하시고, 둘째는 성령의 외적 역사인 성령의 나타남을 통해 성령의 은사들(고전12:7-11, 롬12:6-8, 엡4:11-12)로 나타납니다. 먼저 성령 충만에 의한 성령의 내적 역사인 성령의 열매를 살펴봅니다.

성령 충만에 의한 성령의 열매(갈5:22-24)

'나는 포도나무요 너희는 가지라 그가 내 안에 내가 그 안에 거하면 사람이 열매를 많이 맺나니 나를 떠나서는 너희가 아무것도 할 수 없음이라'(요15:5)는 가장 중요한 영적 진리입니다. 더욱이 그리스도인은 포도나무 되신 예수님을 떠나서는 성령의 열매를 맺을 수가 없습니다. 한국성도들은 성령의 열매는 관심이 없고, 성령의 은사만을 사모합니다. **"성령의 열매"(갈5:22-24)는 그리스도인이 이 세상의 빛과 소금의 삶을 사는데 절대적으로 필요한 성품입니다.**

성령의 열매로 맺는 9가지의 성숙된 성품은 내 의지나, 내 지혜나, 내 의로, 맺는 것이 아니라 "이는 힘으로 되지 아니하며, 능으로 되지 아니하고 오직 성령으로 되느니라."(슥4:6)는 말씀처럼 성령님께서 맺는 열매입니다(갈5:22-24).

성령의 열매는 하나님의 십자가 사랑과 예수님의 보혈의 은혜를 생각하며 우리가 우리의 연약함과 어리석음과 죄 됨을 고백하면서 긍휼을 구할 때 하나님께서 성령의 기름을 부어 주심으로(행10:38) 성령님께서 생각나게 하시고, 가르쳐 주시고 (요14:26), 진리 가운데로 인도하시고 장래 일을 알게 하십니다(요16:13).

하나님이 사랑하는 자들을 위해 예비해 놓으신 것과 하나님이 주신 은혜들을 알게 하셔서(고전2:9-12) 우리로 사랑, 희락, 화평, 오래 참음, 자비, 양선, 충성, 온유, 절제의 열매를 맺게 하시는 성령 충만의 내적 역사입니다.

성령의 열매 1.사랑

성령의 열매 목록에서 제일 먼저 나오는 것이 사랑입니다. 이것은 단순히 순서상의 문제가 아니라, 성령의 열매 전체를 대표하고 기초가 되는 덕목이 사랑이라는 사실을 보여줍니다. 사랑이 없으면 다른 열매들도 온전하게 맺힐 수 없습니다(고전 13:1-3).

여기서 말하는 사랑은 헬라어로 아가페($\alpha\gamma\alpha\pi\eta$)입니다. 이 사랑은 인간적인 감정이나 조건적 사랑(필로스, 에로스 등)과 다릅니다. 아가페는 조건 없는 사랑, 희생적인 사랑, 그리고 자기 중심적이지 않은 사랑입니다. 하나님이 우리를 사랑하시는 방식, 예수님이 십자가에서 보여주신 사랑이 바로 아가페입니다(요한복음 3:16).

아가페 사랑은 성령의 역사로만 맺힙니다 이 사랑은 인간의 힘으로 만들어낼 수 있는 것이 아닙니다. 성령께서 우리 안에 내주하시고 역사하실 때, 그 열매로 자연스럽게 맺히는 것이 아가페 사랑입니다.

로마서 5장 5절은 이렇게 말합니다. "우리에게 주신 성령으로 말미암아 하나님의 사랑이 우리 마음에 부은 바 됨이니." 즉, 사랑은 우리가 억지로 만들어내는 게 아니라 성령의 은혜로 자연스럽게 열매 맺는 것입니다.

내가 의지로 믿는 믿음이 있고 성령의 역사로 믿어지는 믿음이 있듯이 내가 내 생각과 의지로 하는 사랑이 있고, 성령님이 나를 통해 성령님이 하시는 사랑이 있습니다.

성령의 열매로 맺어진 아가페 사랑은 배우자와 자녀를 조건 없이 사랑하고 용서하며 섬기고, 연약한 성도들을 정죄하지 않고 품고 세우며, 경쟁이 아닌 협력과 이해로 동료를 대하며 나와 다른 생각, 가치관을 가진 사람에게도 친절과 존중을 베푸는 삶을 삽니다. 성령의 열매로 맺는 사랑은 단순한 감정이나 말로 그치는 것이 아니라, 삶의 태도와 행동으로 드러나는 희생적이고 조건 없는 사랑입니다. 이 사랑은 우리가 하나님을 사랑하고 이웃을 사랑할 때, 우리를 통해 하나님 나라가 이 땅에 드러나게 합니다. 따라서 우리는 매일 성령께 의지하며 "주님, 오늘 제 안에 성령의 열매, 특히 사랑의 열매를 맺게 해주세요"라고 기도해야 합니다. 이 사랑이야 말로 우리의 신앙이 진짜임을 보여주는 가장 강력한 증거입니다(요한복음 13:35).

성령의 열매 2. 기쁨(희락)

성령의 두 번째 열매는 희락 곧 기쁨입니다. 열매로는 두 번째이지만 그 성격상 모든 성령의 열매를 맺을 때마다 필요한 열매입니다. 인내도 충성도 절제도 본질적으로 기쁘기 때문에 하는 것입니다. 기쁨은 윤활유 와도 같습니다. 기쁨 없이 하는 일처럼 힘든 것도 없습니다. 기쁨이 있으면 힘든 일도 수월하게 할 수 있습니다. 신앙인임을 드러내는 표식이 있다면 그것은 아마 기쁨일 것입니다.

사람은 얼굴 표정에서 그 안에 무엇을 담고 있는지 알 수 있습니다. 그 안에 만족할 만한 어떤 것이나 숭고한 어떤 것을 담고 있는 사람은 그 눈에서 그리고 그 표정에서 빛이 나기 마련입니다. 우리 안에는 성령님께서 살아 계십니다. 그러면 그 빛의 광채가 밖으로 드러나게 되어 있습니다. 성령님께서 우리에게 하나님의 사랑을 알게 함으로 기쁨이 넘치게 됩니다.

현대인들은 기쁨을 잃고 있습니다. 왜 그럴까요? 그 이유 중 하나는 우리가 물질의 논리에 빠져 있기 때문입니다. 기쁨을 우리 내면에서 찾아야 하는데 마치 더 많은 물질을 얻어야 행복한 것처럼 착각하는 것입니다.

예수 그리스도가 우리 기쁨의 근원입니다. 이는 밭에서 보물을 발견한 농부의 기쁨과 같은 것입니다. 어느 날 농부가 밭을 갈다가 보물을 발견했습니다. 농부는 그 밭이 자기 밭이 아니므로 모든 돈을 들여서 그 밭을 샀습니다(마13:44). 밭을 샀지만 사람들에게 드러내질 않습니다. 사람들은 그가 아무 쓸모도 없는 밭을 샀다고 그 어리석음을 탓합니다. 그러나 농부의 얼굴에는 항상 기쁨이 가득합니다. 자기 밭에 보물이 있기 때문입니다(마13:44). 다른 사람을 부러워하거나, 자기 옷차림이 허름하다 하여 기가 죽지 않습니다. 왜냐면 자기 밭에 보물이 숨겨져 있기 때문입니다. 바로 예수 그리스도가 우리의 보물입니다.

우리에게 기쁨이 없는 주된 원인 중 하나는, 우리가 그리스도를 보물로 알지 못하기 때문입니다. 기쁨은 세속에 매이지 않는 데서 나옵니다. 그 중심이 하나님만을 향하고 있을 때 우리는 세속의 욕심으로부터 자유로울 수 있습니다. 우리들이 기쁨을 잃고 있는 이유는 그 안에 하나님이 없기 때문입니다.

기쁨을 나누면 배가 되고 슬픔을 나누면 반이 된다는 말이 있습니다. 기쁨은 내면에서 생기지만 또한 관계에서도 생깁니다. 관계에서의 기쁨은 나누는 기쁨입니다. 주님은 "주는 것이 받는 것보다 복이 있다"(행20:35)고 말씀하십니다. 우리의 기쁨도 다른 사람을 위하여 많이 베풀고 나눌 때 주어집니다. 평생을 인색하게 사는 사람에게는 기쁨이 없습니다. 돈이란 것은 모으는 재미도 있지만 쓸 때 더 기쁩니다. 잘 베풀면 더욱 더 기쁩니다. 부모는 자식들이 잘 먹는 모습만 보아도 배가 부릅니다.

다른 사람을 위하는 일이 기쁨이 되는 이유는 그것 자체가 기쁠 뿐만 아니라 하나님께서 배로 갚아 주시기 때문입니다. "주라 그리하면 너희에게 줄 것이니 곧 후히 되어 누르고 흔들어 넘치도록 하여 너희에게 안겨 주리라"(눅6:38) 이것이 기쁨을 나누면 배가 된다는 말씀입니다.

성령의 열매 3. 화평(평화)

화평이란 히브리어로 '샬롬', 헬라어로 '에이레네'인데 이는 외형적이고 일시적인 것이 아니고 죄 사함을 얻고 하나님과 끊어진 관계를 회복함으로써 누리는 영원하고 참된 평화의 상태를 말합니다(골 1:20, 롬5:1).

우리 인간은 하나님과의 관계가 화평하지 않고 서는 평화를 누릴 수 없습니다.

우리는 믿음으로 의롭다 함을 얻는 순간 우리 주 예수 그리스도로 말미암아 하나님과 화평하게 되었습니다(롬5:1). 이것은 그리스도께서 불화와 불안의 원인인 우리의 죄를 보혈로 해결해 주신 까닭에 우리와 하나님 사이의 적대적관계가 마감되었음을 의미합니다. 우리는 또한 그리스도께서 우리의 죄의 대가를 지불하셨으며 하나님께서 그 죄를 사하셨음을 믿는 까닭에 '양심의 화평'을 누립니다. 그러나 성령님께서는 우리가 마음으로 "하나님과 화평"을 누리기를 원하십니다.

하나님의 자녀들은 평화를 누릴 권리가 있습니다. 그것은 현실이 아무리 어려워도 그 현실 넘어 역사하시는 하나님의 섭리를 바라봄으로 이루어지는 초현실적 평화이며, 새 하늘과 새 땅을 바라보는 소망과 꿈으로 이루어지는 초역사적 평화이기도 합니다.

성령의 열매인 화평은 단순히 다툼이 없는 상태를 넘어서, 하나님과의 화목, 마음의 평강, 그리고 이웃과의 평화를 아우르는 깊고 풍성한 열매입니다. 이 화평(평화)은 오직 성령께서 주시는 선물이기에, 우리는 날마다 말씀과 성령으로 충만하여 성령을 의지하여 그 열매를 맺어야 합니다.

성령의 열매 4.오래 참음

성령의 열매인 '오래 참음(인내)'을 신약성경에는 '인내'로 번역될 수 있는 헬라어 낱말이 두 개가 있습니다. 고난에 직면해서 낙심치 않고 굳건하게 잘 참는 것을 의미하는 '휘포모네'라는 단어가 있는데, 욥이 보여주었던 인내가 바로 '휘포모네'입니다. 욥은 여러 가지 환난을 만났으나 끝까지 그의 신앙을 지켰습니다.

또 다른 단어는 '마크로두미아'라는 단어인데, "오랜 시간을 견딘다."라는 뜻입니다. 성령의 네 번째 열매가 바로 이 '마크로두미아'입니다. 풀어서 설명을 하면, "궁극적 선을 이루기 위해서 순간의 불의나 핍박, 어려움을 끈기 있게 견디어 내는 것"을 의미합니다. "궁극적 선을 이루기 위해서…" 라는 전제가 중요합니다. 오래 참음의 목적이 선을 이루는데 있다는 것입니다. 자기 이익만을 위해서 옳지 않은 일을 끈질긴 인내로 이루어 내는 것은 성령의 열매가 아닙니다. 용기가 없어서 할 수 없이 참는 것도 역시 성령의 열매가 아닙니다. 선한 열매를 맺기 위해서 참는 것이 성령의 열매입니다.

순수한 우리말 '오래 참음'이라는 말 자체가 주는 속 깊은 뜻이 있습니다. '참는다.'는 것은 본능적인 욕구를 제어하는 것을 뜻합니다. 기쁘거나 즐거운 일을 계속하는 것은 참는 것이 아닙니다. 하기 싫지만, 고통스럽지만, 해야 할 가치가 있기에, 우리의 본능은 행하기를 원하지만, 그 본능의 욕구를 억누르는 것이 참는 것입니다. 그런데 우리 삶에 '성령의 열매'로 맺고자 하는 것은, '잠시 참음'이 아니라, '오래 참음'입니다.

솟아오르는 욕구를 잠시 참는 것은 기본적인 인격을 갖춘 사람이라면 누구나 할 수 있습니다. 그러나 오래 참는 것은, 그 일에 대한 확고한 가치관이 설정되어 있지 않으면 지속되기 어렵습니다 우리가 오래 참는 것은 우리 안에 소망의 끈이 있어야 가능합니다. 오래 참음의 끝은 우리를 정금과 같이 변화시킬 하나님의 사랑의 완성입니다. 말씀을 통해 하나님이 신실하심을 기억하며 기도할 때 오래 참을 힘을 얻게 됩니다.

성령의 열매인 오래 참음은 단순히 참고 견디는 것을 넘어서, 사랑으로 기다리고, 믿음으로 버티며, 소망으로 끝까지 인내하는 삶입니다. 하나님께서 우리에게 오래 참으셨듯이, 우리도 성령의 능력으로 오래 참음의 열매를 맺어야 합니다. 이 열매는 우리의 신앙을 성숙하게 하고, 다른 사람들에게 하나님의 사랑을 보여주는 강력한 증거가 됩니다.

성령의 열매 5. 자비

성령의 열매인 '자비(慈悲)'는 (헬:'크레스토테스')인데 '선함' '친절함' '우정'의 의미이며, 국어사전에서는 "불쌍히 여기는 마음"으로 나타나고, 영어 성경에서는 '친절'로 번역이 되어 있습니다. 자비는 "남에게 대하여 관대한 태도"를 보여주는 것이며 모든 사람에게 친절로 대하는 것입니다.

구약성경에서 '자비'를 나타내는 단어는 '라훔' 혹은 '라함'입니다. 이 말은 "깊이 사랑하다" "동정심을 갖다"라는 뜻인데, 여자의 자궁을 뜻하는 '레헴'과 관계가 있습니다. 아기에 대해서 그 어머니만이 가질 수 있는 압도적이고 온정이 넘치는 사랑, 그것이 바로 '자비'라는 단어가 가진 중요한 의미입니다.

'자비'라는 단어가 대인관계와 관련해서 쓰일 때는, "상대방을 존중하고 이해하려는 마음에서 우러나오는, 사려 깊고, 예의 바르고, 점잖고, 신중한 태도"를 뜻합니다. 이 자비는 동정심과는 다릅니다. 동정심은 불쌍히 여기는 마음입니다. 돕고자 하는 선의의 마음은 있지만 누군가를 동정한다고 할 때는, 그 사람 위에 서서 내려다보는 마음이 깔려 있기 쉽습니다.

조건이나 환경을 보고 나서 사람을 보면 모든 사람을 귀하게 볼 수가 없습니다. 돈 많은 사람이 가난한 사람을 볼 때, 조건이나 환경을 통해서 보면 동정할 수는 있으나 존중하고 귀하게 보기는 어렵습니다. 그러나 누구에게나 있는 하나님의 형상(인격)을 먼저 보면, 그 사람의 조건이나 환경과는 관계없이 모두 귀하게 보이고 존중하게 됩니다. 성령의 열매로서의 자비는 바로 그런 것입니다.

그래서 이 열매를 맺게 되면 모든 사람의 인격을 존중하게 되고 친절하게 됩니다. 예수님은 '세리와 죄인의 친구'였습니다. 사람의 조건이나 환경을 보기 이전에 그들 안에 있는 존귀한 하나님의 형상(인격)을 먼저 보셨기 때문입니다.

성령의 열매 6. 양선

양선(良善)은 헬라어 '아가도쉬네'로 '호의'(好意)를 뜻하는 '아가도스'에서 파생된 말로서, 단순히 마음이 부드러운 차원을 넘어 적극적으로 선을 행하는 상태를 뜻합니다. '선행' '유익' '선량함' 등으로 이해할 수 있습니다.

자비의 열매와 양선의 열매는 닮은 데가 많습니다. 자비는 '선한 마음의 표현'을 말하고 양선은 '선한 행동적 표현'을 말합니다. 그러니까 성령의 사람은 '선한 마음'만 먹고 사는 사람이 아니라 '선한 행동'까지 해야 한다는 뜻입니다.

우리가 죄의 문제를 해결하는 것은 매우 중요합니다. 그러나 그보다 더 중요한 것은 하나님의 뜻대로 행하는 것입니다. 죄의 문제는 우리 주 예수 그리스도를 믿고 영접하는 것으로 해결할 수 있습니다 그러나 아버지의 뜻대로 행하는 것은 성령의 내주하심이 우선 전제되어야 하며, 우리가 성령과 더불어 행하고자 하는 우리 의지의 순종이 필요합니다. 성경에서 '양선'은 선한 행동을 나타낼 뿐 아니라 거룩함을 실천에 옮기는 것입니다.

하나님의 은혜의 역사로 마음이 새로워지고, 예수님의 사랑으로 마음이 부드러워져야 선을 행할 수 있게 됩니다. 예수 그리스도께서 우리의 마음에 임재 하시고, 충만 하셔서 우리의 의가 되실 때 우리의 행위는 의롭게 되는 것입니다.

그러므로 예수님의 은혜 안에 거하지 않으면 쉽게 완악해질 수 있는 우리의 실체를 알고, 그분의 은혜 안에 항상 거하며, 우리 마음속에 언제나 은혜의 단비가 내리도록 성령의 역사하심을 간구해야 합니다. 하나님의 은혜 아래 사는 삶은 일시적인 것이 아니라 지속적이어야 합니다. 이런 은혜의 삶을 통해서 하나님의 형상으로 거룩 해져 가는 일이 가능해질 것이며, 양선을 남에게 베풀게 될 것입니다. 그런데 우리의 행동이 '선하다'고 말하기 전에 우리의 동기가 옳아야 합니다.

양선은 예수 그리스도의 십자가 사랑을 체험한 사람에게 자연스럽게 이루어지는데, 이웃을 사랑하며 불쌍히 여기는 사람은 자연스럽게 양선의 열매를 맺게 됩니다.

성령의 열매 7.충성

헬라어로 '충성'은 '믿음'과 어원이 같습니다. 믿음도 '피스티스', 충성도 '피스티스'입니다. 영어로는 믿음이 'faith', 충성은 'faithfulness'로 표현됩니다.

그러니까 '성령의 열매'로서의 충성은 '믿음이 가득 찬 상태'이며, 진정한 충성은 믿음에서 자연스럽게 우러나오는 현상이라고 볼 수 있겠습니다. 충성의 대상이 되는 분을 깊이 존경하고 신뢰할 때, 저절로 자신을 온전히 맡기고 의지하며 헌신할 수 있기 때문입니다.

성령의 열매로서 충성은 '하나님께 대한 신실함(성실함)과 정직함'을 말하며 신실함의 열매라고도 말할 수 있습니다. 하나님께 충성된 자로 인정을 받기 위한 가장 중요한 조건은 "맡은 자로 서의 의식 즉 청지기 의식"(벧전4:10)입니다. 마태복음 25장 14-23절에 달란트 비유는 얼마나 많은 것을 받았느냐 보다는 받은 것을 어떻게 하면 주인의 뜻에 따라 사용할 수 있을지를 판단하는 것이 중요하다는 것입니다. 그 판단을 위한 척도가 바로 충성을 기반으로 한 청지기 의식입니다.

우리가 청지기 직에 충성된 삶을 살기 위해서는 인생을 살면서 "소유의 가치"가 아닌 "존재의 가치"를 인식하는 삶 즉 우리의 삶이 어떻게 살아야 의미 있는 삶을 살 수 있을 것인지에 대한, 바른 인식이 삶의 기반이 되어야 합니다.

우리가 크고 귀한 일이라 생각하는 것이 하나님 보시기에는 작고 천한 일이 될 수 있습니다. 심판의 기준은 하나님께 있습니다. 하나님은 맡겨진 일에 충성하는 것을 크고 귀하게 여기십니다. 하나님께서 맡겨진 일에 대해 마지막까지 충성하는 것이 믿음이요 사랑입니다.

성령의 열매 8.온유

'온유'로 표현되는 헬라어는 '프라우스'인데, 사물에 관련해서 쓸 때는 '부드러운'이라는 뜻이고, 짐승에게 쓸 때는 '유순한', 사람들에게는 '온화한'이라는 뜻으로 쓰입니다. 그래서 온유를 잘못 이해하면, 약하고 비겁한 것으로 생각하기 쉽습니다. 그러나 진정으로 온유한 사람은, 겉으로 드러나는 모습은 부드럽고 온화하지만, 그 내면은 강하고 자유롭습니다. 바로 '외유내강'한 사람입니다.

성령의 열매로 서의 '온유'한 사람의 모델은 예수님에게서 찾을 수 있습니다. 예수님은 자신에 대해 "나는 마음이 겸손하고 온유하다."(마11:29)고 하셨습니다.

살다 보면, 어려운 일도 있고, 괴로운 일도 있고, 억울한 일도 있습니다. 그럴 때 힘들고 고통스럽지만, 하나님의 뜻을 이루기 위해, 십자가를 기꺼이 지신 예수님처럼, 억울함도 조롱도 견디며 하나님의 뜻을 이루는 성령의 열매를 맺어야 할 것입니다. 그것은 무엇보다도 성도가 자신의 삶에 대한 하나님의 모든 섭리에 기꺼이 복종하는 것을 가리킵니다. 온유한 사람은 하나님의 말씀에 의문이나 불만이 없이 복종합니다. 그는 아무런 변화나 사건이 없어도 하나님이 자신의 삶에서 "모든 것을 합력하여 선을 이루고 계신다"(롬8:28)는 것을 믿습니다.

성령의 열매 9. 절제

절제는 '헬: 앵크라테이아'로 '무엇 아래 머물다' 라는 '엥'과 '권능, 지배'라는 '크라토스'의 합성어입니다. 직역을 하자면 '성령의 권능아래서 지배를 받는 것'을 절제라고 할 수 있습니다. 의역을 하자면 '성령의 지배를 받아 그리스도의 인격으로 자신을 제어하는 힘'이라 하겠습니다. '성령의 열매로서 절제'는 일반적으로 말하는 절제(철학적 개념이나 사회적 통념)의 개념이 아닙니다. 절제는 혼자만이 잘 잡아 둔 균형이 아닌, "하나님의 다스림을 받아 하나님의 뜻을 기준으로 사는 삶"입니다.

성령의 열매로 나오는 '절제'는 단순히 죄를 범하지 않는 힘을 의미하는 것이 아닙니다. 사랑, 희락, 화평, 오래 참음, 자비, 양선, 충성, 온유 등 다른 열매들이 온전해지도록 조절할 수 있는 능력을 말합니다. 여러 가지 덕목이 겉으로 드러날 때 모든 것을 질서와 조화 속에 어우러지게 하는 역할을 해줍니다.

절제의 열매를 맺으려면, 범사에 자신이 앞서지 말고 성령의 소욕을 좇아 순종할 때 늘 질서 가운데 조화롭게 행할 수 있습니다. 살아있는 모든 생명체는 본능적 욕구를 갖고 있습니다. 우리는 '본능' 하면 비이성적이고 원시적이고 동물적이어서 억제해야 할 것으로 생각하기 쉽습니다. 그러나 본능적 욕구는 생명체가 살아가기 위한 생존의 필수 조건이므로 어느 정도까지는 반드시 충족되어야 합니다.

　예를 들어 모든 생명체가 살아가기 위해 꼭 필요한 본능적 욕구로 식욕과 성욕이 있습니다. 이 둘 중 어느 것 하나라도 충족되지 않으면 그 개체와 공동체는 소멸됩니다. 그러나 본능적인 욕구가 도를 넘으면 오히려 그 개체와 공동체를 파괴합니다. 그래서 절제가 필요합니다. **성령의 열매를 맺는 삶이 예수님의 인격을 닮는 삶입니다.** 예수님의 인격을 닮아갈 때 사람들과 아름다운 관계를 맺어가고 어떤 사람에게나 존경을 받고, 어느 직장이나 필요로 할 것이며 세상 어느 곳에서나 빛과 소금의 사역을 감당함으로 존귀함과 성공의 인생이 될 것입니다.

성령 충만에 의한 "성령의 은사"(롬12:6-8/고전12:4-11/엡4:11)

　성령님은 예수님의 영이십니다. 예수님이 2,000년 전에 이스라엘 땅에서 사람들에게 시공간의 제한을 받으며 하시던 일을, 이제 성령님으로 내 안에 오셔서 2,000년 전에 하시던 그 구원의 역사를 시공간을 초월하여 우리를 통해 '어제나 오늘이나 영원토록 동일'(히13:8)하게 역사하십니다. 성령이 충만할 때 나타나는 성령의 은사는 성령의 외적 역사로 "성령의 나타남"이며, 2,000 전 예수님이 세상에 오셔서 예수님이 행하셨던 권능의 재현입니다.

　예수님을 구주로 영접하면 성령이 임하므로 자녀가 됩니다. 그러나 하나님의 일꾼으로 쓰임 받고 사명 수행을 위한 권능을 받기 위해 "성령의 충만"을 받아야 함을 성경은 수없이 말씀하고 있습니다. 물론 학자에 따라 조금씩 다릅니다. 그러나 분명한 것은 성령의 충만을 받으면 "성령의 은사"가 나타나고 성령의 충만을 강하게 받을수록 "성령의 은사가 강하게" 나타난다는 사실입니다.

　예수님도 "성령의 충만함"(행10:38)으로 "은사가 충만"했습니다. 예수님도 "지혜의 말씀의 은사"(마22:15-22)나 "지식의 말씀의 은사"(요4:16-

19)나 "병 고치는 은사"(마4:23) "능력 행함의 은사"(요11:38-44)나 "영들 분별의 은사"(마16:16-23)등 "성령의 나타남"의 사역이었습니다. 바울 사도는 "내 말과 내 전도함이 지혜의 권하는 말로 하지 아니하고 다만 "성령의 나타남"과 능력으로 하여"(고전2:4)라고 말한 것처럼 바울 사도는 사역할 때 "성령의 나타남"에 의한 "성령의 은사"로 말하고 전도했음을 우리에게 가르쳐 주고 있기에 우리도 성령의 은사에 대해 분명하게 알아야 하고 성령의 은사를 사모해야만 합니다.

고린도 전서 12장 4절로 11절에 기록한 9가지 은사는 첫째는 계시의 은사(지식의 말씀의 은사/지혜의 말씀의 은사/영들 분별의 은사)와 둘째는 발성의 은사(방언의 은사/방언 통역의 은사/예언의 은사)와 셋째는 권능의 은사(믿음의 은사/병 고치는 은사/능력 행함의 은사)로 구분하는데 고린도 전서 12장에 기록된 순서대로 성령의 은사를 살펴보고자 합니다.

1. 지혜의 말씀의 은사

"어떤 이에게는 성령으로 말미암아 "지혜의 말씀을"(고전12:8)

"지혜의 말씀"은 단순히 똑똑하거나 세상의 지혜를 말하는 것이 아니라, 하나님이 주시는 초자연적이고 하늘의 지혜를 선포하거나, 문제 해결의 길을 보여주는 말씀을 의미합니다. 이 은사는 성령의 특별한 계시로 주어진 지혜로서, 어려운 상황이나 문제 앞에서 하나님의 관점으로 올바른 길을 제시할 때 나타납니다.

예를 들어, 교회 안에서 분쟁이나 진로 문제, 신앙적 갈등이 있을 때 인간적인 판단을 넘어서는 지혜를 주어 모두가 하나님의 뜻을 깨닫게 만듭니다.

솔로몬 왕의 사례가 좋은 예입니다. 솔로몬은 재판할 때 두 여인이 한 아기를 두고 다툴 때 하나님의 지혜로 판단하여 진짜 어머니를 가려냈습니다(열왕기상 3:16-28). 이처럼 지혜의 말씀은 하나님이 문제 해결을 위해 주시는 은사입니다.

"지혜의 말씀"은 하나님의 뜻을 분별하고 문제 해결의 방향을 제시하는 은사이고 **"지식의 말씀"**은 하나님이 주신 지식(어떤 사실이나 사건, 사람에 대한 깨달음)을 전달하는 은사로 지혜는 "무엇을 해야 할지"를 보여주는 것이고, 지식은 "사실을 알게 하는 것"이라고 비유할 수 있습니다.

지혜의 말씀은 성령 충만한 사람에게 주어지는 선물로서 하나님의 말씀과 밀접하게 연결되어 있으므로 말씀 묵상과 기도 생활을 통해 성장합니다. 인생의 중요한 선택인 진로, 결혼, 이사, 큰 결정 앞에서는 늘 갈등과 불안이 따릅니다. 이때 하나님은 성령을 통해 지혜의 말씀을 주셔서 "이 길이다" 하고 확신을 주십니다. 고린도전서 12장 8절의 "지혜의 말씀" 은사는 하나님의 초자연적 지혜가 성령을 통해 인간의 언어로 선포되는 것입니다. 지혜의 말씀의 은사는 교회 안팎에서 가정, 직장, 공동체, 개인의 인생길에 하나님의 초자연적 해결책을 주시는 놀라운 은사입니다. 우리 삶의 모든 영역에서 하나님의 뜻을 분별하고 문제를 해결하는 데 이 은사가 필요하며, 우리가 "기도와 말씀에 힘쓸 때'(행6:4)성령 충만을 통해 나타나는 능력의 은사입니다.

예수님은 **"지혜의 말씀의 은사"**로 바리새인의 간계를 "그런 즉 가이사의 것은 가이사에게 하나님의 것은 하나님께 바치라"(마22:15-22) 했습니다.

제자들도 **"지혜의 말씀의 은사"**로 예루살렘 공의회에서 이방인 신자들에게 율법의 짐을 지우지 않기로 지혜로운 해결책을 제시했습니다(사도행전 15:28).

2. 지식의 말씀의 은사

"어떤 이에게는 같은 성령을 따라 "지식의 말씀"을(고전12:8)

"지식의 말씀"이란 인간의 노력에 의해 습득되는 자연적인 지식이 아니라 하나님께서 자신의 뜻에 따라 인간에게 부여해 주시는 지식의 단편인 동시에, 일정한 상황이나 사람에 관하여 성령님께서 우리에게 알려 주고자 하시는 진리를 드러내는 것을 말합니다. 지식의 말씀은 성령으로부터 그리고 성령을 통해서 "우리의 영"에 은사로 주어지는 것으로서 서로의 유익을 위해서 우리에게 계시되는 것입니다.

지식의 말씀은 단순히 일반적이거나 학문적인 지식을 의미하지 않습니다. 이것은 성령께서 주시는 초자연적인 깨달음으로, 1) 사람의 내면 상태, 2) 감추어진 사건, 3) 하나님께서 알려주시는 특정한 사실 등을 계시적으로 알게 되는 것을 뜻합니다.

말하자면 인간의 노력이나 공부로 얻는 지식이 아니라 하나님이 특정 순간에 주시는 초자연적 인식입니다.

부모와 자녀가 평소와 다름없이 지내는데 부모가 기도 중에 "이 아이가 마음에 큰 불안을 갖고 있다"는 "지식의 말씀"을 받고 다가가 대화를 시도했더니, 실제로 자녀가 고민을 털어놓고 치유가 시작된 경우나, 교회 안에서 성도가 마음의 상처나 죄의 문제를 숨기고 있을 때, 성령께서 그 문제를 지도자나 중보자에게 알려주십니다. 그러면 사랑으로 권면하고 회복을 도울 수 있습니다. 전도할 때 상대방의 마음을 열기 어려울 때가 많습니다. 그런데 기도 중에 성령께서 그 사람의 삶의 문제나 필요를 알려주셔서, 전할 말을 정확히 붙잡게 될 때 전도가 열립니다.

영적 상담에서도 상담자가 상대방이 말하지 않은 깊은 상처나 죄 문제를 성령께서 알려주셔서 정확하게 치유와 회개의 길로 인도할 수 있게 됩니다. 지식의 말씀의 은사는 우리의 일상에서 성령께서 사람과 상황의 숨은 문제를 보여주시고, 그로 인해 더 깊은 이해와 효과적인 중보, 돌봄, 복음 전파가 이루어지게 합니다. 삶의 어느 자리에 서든 이 은사가 필요하며,

"기도와 말씀에 힘쓰는 제자의 삶을 살 때"(행6:4) 하나님은 우리를 통해 그 은사를 나타내십니다.

예수님은 **"지식의 말씀의 은사"**로 사마리아 여인의 남편이 다섯 명이 있었다는 것(요4:17-18)을 성령의 역사로 알리셨습니다.

제자들도 **"지식의 말씀의 은사"**로 "아나니아와 삽비라"가 헌금을 속인 것을 알고, "네가 어찌하여 성령을 속이고 땅값 얼마를 감추었느냐?"(사도행전 5:3)했습니다.

3. 믿음의 은사

"다른 이에게는 같은 성령으로 믿음을"(고전12:9)

"성령의 은사로 서의 믿음"은 우리를 구원해 주시는 하나님께 대한 믿음과 마찬가지로 하나님께서 자신의 주권으로 우리에게 베풀어 주시는 것입니다. 이 믿음의 은사는 일정한 상황이나 곤경에 처한 사람의 마음속에 파도처럼 흘러 들어오는 초자연적인 확신 감으로서 그 사람에게 하나님께서 곧 말씀이나 행동을 통해 역사하시리라는 초이성적인 보증과 확신을 갖게 합니다.

성령 충만하다고 다 이 은사가 오는 것은 아닙니다. 성령님께서 특별한 일을 위해서 "믿음의 은사"를 주십니다. "이 믿음의 은사는 일정 시점에 하나님께서 개입해 주시리라는 초자연적인 지식 및 성령의 능력을 통해 그분의 개입을 초래할 수 있는 권세"를 말하는 것입니다(Grosman).

성령 충만으로 말미암아 주어지는 "믿음의 은사"는 세상 사람들이 갖는 일반적인 믿음과는 차원이 다른 산 믿음으로 세상이 감당치 못하는 믿음입니다.

이 "믿음의 은사"도 성도가 항상 소유하는 것이 아니라 때와 장소를 따라 성령님께서 기뻐하시는 대로 성도를 통하여 나타내게 하십니다.

고린도전서 12장 9절의 "믿음의 은사"는 성령께서 우리에게 특정한 순간, 특정한 필요를 위해 주시는 초자연적 믿음입니다. 이를 통해 하나님은 불가능해 보이는 상황을 돌파하게 하시고, 그의 능력을 드러내십니다. "기도와 말씀에 힘쓸 때"(행6:4) 에 이 은사는 특별한 순간에 성령께서 부어 주시는 초자연적인 믿음으로, 인간의 한계를 뛰어넘어 하나님의 능력을 신뢰하고 선포하게 하는 믿음입니다. 이 은사는 우리의 삶 속에서 위기, 도전, 사명의 자리에서 매우 실제적으로 역사합니다.

예수님도 **"믿음의 은사"**로 하나님이 역사하실 것을 믿고 "예수께서 떡을 가져 축사하신 후에…" (요한복음 6:11)오병이어의 기적을 행하였습니다.

제자들도 **"믿음의 은사"**로 베드로는 성전 미문의 앉은뱅이를 향해 "은과 금은 내게 없거니와 내게 있는 이것을 네게 주노니 곧 나사렛 예수 그리스도의 이름으로 일어나 걸으라" (사도행전 3:6)명하여 낫게 했습니다.

4. 병 고치는 은사

"어떤 이에게는 한 성령으로 병 고치는 은사를"(고전12:9)

"병 고치는 은사"는 사람들을 통해 전달되는 것으로서 질병이나 허약함을 초자연적인 방식으로 낫게 함으로써 사람들로 하여금 하나님께 영광을 돌리게 하는 하나님의 절대주권의 역사입니다. 성령께서 신유 은사 자를 통해서 초자연적으로 치료하시는 은사가 바로 신유의 은사입니다.

신유 은사가 필요한 것은 하나님께서 사람의 연약함을 도우시고 불신자로 하여금 하나님의 하시는 일을 보고 믿게 하기 위함 입니다. 신앙과 병의 치료는 불가분의 관계가 있습니다. 성경말씀을 고찰해 볼 때 "병 고침"은 은사라 기보다는 그리스도의 대속의 은혜 중에 포함된 복음의 핵심 진리임을 깨닫게 됩니다. 예수님 사역의 삼분의 이가 병자를 치료하시는 일로 채워져 있습니다. (마4:23)

베드로는 예수님의 대속에 대해 기록하는 중 그 [병 고침]은 예수님 대속 적 고난의 부분이라는 것을 잊지 않고 기록하였습니다. 즉 "저가 채찍에 맞음으로 너희는 (병)나음을 얻었나니"(벧전2;24) 예수님께서 이 세상을 떠나 하늘로 승천하시기 직전에 제자들에게 주신 최후의 지상 명령 중에 "귀신을 좇아 냄과 병 고침"(막16:15-18)이 복음 증거와 분리할 수 없음을 분명히 말씀하셨습니다. 제자들이 "믿음으로 병든 자에게 손을 얹어 기도" 할 때 예수님이 "성령으로 함께 역사하사 그 병 고침 받는 표적"으로 예수님의 말씀을 확실히 증거해 주셨다고 했습니다(막16:17-20).

고린도전서 12장 9절의 병 고치는 은사는 성령께서 주시는 초자연적 능력으로 병든 자를 고치는 특별한 은사입니다. 이 은사는 하나님 나라의 능력을 드러내고 믿음을 강화 시키며 복음의 문을 여는 도구로 사용됩니다. "기도와 말씀에 힘쓰는 사람"(행6:4)을 통해 오늘날도 병든 자가 치료되고 하나님의 구원이 이루어집니다.

예수님은 **"병 고치는 은사"**로 백성 중의 모든 병과 모든 약한 것을 고치셨습니다." (마4:23-24)

제자들도 **"병 고치는 은사"**로 베드로는 각종 병자들을 치유했으며, 사람들이 그의 그림자에 닿기만 해도 병이 나았습니다. "많은 병자와 더러운 귀신에게 괴로움 받는 사람도 다 나음을 얻으니라." (사도행전 5:16)

5. 능력 행함의 은사
"어떤 이에게는 능력 행함을"(고전12:10)

"능력 행함"이란 다른 말로 말하면 "기적 행하는 능력"을 말하는 것입니다. 기적이란 우리가 일반적으로 아는 자연법칙을 뛰어넘어 하나님께서 직접 관여하심으로 상상 이상의 놀라운 일이 이루어질 때 그것을 기적이라고 부르게 됩니다. 그러므로 기적이란 일시적으로 통상적 자연 법칙을 중지하고 초자연적 신적 능력이 개입되는 것으로 성경에는 이와 같은 기적을 수없이 기록해 놓았습니다. 신약성경에서도 성령의 "능력(기적) 행함의 은사"가 나타난 예는 셀 수 없이 많이 있습니다.

"능력(기적)행함"은 정상적인 자연법칙이 일시적으로 정지된 상태에서 보통 사람으로서는 이해할 수 없는 초자연적인 형태로 일어나는 현상입니다.

예수님께서 오병이어의 기적을 행하신 것이나 물을 포도주로 변하게 하셨던 것이나 밤이 맞도록 수고한 것이 없는 베드로에게 깊은 곳에 그물을 던지라고 하여 순종하였을 때 만선의 축복을 경험케 한 것 등은 다 "능력(기적)행함"의 은사였습니다.

이 은사는 자연의 법칙을 초월하여 하나님의 초자연적 능력이 드러나는 것을 말합니다. 우리가 일상적으로 경험하는 차원을 넘어서는 기적, 표적, 이적을 포함합니다.

고린도전서 12장 10절의 능력 행함 은사는 하나님의 초자연적 권능이 나타나 자연의 법칙을 넘어서는 기적이 이루어지는 은사입니다. 이 은사는 하나님 나라의 능력을 드러내고 복음의 길을 여는 중요한 도구로 사용됩니다.

오늘날도 "기도와 말씀에 힘쓰는 사람"(행6:4)들에게는 상상을 초월한 기적이 있습니다 삶에서 우리는 예상치 못한 위험과 위기에 처할 때가 있습니다. 그때 하나님은 능력 행함의 은사를 통해 위험을 막아 주시거나 초자연적인 방법으로 구출해 주십니다. 어떤 사람은 교통사고로 큰 위기에 처했지만, 자동차가 구겨지고 전복되었음에도 전혀 다치지 않고 살아난 일도 있습니다(박원규). 이는 하나님께서 자연의 법칙을 넘어 생명을 지켜 주신 기적적인 사건으로, 능력 행함의 은사가 삶 속에 역사한 사례라 할 수 있습니다.

능력 행함의 은사는 단순히 눈에 보이는 기적을 넘어서, 그 사건을 경험한 사람들에게 하나님의 살아 계심을 깊이 체험하게 하고 신앙이 성장하도록 만듭니다.

능력 행함의 은사는 하나님이 우리의 삶 속에서 초자연적인 권능으로 역사하시는 은사입니다. 이 은사는 위기 속에서 우리를 건지시고, 자연과 상황을 변화시키며, 복음의 문을 여는 강력한 도구로 나타납니다. 오늘날 우리도 이 은사가 우리의 삶에서 하나님 나라의 확장을 위해 사용되도록 "기도와 말씀으로"(행6:4) 준비해야 합니다.

예수님은 **"능력 행함의 은사"**로 "죽은 나사로를 살리셨고"(요한복음 11:43-44).

제자들도 **"능력 행함의 은사"**로 바울은 루스드라에서 걷지 못하는 사람을 보고 "일어서라"고 명령하여 그를 걷게 했습니다(행14:10).

6. 예언의 은사

"어떤 이에게는 예언함을…"(고전 12:10)

예언이라고 말하면 문자 그대로, 우리의 미래에 관한 하나님의 계시의 말씀입니다. 예언의 메시지 배후에 있는 초자연적 계시는, 성경말씀에 대한 묵상/환상(행18:9) 꿈(마2:13), 음성 또는 천사의 방문 등을 통해 기도하는 사람에게 찾아옵니다. 특히 이 "예언의 은사"(성령의 충만함에 의한 성령의 나타남)는 기도 가운데 받게 되는 경우가 많습니다. (행13:2)

"예언의 은사"를 받기를 갈망하는 사람은 의지적으로 주님과의 친밀함과 올바르고 개방된 관계를 유지하려고 노력해야 합니다. 오늘날 어떠한 예언의 은사를 받은 사람의 예언이라 할지라도 그 예언의 옳고 그릇됨은 반드시 기록된 성경의 말씀을 따라 분별되고 판단되어야 하기 때문입니다.

고린도전서 12장 10절의 예언함 은사는 하나님께서 성령을 통해 특정한 시기와 상황에 맞는 메시지를 주시고, 이를 통해 교회(무형, 유형)를 세우고 권면하며 위로하는 역할을 합니다. 오늘날도 이 은사는 말씀과 함께 조화롭게 역사하며, 하나님께서 공동체와 개인에게 방향과 소망, 경고를 주시는 도구로 사용합니다.

인생의 중요한 선택(진로, 결혼, 사역 등)을 앞두고 혼란스러울 때, 하나님께서 예언의 은사를 가진 사람을 통해 명확한 방향이나 권면을 주실 때가 있습니다. 이로써 불안한 마음이 확신으로 바뀌고 하나님의 뜻에 순종할 힘을 얻게 됩니다.

삶에서 시련과 고난을 겪을 때, 예언의 은사는 하나님의 위로와 격려를 전하는 통로가 됩니다. 교회가 방향을 잃고 혼란스러울 때, 예언의 은사는 공동체에 하나님의 뜻과 계획을 분명히 알려 전진하게 합니다. 예언의 은사도 "기도와 말씀에 힘쓰는 제자의 삶을 살 때"(행6:4) 성령께서 주시는 선물입니다.

예수님은 **"예언의 은사"**로 미래에 일어날 일들을 예언하셨습니다. 성전의 멸망, 자신의 죽음과 부활, 종말의 징조 등에 대해 말씀하셨습니다.

제자들도 **"예언의 은사"**로 아가보는 성령의 감동으로 바울이 예루살렘에서 결박될 것을 예언했습니다(행21:11).

7. 영들 분별함의 은사

"어떤 이에게는 영들 분별함을"(고전12:10)

사람마다 주관적인 인상이 매우 다양하듯이 영분별의 은사도 매우 다양한 양상을 띠게 됩니다. 따라서 이 분야에 경험을 지니고 있는 사람들에게 그 은사가 어떻게 작용하는가에 관하여 상세하게 알아보는 것은 큰 도움이 되리라고 믿습니다.

인간의 언행이 "하나님의 성령"에 지배 받는 경우와, "사탄의 영"에 지배 받는 경우와, "사람의 영"에 지배 받는 경우(고전2:14-3:1)가 있는데 어떤 사람이 취하는 언행에 대한 진정한 영적인 근원은 그 사람의 언행에 드러나기 마련입니다.

영들 분별함의 은사는 성도들로 하여금 어떤 말이나 행동의 배후에서 역사하고 있는 영이 어떠한 것인가를 분별할 수 있도록 하나님의 주권에 의해 주어지는 초자연적인 감지능력을 말합니다. 그리스도인이라면 누구나 성령을 통해서 그리고 그리스도의 참된 빛 가운데서 영들 분별함의 은사를 행할 수 있습니다.

고린도전서 12장 10절의 영들 분별함의 은사는 교회와 개인이 거짓 영적 현상과 악한 영의 미혹으로부터 보호받고 올바른 영적 길을 갈 수 있도록 돕는 귀한 성령의 선물입니다. 우리 삶에는 하나님이 주시는 감동 뿐 아니라, 때로는 사탄이 교묘하게 역사하는 경우도 많습니다. 영들 분별의 은사는 하나님께서 주신 것인지, 인간의 감정인지, 악한 영의 역사인지 바로 분별하게 해 줍니다.

우리는 사람을 겉모습이나 말로 판단하기 쉽습니다. 그러나 영들 분별함의 은사는 사람의 중심과 그 영적 상태를 알게 해 주어 지혜롭게 관계를 맺도록 합니다.

영들 분별함의 은사는 우리의 삶 속에서 하나님의 뜻을 따르고 악한 영의 미혹과 공격을 피하며 바른 영적 길로 나아가도록 돕는 귀한 은사입니다. 우리의 신앙생활, 가정, 교회, 관계, 일상 속에서 "기도와 말씀에 힘쓰는 사람들"(행6:4)에게 나타납니다.

예수님은 **"영들 분별의 은사"**로 인간의 말과 행동 속에서 악한 영의 개입을 정확히 식별하여 "사탄아 내 뒤로 물러가라 너는 하나님의 일을 생각하지 아니하고 도리어 사람의 일을 생각하는 도다"(마16:21-23)고 책망하셨습니다.

제자들도 **"영들 분별의 은사"**로 점치는 귀신 들린 여종이 선전하는 말을 영적으로 분별하고 귀신을 쫓아냈습니다(행16:18).

8. 방언의 은사
"다른 이에게는 각종 방언 말함을 ------"(고전 12:10)

발성을 통하여 나타나는 성령의 은사는 방언, 방언통역, 예언의 은사가 있습니다. 방언은 표적의 방언과 은사의 방언으로 나누어집니다. 사도행전에 기록된 성령세례의 체험으로 나타난 방언은(행2:4) 성령 충만의 외적 증거로 나타난 방언이기 때문에 표적의 방언이라고 말합니다. "표적의 방언"과 "은사의 방언"에는 차이가 있습니다. "표적의 방언"은 성령 침례(세례)의 경험과 동시에 외적으로 나타난 내적 충만의 표적이므로 이는 성령 침례(세례)와 관련되어 있습니다. 그리고 또 표적의 방언은 성령세례의 체험과 동시에 방언을 하고 그 후에는 계속하지 않습니다.

그런데 일반적으로 표적의 방언과 동시에 그것을 은사로서 보유하는 경우도 아주 많이 있습니다. 사도행전에 기록된 방언 현상은 "성령께서 그들 중에 임하셨다"는 의심할 수 없는 증거로서 계속 나타났던 것입니다.

방언의 은사는 성령께서 주시는 초자연적 능력으로 사람이 알지 못하는 언어로 하나님께 기도하거나 말하는 은사입니다. 이 은사는 인간의 지식으로 배우는 언어가 아니며, 성령의 역사로 주어집니다. 방언은 우리의 언어로 다 표현할 수 없는 것을 성령께서 대신 말하게 하셔서 하나님과 깊이 소통하게 합니다.

오늘날도 많은 신실한 성도들이 방언으로 기도하며 영적으로 세워지고 하나님과의 깊은 교제를 경험하고 있습니다. 특히 중보기도나 영적 전쟁에서 방언 기도는 큰 힘을 발휘하기도 합니다.

고린도전서 12장 10절의 각종 방언 말함의 은사는 성령께서 주시는 초자연적 언어로 하나님께 기도하고 찬양하며 교회를 세우는 귀한 은사입니다. 이 은사는 하나님과의 깊은 교제를 돕고, 해석이 동반될 때 교회 공동체에도 유익을 줍니다. 우리는 이 은사를 사모하되, 언제나 말씀과 질서 안에서 겸손히 사용하며, 사랑을 최우선으로 삼는 태도를 가져야 합니다.

방언의 은사는 개인적인 기도와 중보기도에서 큰 힘이 됩니다. 우리의 언어로 표현할 수 없는 깊은 마음이나 상황 속에서 방언으로 기도할 때, 성령께서 우리의 영혼을 대신하여 하나님과 소통하게 하십니다.

기도할 때 무슨 말을 해야 할지 모를 때 방언으로 기도하면, 하나님과 깊이 교통하는 기도의 흐름이 생기고 마음에 놀라운 평안과 회복이 찾아옵니다. 어려운 결정을 앞두고 방언으로 기도하면서 마음에 분명한 평강과 확신을 받는 경우도 많습니다.

영적으로 메마르고 기도조차 하기 힘들 때, 방언 기도는 우리의 영을 다시 깨우고 회복시키는 통로가 됩니다. 방언은 우리의 영혼을 세우고 강건하게 하여 신앙의 침체에서 벗어나도록 합니다.

각종 방언 말함의 은사는 하나님과의 깊은 교제, 영적 성장, 기도의 능력 강화 등 우리 삶에 매우 실제적인 유익을 주는 귀한 은사입니다. 오늘날 우리의 삶 속에서도 이 은사를 통해 하나님의 임재를 경험하고 영적으로 세워지는 복된 길을 걸어갈 수 있습니다. "약속된 말씀을 붙들고 기도할 때"(행6:4) 성령님께서 주시는 선물입니다.

예수님은 **"방언의 은사"**로 예수님께서 방언을 사용하셨다는 직접적인 기록은 없지만, 십자가 위에서 외치신 "엘리 엘리 라마 사박다니"(마27:46)와 같은 표현은 하나님께 올리는 특별한 기도입니다.

제자들도 **"방언의 은사"**로 제자들은 각 나라 사람들이 이해할 수 있는 언어로 하나님을 찬양하며 방언의 은사를 받았습니다(행2:11).

9. 방언 통역의 은사
"---어떤이에게는 방언들 통역함을 주시나니"(고전12;10)

성경에는 "방언을 말하는 자는 사람에게 하지 아니하고 하나님께 하나니 이는 알아듣는 자가 없고 그 영으로 비밀을 말함이니라"(고전14:2)고 말씀하면서 "방언을 말하는 자는 통역하기를 기도할지니"(고전14:13)라고 했습니다. 통역이란 말은 번역이란 말과는 다릅니다. 번역은 '외국어'를 축자 적으로 옮겨 놓는 것을 말하지만 통역이란 "외국어의 뜻"을 옮겨 놓는 것을 말합니다. 그러기 때문에 가끔 방언을 통역하는 것을 보면 방언은 짧았는데 통역은 길고 혹은 방언은 길었는데 통역은 짧을 때가 있는 것입니다 방언의 통역은 통역하는 그 사람의 신앙상태, 기도생활, 하나님과 영적교통의 깊이 정도 등에 크게 좌우되는 것입니다.

고린도전서 12장 10절의 방언들 통역함의 은사는 방언으로 선포된 메시지를 공동체가 이해할 수 있도록 성령께서 특별히 주시는 해석의 은사입니다. 이 은사는 교회의 질서를 지키고 덕을 세우며, 하나님의 뜻을 분명히 드러내는 데 중요한 역할을 합니다. 방언들 통역함의 은사는 하나님께서 방언으로 주신 메시지를 공동체나 개인이 이해할 수 있는 언어로 해석하도록 돕는 은사입니다. 이 은사는 단순히 교회 예배 안에서만 필요한 것이 아니라, 우리의 개인 신앙생활과 공동체의 영적 성장에 실제적으로 연결됩니다.

방언 기도를 하는 중에 무엇을 기도하고 있는지 모를 때 성령께서 "통역의 은사"를 통해 그 기도의 내용을 깨닫게 하시기도 합니다. 이를 통해 하나님께서 내 삶에 주시는 말씀이나 방향성을 더 구체적으로 알 수 있습니다.

방언들 통역함의 은사는 하나님이 주시는 영적 메시지를 명확하게 전달하고 교회를 세우며, 개인의 기도와 영적 성장에도 깊은 유익을 주는 은사입니다. 우리의 삶 속에서도 이 은사가 필요하며, "기도와 말씀에 힘쓸 때"(행6:4) 하나님께서 필요하신 순간에 성령 충만함으로 방언 통역의 은사를 주십니다.

예수님은 **"방언 통역의 은사"**가 있음을 **기록해 놓지 않았습니다.** 다만 "엘리 엘리 라마 사박다니" (이는 곧 '나의 하나님, 나의 하나님, 어찌하여 나를 버리셨나이까'라는 뜻이라)" (마태복음 27:46)만 기록되어 있습니다

제자들도 **"방언 통역의 은사"**로 방언의 메시지는 성령께서 감동을 주어 통역 되고 해석되어 교회의 유익을 이루는 데 사용되었습니다(고린도전서 14:26-28).

말씀이 충만할 때 성령이 충만하며, 성령이 충만할 때 은사가 충만해집니다.

성령님은 예수님 안에 있는 성령님이나, 사도들 안에 있고 역사했던 성령님이나, 구름같이 둘러싼 허다한 영적 거인들에게 있었던 성령님이나, 우리에게 임해 있는 성령님은 똑같은 성령님입니다. 예수님이나 사도들을 통해 나타난 성령의 은사들은 오늘날 우리들에게도 동일하게 나타나야 할 은사들입니다.

그런데 우리에게 있는 성령님은 왜 "성령의 나타남"이 약할까요? 성령님이 다르기 때문이 아니라 "기도와 말씀에 힘쓰는 제자의 삶"(행6:4)을 살지 않고 우리의 "믿음과 순종"의 그릇이 작기 때문입니다. 우리의 "믿음과 순종"의 그릇의 크기만큼 "성령의 은사"(=성령의 충만함에 의한 성령의 나타남)는 강력하게 나타나는 것입니다.

은사가 충만한 것은 "우리 안에 계신 예수님"이 우리의 의심과 교만과 헛된 욕심의 자아를 깨뜨리고 우리의 입과 손과 믿음과 꿈을 도구 삼아 세상과 사람들에게 나타나는 예수님의 위대한 역사입니다.

오늘날 성령 충만한 사람들에게 나타나셔서 하나님의 사랑과 능력을 보여주고 사람들을 하나님께 돌아오게 하시는 예수님의 위대한 구원의 역사이십니다. 그러기에 우리의 자아를 십자가에 못 박고 "우리 안에 계신

예수님"의 사랑과 능력이 드러나도록 성령의 은사에 의한 성령의 나타남을 갈망해야 합니다.

또 성령님이 주신 은사는 활용해야 합니다. 은사는 받은 것으로 만족해선 안 되고 활용해야 합니다. 활용하면 계속 발전하고 안 하면 퇴화하게 됩니다. 사용하면 더 풍성해지고 강해지지만 훌륭한 은사가 주어졌어도 사용하지 않으면 녹이 슬고 마침내는 소멸되어 버립니다.

성령 충만한 삶은 예수 닮는 삶이요 "성령의 열매"(갈5:22-23)는 예수님의 인격을 닮은 삶이요, "성령의 은사"(고전12:4-11)는 예수님의 능력을 닮는 삶입니다.

제 12 장

죽음과 심판, 지옥과 형벌, 천국과 상급

제 12 장 죽음과 심판, 지옥과 형벌, 천국과 상급

1. 죽음의 의미

죽음의 의미는 인생의 본질과 목적을 깊이 묵상하게 만드는 중요한 주제입니다. 기독교 신앙에서 죽음은 단지 인생의 끝이 아니라, 영원한 생명으로 들어가는 관문이자, 하나님의 은혜와 구속의 계획을 완성하는 과정입니다.

많은 사람들은 죽음에 대한 두려움과 불확실성을 가지고 살아갑니다. 이 세상에서 모든 사람에게 피할 수 없는 현실인 죽음 앞에, 우리는 종종 무력감을 느끼며, 죽음의 의미와 죽음 이후의 삶에 대해 궁금해합니다. 그러나 기독교 신앙은 죽음을 끝이 아닌 새로운 시작임을 말씀합니다 성경은 "한 번 죽는 것은 사람에게 정해진 것이요 그 후에는 심판이 있으리니."(히9:27)라고 했습니다. 성경에서 죽음은 죄로 인해 세상에 들어온 결과입니다. 아담과 하와의 타락 이후, 죄는 세상에 들어왔고, 죽음이라는 결과를 낳았습니다.

그러나 하나님의 구속 계획 속에서, 죽음은 새로운 시작을 의미합니다.

창세기에서 아담의 타락 이후로, 죄는 인간의 삶 속에 자리 잡았고, 그 결과로 죽음은 인간의 숙명이 되었습니다. 로마서 6:23에서 "죄의 삯은 사망이요"라고 말씀하듯, 죽음은 인간의 죄로 인해 세상에 들어온 비극적인 현실입니다. 그러나 하나님은 인간을 구원하시기 위해 예수 그리스도를 보내어 죽음을 이기는 길을 마련하셨습니다. 그리스도의 죽음과 부활은 죽음을 죄의 결과로만 끝나지 않게 하시고, 구원의 은혜를 통해 새로운 생명을 얻게 해 주셨습니다.

예수 그리스도는 십자가에서 죽으심으로 우리의 죄를 대신 담당하셨고, 부활하심으로 죽음을 이기셨습니다. 그분의 부활은 죽음 이후의 생명에 대한 확실한 증거이자, 그리스도 안에 있는 자에게는 죽음이 끝이 아니라 영원한 생명으로 나아가는 길임을 보증해 주셨습니다. 예수님의 죽음은 단순한 희생이 아니라, 우리의 죄값을 대신 치르신 속죄입니다. 그리스도께서 죽음을 통해 우리의 죄를 사하셨고, 우리는 그분 안에서 죄에서 자유로워지고, 죽음의 두려움에서 벗어나게 되었습니다.

예수님이 죽음을 이기시고 부활하심으로써, 그분을 믿는 자들에게 영원한 생명을 보증해 주셨습니다. 요한복음 11:25에서 예수님은 "나는 부활이요 생명이니 나를 믿는 자는 죽어도 살겠고"라고 하셨습니다. 이는 죽음이 끝이 아니라, 하나님 안에서의 영원한 삶의 시작임을 말씀하셨습니다. 하나님의 말씀인 성경은 죽음 이후의 삶은 하나님과의 영원한 교제를 의미합니다.

죽음은 하나님께서 예비하신 영원한 나라로 들어가는 관문이며, 그리스도 안에서 우리는 이 땅의 삶을 넘어 천국에 대한 소망 가운데 살게 하셨습니다.

요한복음 14:2-3에서 예수님은 "내가 너희를 위하여 거처를 예비하러 가노니"라고 말씀하셨습니다. 이 땅에서의 삶이 끝난 이후, 우리는 하나님께서 예비하신 영원한 집에서 그분과 함께 영원히 살게 될 것입니다. 이는 죽음이 단순한 소멸이 아니라, 하나님과의 영원한 삶으로 들어가는 시작임을 보여줍니다.

고린도전서 15장에서 바울은 그리스도의 부활을 통해 사망 권세를 이

기신 예수님을 말씀하며, "사망아 너의 이기는 것이 어디 있느냐"라고 선포합니다. 그리스도인은 죽음 이후에도 영원한 생명이 약속되어 있으며, 하나님 나라에서의 영광스러운 삶을 소망할 수 있습니다.

　죽음에 대한 성경적 이해는 그리스도인에게 믿음으로 살아가는 삶을 준비하도록 이끕니다. 죽음을 두려워하기보다는, 하나님의 약속을 신뢰하며, 오늘을 의미 있게 살아가는 삶이 중요합니다. 우리가 죽음을 맞이할 때 중요한 것은 영원한 생명을 준비하며 사는 삶입니다.
　우리의 삶을 하나님의 약속을 신뢰함으로 그분의 뜻에 따라 살아갈 때, 죽음에 대한 두려움에서 벗어나 영원한 소망을 품을 수 있습니다. 디모데후서 4:7에서 바울은 "내가 선한 싸움을 싸우고 나의 달려갈 길을 마치고 믿음을 지켰으니"라고 고백합니다. 이는 삶을 다하는 순간까지 믿음을 지키며 살아가는 것이 중요함을 말씀합니다.

　또한, 하나님께서 주신 삶을 사랑과 섬김으로 채우는 것이, 죽음을 준비하는 올바른 방법입니다. 우리는 하나님께 받은 은혜와 사랑을 이웃과 나누며, 하나님의 사랑을 실천하는 삶을 살아야 합니다. 죽음은 그리스도 안에서 두려워할 존재가 아니라, 영원한 생명으로 나아가는 과정입니다.
　우리는 예수 그리스도를 통해 죽음을 이기는 소망을 얻었으며, 그 소망이 우리에게 하나님과의 영원한 교제를 보장합니다. 따라서 그리스도인은 죽음을 두려워하기보다는, 영원한 생명에 대한 소망을 가지고 믿음으로 살아가야 합니다. 죽음을 두려움이 아닌 소망으로 받아들이고, 현재의 삶을 하나님께 충실히 헌신하며, 이 땅에서의 삶을 의미 있게 살아가는 성도들이 되어야 합니다.

2. 심판

만약 천국과 심판이 없다면 하나님도 없는 것이며 성경도 거짓이며, 예수님의 십자가의 구속과 부활도 거짓이 됩니다. 고전15:19절에 "만일 그리스도 안에서 우리가 바라는 것이 다만 이 세상의 삶 뿐이면 모든 사람 가운데 우리가 더욱 불쌍한 자이리라"고 했습니다. 이 세상에서 억울한 일이 있어도 참고, 형극의 고난 가운데서도 하늘의 산 소망을 붙들고 살아온 우리들에게는 망연자실할 이야기입니다.

이스라엘 백성들에게 출애굽이나 광야의 삶이 전부였을까요. 애굽의 종살이에서 건져내 주시고, 광야에서 만나와 메추라기로 먹이시고 또 구름 기둥과 불기둥으로 인도하신 놀라운 축복에도 감사하시지만 그보다 그들의 가슴에 가나안의 땅이 있기에 참을 수 있었고 기쁨으로 인내할 수 있었습니다.

요한계시록 20장 12절은 최후의 심판을 계시하신 중요한 구절입니다.

이 장면은 인류 역사의 끝, 곧 하나님의 공의로운 심판이 이루어지는 순간을 보여줍니다.

요한계시록 20장12절은 "또 내가 보니 죽은 자들이 큰 자나 작은 자나 그 보좌 앞에 서 있는데 책들이 펴 있고 또 다른 책이 펴졌으니 곧 생명책이라. 죽은 자들이 자기 행위를 따라 책들에 기록된 대로 심판을 받으니"라고 했습니다.

이 구절을 통해 우리는 하나님의 공의로운 심판, 인간의 책임, 그리고 구원의 기준에 대해 중요한 교훈을 얻을 수 있습니다.

<u>1) "죽은 자들이 큰 자나 작은 자나 그 보좌 앞에 서 있는데" – 모든 사람의 심판</u>

첫 번째로, 이 구절은 모든 사람이 하나님 앞에 서게 될 것을 강조합니

다. "죽은 자들이 큰 자나 작은 자나 그 보좌 앞에 서 있는데"라는 표현은 인류 전체가 하나님의 심판대 앞에 서야 한다는 사실을 보여줍니다. '큰 자나 작은 자나'는 신분, 지위, 권력에 상관없이 모든 사람이 심판을 받는 대상임을 의미합니다.

이 장면은 절대적인 하나님의 공의를 상징합니다. 세상의 법과 규율은 때로는 부유한 자, 권력 있는 자에게 유리하게 적용될 수 있지만, 하나님의 심판 앞에서는 그 누구도 예외가 없습니다. 부자나 가난한 자, 왕이나 종, 모든 인간이 하나님의 공의로운 심판대 앞에서 동등하게 서야 합니다. 로마서 14장 12절은 "이러므로 우리 각 사람이 자기 일을 하나님께 직고하리라"라고 말하며, 모든 개인이 하나님 앞에 책임을 지게 된다는 사실을 분명히 합니다.

이 구절은 우리에게 하나님의 심판이 얼마나 철저하고 공정한지를 깨닫게 합니다. 세상의 그 어떤 힘이나 권력도 하나님의 심판을 피할 수 없으며, 우리의 모든 삶이 하나님의 보좌 앞에서 평가될 것입니다. 그날에는 우리의 외적인 업적이나 지위가 중요하지 않고, 오직 우리의 영적 상태와 행위가 하나님 앞에 드러나게 됩니다.

2) "책들이 펴 있고 또 다른 책이 펴졌으니 곧 생명책이라" – 두 가지 책

두 번째로, 이 구절은 두 가지 책에 대해 언급하고 있습니다. 하나는 책들이며, 다른 하나는 생명 책입니다. 이 두 가지 책은 하나님의 심판이 어떤 기준으로 이루어질지를 보여줍니다.

(1) 책들: 행위에 따른 심판

먼저 언급된 '책들'은 사람들의 행위가 기록된 책들을 의미합니다. 이 책들은 모든 사람의 삶의 기록을 담고 있으며, 하나님께서는 각 사람의 행위에 따라 심판을 내리십니다. 성경은 우리가 이 땅에서 행한 모든 것에 대

해 하나님 앞에 서게 될 날이 있음을 분명히 말합니다. 고린도후서 5장 10절은 "우리가 다 반드시 그리스도의 심판대 앞에 나타나게 되어 각각 선악 간에 그 몸으로 행한 것을 따라 받으려 함이라"라고 말씀합니다.

이 책들은 우리의 모든 생각, 말, 행동이 하나님 앞에 기록되어 있다는 사실을 상기시킵니다. 하나님의 심판은 사람의 외적인 행동 뿐만 아니라, 마음의 동기와 숨겨진 의도까지도 포함하여 평가됩니다. 하나님은 우리의 삶을 완전하게 아시며, 그분의 심판은 철저하고 완벽하게 공의로울 것입니다.

(2) 생명 책: 구원의 기준

두 번째로 언급된 책은 생명 책입니다. 이 책은 하나님의 구원받은 자들의 이름이 기록된 책입니다. 빌립보서 4장 3절에서 바울은 생명책에 기록된 자들에 대해 언급하며, 이 책은 구원받은 성도들의 명단을 의미합니다. 요한계시록 3장 5절은 "이기는 자는 이와 같이 흰 옷을 입을 것이요 내가 그 이름을 생명책에서 결코 지우지 아니하고"라고 말씀하며, 생명책에 기록된 자들은 하나님의 구원을 받은 자들임을 확신시켜줍니다.

생명책에 기록된 자들은 예수 그리스도를 믿고 구원받은 자들입니다. 이들은 그리스도의 보혈로 그들의 죄가 씻겨졌고, 하나님의 은혜로 구원받았습니다. 이 생명책은 하나님의 선택과 구원의 은혜를 상징하며, 이 책에 기록된 자들은 최후의 심판에서 영원한 생명을 얻게 됩니다.

3) "죽은 자들이 자기 행위를 따라 책들에 기록된 대로 심판을 받으니" - 행위에 따른 심판

세 번째로, 이 구절은 행위에 따른 심판을 강조합니다. "죽은 자들이 자기 행위를 따라 책들에 기록된 대로 심판을 받으니"라는 말씀은 하나님의 심판이 인간의 행위에 근거하여 이루어짐을 보여줍니다.

이 말씀은 구원이 행위에 의해 결정되는 것은 아님을 분명히 하면서도, 행위가 심판에서 중요한 역할을 한다는 사실을 가르칩니다. 구원은 오직 예수 그리스도의 은혜로 말미암아 이루어지지만, 구원받은 자들은 그들의 삶 속에서 그 구원의 열매를 드러내야 합니다. 야고보서 2장 26절은 "영혼 없는 몸이 죽은 것 같이 행함이 없는 믿음은 죽은 것이니라"라고 말하며, 진정한 믿음은 행위로 나타나야 함을 강조합니다.

그러므로 이 말씀은 모든 사람이 하나님 앞에서 그들의 삶을 평가받을 것을 경고합니다. 예수 그리스도의 구원을 받아들이지 않은 자들은 그들의 행위에 따라 심판을 받으며, 그 심판은 하나님의 완전한 공의에 기초할 것입니다. 또한 구원받은 자들 역시 그들의 삶에서 행한 모든 일에 대해 하나님 앞에 설명해야 합니다.

3. 심판의 목적

하나님의 심판은 단지 처벌이 아니라, 공의와 사랑을 완성하는 방법입니다.

악을 제거하고 하나님의 나라를 세움으로 심판을 통해 악이 제거되고 하나님의 완전한 통치가 이루어집니다(요한계시록 21:4). 하나님의 거룩함을 드러내는 심판은 하나님의 거룩함과 공의를 선포합니다 (로마서 2:5).

성경에서 말하는 심판은 하나님이 자신의 거룩함과 공의에 따라 세상을 다스리는 중요한 원리입니다. 하지만 하나님의 심판은 단지 벌을 주기 위한 것이 아니라, 구원의 은혜와 악의 제거를 통해 하나님의 선한 뜻을 이루기 위한 과정입니다. 모든 사람은 하나님 앞에 서게 될 날을 준비해야 하며, 예수 그리스도를 믿고 하나님의 뜻에 순종함으로 심판 날에 영원한 생명을 얻을 수 있습니다.

성경은 하나님의 심판이 반드시 이루어질 것이며, 각 사람이 행한 대로 보응 받을 것이라고 경고합니다. 그러나 성도들은 최후의 심판을 두려워할 필요가 없습니다. 왜냐하면 우리는 예수 그리스도 안에서 의롭다 하심을 받았기 때문입니다(롬2:5-6). 심판 날에 부끄러움이 없도록 매일 하나님 앞에 정직한 삶을 살아야 합니다.

하나님의 심판은 우리에게 회개와 구원의 길을 제시하기 위한 사랑의 행위입니다. 하나님은 죄는 미워하시지만, 죄인은 사랑하십니다. 그러므로 하나님의 심판을 단지 두려워하는 것이 아니라, 그 심판을 통해 구원의 길을 열어 주신 "하나님의 은혜를 믿음으로 구원"(엡2:8-9)을 받아야 합니다.

4. 지옥의 실재

지옥의 실재는 성경에서 하나님과의 단절, 죄에 대한 심판, 영원한 형벌의 장소로 명확히 말씀합니다. 성경은 지옥을 죄와 하나님과의 단절의 결과로 말씀합니다. 이는 단순히 물리적인 장소가 아니라, 하나님으로부터 영원히 분리된 상태를 말합니다.

지옥은 하나님과의 관계가 완전히 단절된 상태를 의미하며, 이는 영적, 도덕적, 존재적 고통의 근원입니다. 성경은 "저주받은 자들아 나를 떠나 마귀와 그의 사자들을 위하여 예비된 영원한 불에 들어가라."(마25:41)고 했습니다. 지옥은 하나님의 공의에 따라 죄를 심판하기 위해 예비된 영원한 불의 장소입니다.

지옥은 하나님의 공의와 거룩을 드러내기 위한 장소입니다. 로마서 6:23에 "죄의 삯은 사망이요." 지옥은 죄에 대한 하나님의 정당한 형벌의 표현입니다. 모든 죄는 거룩하신 하나님 앞에서 반드시 심판 받아야 합니다. 지옥은 하나님의 공의를 실현하는 장소로, 하나님의 성품을 드러냅니다.

지옥은 회개하지 않고 죄 가운데 머무는 자들에게 예정된 곳입니다. 요한계시록 21:8에 "두려워하는 자들과 믿지 아니하는 자들과 흉악한 자들과 살인자들과 음행 하는 자들과… 불과 유황이 타는 못에 참여하리니 이

것이 둘째 사망이라." 지옥은 하나님을 거부하고 죄를 선택한 자들의 최종적인 처소입니다.

마태복음 25:41에 "마귀와 그의 사자들을 위하여 예비된 영원한 불." 지옥은 본래 사탄과 그의 악한 세력을 위해 준비된 곳이지만, 죄를 범한 인간도 그곳에 참여하게 됩니다.

지옥은 일시적인 처벌의 장소가 아니라 영원한 형벌의 장소입니다. 마태복음 25:46에 "그들은 영 벌에, 의인들은 영생에 들어가리라 하시니라." 지옥의 형벌은 끝이 없는 영원한 상태로 존재합니다. 요한계시록 14:11에 "그 고난의 연기가 세세토록 올라가리 로다." 이는 하나님의 공의가 영원히 지속됨을 보여줍니다.

지옥은 성경에서 하나님의 공의와 죄에 대한 심판을 나타내는 실재를 말씀합니다. 지옥의 실재를 믿는 것은 죄의 심각성을 깨닫고 구원의 은혜를 깊이 이해하는 데 중요합니다. 또한, 지옥의 실재는 하나님께로 돌아와 회개하고 믿음을 통해 천국의 소망을 가지라는 강력한 경고이기도 합니다.

5. 지옥에서 받는 형벌
지옥(地獄, Hell)은 하나님의 심판을 받은 영혼들이 영원한 형벌을 받는 장소입니다. 성경이 말하는 지옥의 형벌에는 다음과 같은 특징이 있습니다.

<u>1) 불타는 불 못 (꺼지지 않는 불)</u>: 마태복음 25:41: "또 왼편에 있는 자들에게 이르시되 저주를 받은 자들아 나를 떠나 마귀와 그 사자들을 위하여 예비된 영원한 불에 들어가라." 마가복음 9:48: "거기는 구더기도 죽지 아니하고 불도 꺼지지 아니하느니라." 지옥은 불 못이며, 이 불은 영원히 꺼지지 않는 곳입니다.

2) 끝없는 고통과 울부짖음: 마태복음 8:12: "그 나라의 본 자손들은 바깥 어두운 데 쫓겨나 거기서 울며 이를 갊이 있으리라." 누가복음 16:24 (부자와 나사로 비유): "불꽃 가운데서 괴로워하오니..." 지옥은 끊임없는 고통과 절망의 장소이며, 고통 속에서 울부짖고 이를 가는 곳입니다.

3) 하나님의 임재에서 영원한 분리: 데살로니가후서 1:9: "이들은 주의 얼굴과 그의 힘의 영광에서 떠나 영원한 멸망의 형벌을 받으리로다." 하나님과의 교제가 완전히 단절되며, 이는 가장 큰 형벌입니다.

4) 후회와 절망: 마태복음 13:42: "풀무 불에 던져 넣으리니 거기서 울며 이를 갊이 있으리라." 지옥에 있는 자들은 과거의 죄와 잘못을 돌이켜 후회하지만, 이미 회개의 기회는 사라진 상태입니다.

5) 어두운 감옥 같은 곳: 유다서 1:13: "그들에게 예비된 것은 영원히 예비된 캄캄한 어두움이라." 빛이 없는 어둠의 장소로, 희망이 없는 공간입니다.

6) 영원한 형벌과 소멸되지 않는 존재: 마태복음 25:46: "그들은 영벌에, 의인들은 영생에 들어가리라." 형벌은 일시적인 것이 아니라 영원하며, 끝이 없습니다.

7) 마귀와 그의 천사들이 함께 있는 곳: 요한계시록 20:10: "또 그들을 미혹하는 마귀가 불과 유황 못에 던져지니 거기는 그 짐승과 거짓 선지자도 있어 세세토록 밤낮 괴로움을 받으리라." 지옥은 사탄과 그의 추종자들이 영원한 형벌을 받는 곳이며, 인간도 예수님을 믿지 않으면 그곳에 던져집니다.

8) 두 번째 사망: 요한계시록 20:14-15: "사망과 음부도 불 못에 던져지니 이것은 둘째 사망 곧 불 못이라... 누구든지 생명책에 기록되지 못한 자는 불 못에 던져지더라." 둘째 사망'은 육신의 죽음 이후 맞이하는 최종적인 영원한 형벌을 의미합니다. 성경에서 말하는 지옥은 불 못, 고통, 후회, 하나님의 임재로부터의 단절, 끝없는 절망과 형벌이 있는 곳입니다. 또한 한 번 들어가면 결코 나올 수 없는 장소이며, 예수님을 믿지 않은 자들에게 주어지는 최후의 심판입니다.

6. 천국은 어떤 곳인가?

성경에서는 천국을 하나님과 함께하는 영원한 삶의 자리로 말씀하며, 그곳의 특성과 우리가 누릴 축복을 여러 곳에서 말씀합니다. 천국에 대한 성경의 묘사는 우리가 바라볼 영원한 소망과 평화의 나라로 서의 천국의 아름다움을 말씀합니다.

1) 고통과 슬픔이 없는 곳 (요한계시록 21:4)
하나님의 말씀인 성경은 천국은 "모든 눈물을 그 눈에서 닦아 주시니 다시는 사망이 없고 애통하는 것이나 곡하는 것이나 아픈 것이 다시 있지 아니 하리니"(계21:4)라고 말씀합니다. 천국에서는 우리가 이 세상에서 겪는 고통, 슬픔, 질병이 모두 사라집니다. 하나님의 위로와 사랑으로 가득한 천국에서는 모든 눈물이 닦이고, 완전한 평화와 안식을 누리게 됩니다.

2) 하나님의 영광이 충만한 곳 (요한계시록 21:23)
하나님의 말씀인 성경은 천국은 "해와 달의 비침이 쓸데없으니 이는 하나님의 영광이 비치고 어린 양이 그 등불이 되심이라"(계21:23)고 말씀합니다. 천국에서는 더 이상 해나 달의 빛이 필요하지 않습니다. 하나님의 영광과 예수님께서 빛이 되셔서 천국을 환하게 비추십니다. 이는 하나님의 영광이 충만하여 모든 어둠이 사라지는 완전한 빛의 나라임을 말씀합니다.

3) 영원한 생명의 자리 (요한계시록 22:5)

천국은 "다시 밤이 없겠고 등불과 햇빛이 쓸 데 없으니 이는 주 하나님이 그들에게 비추심이라 그들이 세세토록 왕 노릇 하리로다"(계22:5)라고 하며, 하나님과 영원히 함께 거하는 곳임을 알려줍니다. 천국은 죽음이 없는 영원한 생명의 자리로서, 우리는 그곳에서 하나님과 함께 영원히 살게 됩니다. 이 영원한 생명은 하나님 안에서의 완전한 삶과 평화를 의미합니다.

4) 거룩함이 가득한 곳 (요한계시록 21:27)

천국은 죄가 없는 거룩한 곳입니다. "무엇이든지 속된 것이나 가증한 일 또는 거짓말하는 자는 결코 그리로 들어가지 못하되 오직 어린 양의 생명책에 기록된 자들만 들어가리라"(계21:27)고 말합니다. 천국에는 죄나 악이 있을 수 없습니다. 그곳은 거룩하고 순결한 자들 만이 들어갈 수 있는 곳으로, 하나님의 기준에 따라 구원받은 자들 만이 들어갈 수 있습니다. 천국은 죄와 사망이 없는 완전한 거룩의 자리입니다.

5) 사랑과 기쁨이 충만한 곳 (시편 16:11, 요한복음 14:2)

성경은 "주께서 생명의 길을 내게 보이시리니 주의 앞에는 충만한 기쁨이 있고 주의 오른쪽에는 영원한 즐거움이 있나이다"(시16:11)라고 말씀합니다. 또한 예수님은 "내 아버지 집에 거할 곳이 많도다"(요14:2)라고 말씀하셨습니다. 천국은 하나님과의 영원한 교제를 통해 사랑과 기쁨이 넘치는 곳입니다. 우리는 하나님 아버지의 집에서 그분의 사랑을 온전히 누리며 영원히 그 기쁨 속에서 살게 됩니다.

6) 하나님과의 친밀한 교제가 이루어지는 곳 (요한계시록 22:4)

천국은 하나님과 얼굴을 마주하며 그분의 임재를 직접 경험할 수 있는 곳입니다. 성경은 "그의 얼굴을 볼 터이요 그의 이름도 그들의 이마에 있으리라"(계22:4)고 합니다. 천국에서는 하나님과의 친밀한 교제가 이루어지며, 우리는 하나님을 직접 대면하여 그분의 영광을 누리게 됩니다. 하나님을 바라보며, 그분의 사랑과 임재 안에서 영원한 기쁨을 누리는 곳이 바로 천국입니다.

성경은 천국을 하나님과의 친밀한 관계 속에서 영원한 기쁨과 평화를 누리는 완전한 곳으로 말씀합니다. 천국에서는 고통과 슬픔이 없고, 하나님의 영광으로 빛이 가득하며, 우리는 하나님과의 완전한 교제 안에서 사랑과 기쁨을 누리게 됩니다. 천국은 하나님의 거룩과 영광이 충만한 곳이며, 우리가 바라보는 영원한 소망의 자리입니다.

7. 그리스도인이 받을 상급

성경은 우리가 이 땅에서 믿음과 순종의 삶을 살 때, 하나님께서 그에 따른 상급을 주신다고 약속했습니다. 이 상급들은 하나님 나라에서 우리에게 주어지는 영광과 축복입니다.

1) 생명의 면류관 (The Crown of Life)

성경은 "시험을 참는 자는 복이 있나니 이는 시련을 견디어 낸 자가 주께서 자기를 사랑하는 자들에게 약속하신 생명의 면류관을 얻을 것이기 때문이라" (약1:12)고 말씀하셨습니다. 또한, "네가 죽도록 충성하라 그리하면 내가 생명의 관을 네게 주리라"(계2:10)라고 약속하셨습니다.

생명의 면류관은 특별히 고난과 박해를 견디며 끝까지 신실하게 믿음을 지킨 자들에게 주어지는 상급입니다. 믿음의 여정 속에서 많은 시험과 어려움을 겪지만, 그것을 인내하고 승리한 자들은 하나님께서 영원한 생명과 함께 이 면류관을 주십니다.

2) 의의 면류관 (The Crown of Righteousness)

하나님의 말씀인 성경은 "나는 선한 싸움을 싸우고 나의 달려갈 길을 마치고 믿음을 지켰으니 이제 후로는 나를 위하여 의의 면류관이 예비되었으므로 주 곧 의로우신 재판장이 그 날에 내게 주실 것이며 내게만 아니라 주의 나타나심을 사모하는 모든 자에게도니라"(딤후4:7-8)고 말씀합니다. 바울은 자신의 신앙 여정을 돌아보며, 그 끝에 의의 면류관이 기다리고 있음을 확신했습니다. 의의 면류관은 예수님의 재림을 사모하며, 그리스도의 의로움을 갈망하는 자들에게 주어집니다. 이 면류관은 우리가 세상 속에서 그리스도의 의를 추구하며 의로운 삶을 살 때 하나님께서 주시는 상급입니다.

3) 썩지 않을 면류관 (The Imperishable Crown)

고린도전서 9장 25절에서는 "이기기를 다투는 자마다 모든 일에 절제하나니 그들은 썩을 승리자의 관을 얻고자 하되 우리는 썩지 아니할 것을 얻고자 하노라"라고 말씀합니다. 여기서 바울은 운동 경기에 참가하는 선수들이 그들의 목표를 위해 절제하며 훈련하는 모습을 비유로 들며, 우리 그리스도인들도 영적인 경주에서 승리하기 위해 절제와 훈련이 필요하다고 말합니다.

썩지 않을 면류관은 이 땅에서 하나님의 뜻을 따라 절제하고 헌신하는 삶을 사는 자들에게 주어지는 상급입니다. 우리는 세상의 일시적인 영광이 아니라, 영원히 변하지 않는 하늘의 상급을 목표로 살아가야 합니다.

4) 영광의 면류관 (The Crown of Glory)

베드로전서 5장 2-4절에서는 "너희 중에 있는 하나님의 양 무리를 치되 억지로 하지 말고 하나님의 뜻을 따라 자원함으로 하며…양 무리의 본이 되라. 그리하면 목자장이 나타나실 때에 시들지 아니하는 영광의 면류관을 얻으리라"라고 말씀합니다. 영광의 면류관은 특별히 교회의 지도자들, 그리고 하나님의 백성을 돌보며 섬기는 자들에게 주어지는 상급입니다. 이 면류관은 목자와 같은 마음으로 하나님의 백성을 사랑으로 돌보며, 그들에게 본이 되는 자들에게 약속된 것입니다.

5) 기쁨의 면류관 (The Crown of Rejoicing)

데살로니가 전서 2장 19절에서 바울은 "우리의 소망이나 기쁨이나 자랑의 면류관이 무엇이냐 그의 강림하실 때 우리 주 예수 앞에 너희가 아니냐"라고 말합니다. 바울은 자신이 전도하고 양육한 사람들이 주님 앞에 서는 날을 기쁨과 자랑의 면류관으로 여겼습니다.

기쁨의 면류관은 영혼을 구원하는 일에 헌신한 자들에게 주어집니다. 복음을 전하고 사람들을 예수님께로 인도한 그리스도인들은 그들의 헌신을 통해 하늘에서 큰 기쁨을 얻게 됩니다. 복음 전도는 하나님 나라의 확장에 기여하며, 그로 인해 주어지는 상급이 바로 기쁨의 면류관입니다.

그리스도인이 받을 상급은 단순히 천국에서의 보상을 넘어서, 하나님의 영광과 연관된 상급입니다. 우리는 믿음과 순종의 삶을 통해 하나님께 영광을 돌리고, 그분께서 약속하신 상급을 받을 수 있습니다. 우리가 이 땅에서 신실하게 주님을 섬기며 사는 삶은 하늘에서 하나님께서 기쁘게 상급으로 보상해 주실 것입니다.

이 상급들을 기대하며, 우리는 주님을 더 사랑하고, 그분의 뜻을 이루는 삶을 살아가야 합니다. 주님께서 우리에게 약속하신 상급을 바라보며, 매일매일 믿음 안에서 승리하는 삶을 살아가길 소망합니다.

하나님의 상급을 확실히 믿는 사람만이 고난을 기쁨으로 감당할 수 있습니다.

모세는 "그리스도를 위해 받는 능욕을 애굽의 모든 보화보다 더 큰 재물로 여긴 것은 상 주심을 바라 봄이라"(히11:26)했고 예수님은 "..그는 그 앞에 있는 기쁨을 위하여 십자가를 참으사 부끄러움을 개의치 아니하시더니 하나님 보좌 우편에 앉으셨느니라"(히12:2)고 했습니다. 하늘의 상급을 바라 보며 하나님의 나라와 하나님의 의를 구하는 우리의 삶이 되기를 소망합니다.

별책 부록

행복과 성공을 위한 성경적 원리(수 1:1-9)

별책 부록: 행복과 성공을 위한 성경적 원리(수 1:1-9)

모세의 시종인 여호수아는 하나님의 말씀을 40년 동안, 모세를 통해 들었습니다. 그러나 여호수아는 이제 하나님의 말씀을 하나님께 직접 들었습니다(수1:1) 여호수아는 하나님의 말씀을 직접 들었을 때 얼마나 기쁘고 행복했을까요?

모세가 죽은 후 하나님은 여호수아에게 꿈을 주시고(수1:2-4) "네 평생에 너를 능히 대적할 자가 없으리니 내가 모세와 함께 있었던 것 같이 너와 함께 있을 것임이니라 내가 너를 떠나지 아니하며 버리지 아니하리라"(수1:5)고 약속을 주셨습니다. 하나님은 꿈을 주시면서 "항상 함께 하리라"는 약속과 함께 "특별한 명령"을 주셨습니다. "세상 가치에 흔들려 좌로나 우로나 치우치지 말고 하나님의 말씀을 주야로 묵상하라(읊조리라)"(수1:7-8)는 특별한 명령입니다.

우리는 늘 세상 가치에 흔들려 좌로나 우로나 치우치고 요동하며 살고 있습니다.

그런데 우리가 세상 삶에서 깨달은 사실은 "잘못된 중독성 습관"을 고치려고 피나는 노력을 해도 마음대로 되지 않지만(롬7:19) "좋은 친구와 함께" 대화를 나누고 등산을 하는 등 긍정적인 방향으로 가치관을 바꾸면 훨씬 더 쉽고 즐겁게 변화될 수 있다는 것입니다. 유튜브나 SNS, 술, 마약, 등의 중독을 끊으려고 할 때, 더 즐겁고 유익한 취미 활동을 시작하면, 중독에서 벗어나기가 쉽습니다.

세상 즐거움을 끊을 때 "하나님의 말씀을 읊조림(묵상)"으로 하나님의 인도하심을 받고, 하나님과 사랑을 나누는 기쁨과 행복을 맛보면 "세상 사랑"(요일2:15-17)은 점차적으로 끊어지게 됩니다.

오늘날 그리스도인들은 영적 지도자들이나, 믿는 사람들을 통해 하나님의 말씀을 듣습니다. 그런데 사랑하는 연인을 통해 직접 사랑한다는 말을 들으며 사랑하는 것과, 제 삼자를 통해 사랑한다는 말만 듣는 것은 엄청난 차이가 있을 것입니다. 오늘날은 하나님이 우리 안에 성령님으로 오셔서 성경 말씀을 통해 직접 말씀하고 계시는데, 그 말씀은 듣지 못하고 제 삼자를 통해 사랑의 말과 약속을 들으니 어떻게 기쁨과 행복을 누릴 수 있겠습니까?

만약 성경을 통해 하나님의 사랑의 음성을 직접 듣고, 성령님과 함께 동행의 삶을 시작하면 기쁨과 행복이 파도처럼 밀려와 사탄이나 세상이나 자아는 다 함몰 되고 말 것입니다.

만약 우리들도 여호수아처럼 하나님의 음성을 직접 듣고, 비전을 받고 약속을 받는다면 우리도 여호수아처럼 즐겁고 기쁜 마음으로 하나님의 말씀을 주야로 읊조림(묵상)으로 우로나 좌로나 치우치지 않게 될 것입니다(수1:1-9).

여호수아는 "하나님의 말씀을 주야로 읊조림"(수1:8)으로 하나님의 음성을 계속 듣게 되었습니다(수1장-24장). 오늘날 우리들도 하나님의 말씀을 주야로 읊조릴(묵상) 때 하나님의 음성을 계속해서 듣게 되며 "하나님이 함께 하심을 의식하게 될 것"입니다.

이스라엘 백성들은 "견고한 성과 거민들을 보고 두려워 떨며, 스스로를 메뚜기 같은 존재로 인식함"(민13:25-33)으로 하나님이 약속하신 가나안 땅에 들어가지 못했지만 여호수아는 "견고한 여리고 성"(세상)과 "네피림 족"(세상 사람들)은 그대로 있고 "세상이나 세상 사람들에 비하면 메뚜기" 같지만 "하나님의 약속을 믿고"(수1:5-9) 말씀에 순종하였을 때 "거성(세상)거민(세상 사람)들"은 무너졌습니다(수6:1-16).

오늘날 우리의 삶의 현장에도 "거성(여리고 성)과 거민(네피림 족)"이 있고 우리는 "아무 것도 준비되지 못한 메뚜기 같이 어리석고, 연약하고, 죄 된 존재"이지만 "하나님의 약속된 말씀에 의지하여"(수1:1-9) 살 때 우리의 삶의 현장에 있는 거성과 거 민은 무너지고 우리는 "권세(요1:12-13)와 능력(눅24:49)"을 가진 "권능"(행1:8)의 삶을 살게 될 것입니다.

자전거를 탈 때 중심을 잡지 못하면 금세 넘어집니다. 특히 핸들을 제대로 잡지 않으면 왼쪽이나 오른쪽으로 흔들리다 넘어지게 됩니다. 이때, 두 손으로 핸들을 꽉 잡고 앞을 똑바로 바라보면 비로소 중심을 잡고 안전하게 나아갈 수 있습니다.

이 핸들이 바로 하나님의 말씀이며, 그 핸들을 항상 붙잡는 방법이 말씀을 주야로 읊조림(묵상)하는 것입니다. 읊조림(묵상)은 말씀을 마음에 붙들고 삶의 핸들을 바르게 조절하는 행위입니다.

말씀을 주야로 읊조리면 좌로나 우로나 치우치지 않게 되고, 하나님이 인도하시는 길로 곧게 달릴 수 있게 됩니다.

하나님은 약속하신 말씀을 성취하심으로, 하나님의 위대하심을 증명하여 영광을 받으십니다. 우리들이 마음 깊은 곳에서 읊조리는 신음 소리를 들으시고, 하나님은 하나님이 창조하신 모든 피조물들을 총동원하여, 하나님의 말씀에 위대하심을 증명하십니다. 하나님의 말씀을 읊조리는 것은 하나님을 향한 사랑의 절규이며, 어린 아이들의 옹알이 할 때. 부모가 눈을 맞추고 대화를 나누고 반응하듯 하나님의 자녀들이 말씀을 읊조리는 것은 신앙의 옹알이기에 하나님은 눈을 맞추고 우리에게 초점을 맞추고 귀 기우려 역사하기 시작하는 것입니다.

제자의 삶(행6:4)을 사는 성경적 원리(본서 제11장 참조)

잡아 주는 고기만 먹는 사람은, 먹고 싶은 고기를 먹지 못하기도 하고, 먹고 싶은 만큼 풍성하게 먹을 수도 없습니다. 그러나 고기 잡는 법을 알고 배우면, 즐거움 가운데 먹고 싶은 고기를 먹고, 더 좋은 새로운 고기도 먹을 수 있고, 저장했다가 다른 사람들과 함께 나누어 먹을 수도 있고 다른 사람에게 주는 즐거움을 누릴 수도 있습니다. 그러면 그는 놀라운 영적 성장을 갖게 되고 하나님께 영광을 돌리는 삶을 살게 될 것입니다.

성경의 핵심이 되는 12주제별, 성구를 한 주에 한구절씩 매일매일 계속 반복 하여 읊조리며, 필사하고, 암송하고 "성경일기"(깨달음, 약속, 기쁨, 감사, 교훈, 책망, 변화) 를 쓰는 것이 "제자의 삶"(행6:4) 이며, "자녀(성도)들에게 고기 잡는 법을 가르쳐 주는 것"과 같습니다. 위의 "제자의 삶"(행6:4)을 살면서 본서1장-12장까지를 반복해서 읽으시기를 권면합니다.

본서 별책 부록: "행복과 성공을 위한 성경적 원리"를 위해, 본서 1장부터12장까지는 마중물의 역할을 하고, 원동력이 되므로 기도에 확신이 없을 때는 본서 8장을, 구원에 확신이 없을 때는 본서5장을, 제자의 삶을 살 수 있는 능력을 얻는 방법을 알고 싶을 때는 11장을, 죽음에 두려움이 올 때는 본서12장을, 신앙생활에 어려움이 있을 때 해당 주제를 반복하여 읽기를 간절히 권면합니다.

1. '읊조림'(시119:97)의 중요성

성경에서 "읊조리다"는 단순한 발음이나 소리 내어 읽는 행위가 아니라, 하나님의 말씀을 깊이 묵상하고 되새기는 과정을 의미합니다. 읊조림을 통해 하나님의 말씀이 마음속에 새겨지고, 삶 속에서 실천할 수 있는 힘을 얻게 됩니다.

성경에서 "읊조리다"는 히브리어 "하가"라는 단어로 다음과 같은 뜻을 포함합니다.

1) 작은 소리로 반복해서 말하다. 2) 깊이 묵상하다, 곰곰이 생각하다. 3) 마음속에서 계속 되새기다. 즉, 성경에서 "읊조리다"는 단순히 소리 내어 읽는 것이 아니라, 말씀을 깊이 생각하며 되새기고, 반복해서 되뇌는 행위를 의미합니다. 읊조림은 단순한 성경 읽기와는 다른 차원의 신앙 훈련입니다. 성경을 읊조리면

(1) 말씀을 더 깊이 기억하게 됩니다. 단순한 읽기보다 읊조림을 통해 말씀이 뇌 속에서 반복적으로 각인됩니다. 읊조리면서 되새기면, 기억이 오래 지속되고 필요할 때 성령님께서 자연스럽게 떠오르게 하십니다.

(2) 하나님의 뜻을 더 깊이 이해할 수 있습니다. 읊조리며 생각할 때, 하나님의 뜻을 더 깊이 묵상하고 깨달을 수 있습니다. 단순한 문장의 외우기가 아니라, 그 말씀이 내 삶에서 어떤 의미인지 고민하는 시간이 됩니다.

(3) 믿음과 행동의 변화를 가져옵니다. 말씀이 입술에서 반복되면, 결국 마음속 깊이 새겨지고, 행동으로 이어지게 됩니다. 삶의 선택과 행동에서 하나님의 말씀이 기준이 되어, 죄를 피하고 바른 길로 가게 합니다.

(4) 기도와 예배에서 더 깊은 은혜를 경험할 수 있습니다. 읊조린 말씀을 가지고 기도하면 말씀에 근거한 기도를 하게 됩니다(요15:7). 예배 중에 읊조린 말씀이 떠오르면, 더 깊이 하나님을 만나게 됩니다.

2. 필사의 장점과 중요성

필사(筆寫)는 손으로 직접 글을 옮겨 적는 행위로 단순한 기록을 넘어서, 마음과 생각을 깊이 집중하여 글을 내면화 하는 과정입니다. 특히 주제별 성구를 필사 할 때, 단순한 읽기나 듣기보다 훨씬 깊이 있게 말씀을 묵상하고 기억할 수 있습니다.

<u>1) 기억과 집중력을 향상 시킵니다.</u> 글을 눈으로 읽기만 할 때보다 손으로 직접 쓰면 뇌가 더욱 활성화되어 기억력이 강화됩니다. 필사는 주의력을 높이고 산만한 마음을 차분하게 만들어 줍니다.

<u>2) 깊은 묵상과 이해를 돕습니다.</u> 필사는 단순한 읽기가 아니라, 천천히 글자를 따라가며 의미를 곱씹는 과정입니다. "주제별 성구를 필사" 할 때, 성령께서 주시는 깨달음을 더 깊이 경험할 수 있습니다. 하나님의 말씀을 내 생각과 마음에 새기며, 단어 하나하나를 깊이 묵상하게 됩니다.

<u>3) 영적 성장과 신앙의 변화를 갖게 합니다.</u> 주제별 성구 필사는 단순한 공부가 아니라, 하나님의 말씀을 내 삶에 적용하는 과정입니다. 필사를 꾸준히 하면 하나님의 말씀을 삶 속에서 더욱 의식적으로 실천하게 됩니다. 믿음이 약해질 때, 직접 쓴 말씀을 다시 읽으면 신앙을 회복하는 도구가 됩니다.

<u>4) 스트레스 완화와 평온한 마음을 갖게 합니다.</u> 손으로 글을 쓰면 뇌의 감정 조절 기능이 활성화되어 스트레스가 줄어들고, 마음이 평안해 집니다. 신앙적인 글이나 주제별 성구를 필사 할 때, 하나님의 말씀을 통해 위로와 치유를 경험할 수 있습니다.

5) 성경일기를 쓰는 내용이 향상 됩니다. 필사는 문장을 자연스럽게 익히고, 좋은 글쓰기 능력을 기르는 데 도움이 됩니다. 문장을 구조적으로 이해하고, 논리적으로 표현하는 능력이 길러집니다. 특히 신앙성장을 위한 성구 암송을 위해서는 필사가 가장 효과적이고, "성경일기"는 컴퓨터 타이핑"도 좋다고 생각합니다.

3. 성경 암송의 절대적 중요성

달라스 신학교의 하워드 헨드릭스 박사는 자신에게 결정권이 주어진다면 달라스 신학교를 졸업하는 모든 학생들이 졸업하기 전에 천 개의 성구를 암송하도록 하겠다. 남가주대학 철학과 교수인 달라스 윌라드는 "성경 암송은 영적 성장의 절대적 기초. 영적인 삶의 모든 훈련들 가운데 한 가지를 선택해야 한다면 성경 암송을 선택할 것이다. 왜냐하면 성경 암송은 우리의 마음이 필요로 하는 것을 채워주는 기본적인 방법이기 때문이다. 이 율법책을 네 입에서 떠나지 말게 하라(수1:8). 율법책은 바로 입에 있어야 한다! 어떻게 하면 율법책이 당신의 입에 있게 할 수 있는가? 암송하면 된다"고 썼습니다.

척 스윈돌 목사는 "사실상 그리스도인의 삶에서 성경 암송보다 더 도움이 되는 훈련을 알지 못한다. 다른 어떤 훈련보다 더 영적으로 도움이 된다. 기도 생활은 강화될 것이다. 증거는 더 날카롭고 효과적이 될 것이다. 태도와 세계관이 바뀌게 될 것이다. 생각은 깨어 있고 주의하게 될 것이다. 담대함과 확신은 높아질 것이며 믿음은 견고해질 것이다."고 말했습니다.

사람들이 성경을 읽지도 않은 채 신학 박사학위를 받을 때 루터는 끊임없이 성경을 읽고 암송했습니다. 루터는 수많은 성경 구절을 암송했는데 주님께서 그의 눈을 열어 로마서 1:17의 이신 칭의의 진리를 보게 하셨을 때 그는 자신이 발견한 내용을 확증하기 위해서 "나는 그 즉시로 기억속의 성경 구절들을 살펴보았다" 라고 했다(Richard Bucher, "마틴 루터의 성경사랑") 그토록 많은 사람들이 [성경 암송은 그리스도인의 삶에서 필수적]이라고 보았던 유익 몇 가지만 살펴 보겠습니다.

1) 주제별 핵심 성구를 암송할 때 성경 통달의 기초를 쌓게 된다.
하나님의 사람은 성경 말씀을 통달해야 합니다. 성경 통달이란 성경 전체를 연결시키는 능력입니다. 성경의 짝을 찾아 연결시키고, 성경의 금맥을 찾아 주제별로 연결시키는 것이 성경 통달입니다. 성경의 맥을 잡고 흐름을 발견하는 작업이 성경 통달입니다.

연결할 때 기적이 나타나고 관련을 지을 때 말씀이 살아있는 능력의 말씀으로 우리에게 부딪쳐 오게 됩니다. 깨달음이란 성경 전체가 하나로 연결되는 경험입니다. 깨달음을 얻는 순간에 우리는 부분적으로 산발적으로 알았던 진리가 구슬을 꿰매 듯이 하나로 연결되는 경험을 하게 됩니다. 성경을 관통하는 것을 경험하는 것입니다. 성경의 통달은 성경의 핵심 주제인 예수님을 중심으로 성경 전체를 연결시키는 것입니다. 성경은 예수님을 증거하고 있습니다(요5:39).

2) 요동하지 않는 신앙생활을 할 수 있다
성경 말씀을 암송하는 사람은 생각하는 훈련이 되어 있습니다. 생각을 깊이 할 줄 압니다. 생각을 깊이 할 때 생각은 체계가 잡히고 그 체계는 흔들리지 않는 사상이 됩니다. 그리고 그 사상이 깊어질 때 그 사상은 신앙인의 견고한 철학이 됩니다. 성경 암송을 통해 성경의 핵심이 되는 주제를 가슴에 품고 있는 사람은 쉽게 흔들리지 않습니다. 문제가 생겨도 쉽게 시험에 들지 않습니다.

성경을 많이 암송한 사람은 성경 전체의 시각에서 문제를 해석하고 예수님의 관점에서 문제를 보고, 시험을 대하는 태도가 적극적이고 긍정적입니다(민13:25-33) 미숙한 사람과 성숙한 사람의 차이는 말하는 것과 깨닫는 것과 생각하는 것으로 분별할 수 있습니다.

3) 제자 양육을 잘 하게 된다.
성경 암송하면 우리는 네비게이토의 창시자인 도슨 트로트맨을 생각하게 됩니다. 성경 암송을 통해 예수님께로 돌아온 도슨 트로트맨은 자신의 영혼을 양육하기 위해 그리스도인이 된 후 처음 3년 동안 매일 하루에 한 구절 씩을 외웠습니다.

어느 날은 제재소에서, 노동을 하면서, 트럭을 운전하면서, 그는 1000구절을 암송했습니다. 성경 암송을 통해 그리스도의 제자로 성장한 도슨은 제자훈련 중에 가장 중요한 훈련을 성경 암송에 두었고 성경 암송의 중요성을 강조했습니다.

도슨은 '영접은 10%이고 양육이 90%를 차지한다'고 말했습니다. 한 영혼을 그리스도의 제자로 삼기 위해서는 많은 대가를 지불해야 합니다. 그 중에 하나가 성경 암송입니다. 모범은 모범을 낳습니다. 도슨처럼 영적 안내자가 먼저 모범을 보여야 합니다.

성경 암송을 통해 사람들을 양육하는 것은 많은 시간을 요하는 일입니다. 생명이 성장하는 데는 지름길이 없다는 사실을 기억해야 합니다. 성경 암송을 통해 제자들을 양육한 가장 위대한 모범은 예수님이십니다(마4:1-11). 예수님은 성경을 암송하심으로 모범을 보이셨습니다. 말씀으로 양육 받은 제자들은 그들의 마음에 새긴 주님의 말씀으로 또 다른 제자들을 양육했습니다. 그들은 성경 암송과 함께 그리스도의 제자로 성장했습니다.

4. 주제별 성구를 암송하는 창의적 방법
1) 좋은 도구들을 만들어 활용하라.
(1) 최고의 도구는 항상 소지할 수 있는 성경 구절 카드를 만드는 것입니다.

(2) 성경 구절 카드는 직접 써서 만들어야 시각화 되어 잘 암송할 수 있습니다.

(3) 한 주에 한 구절 씩을 카드에 적어 가지고 다니면서 읊조리고 기회를 만들어 덧입혀 필사하고 뒷면에 깨달음이나 믿음의 고백이나 사랑의 마음을 일기로 쓰십시오.

(4) 성구 카드를 늘 가지고 다니면서 인도를 걸을 때나 짧은 자투리 시간이 있을 때에 꺼내어 읊조리며 기회를 만들어 덧입혀 필사 하는 습관을 가지면 암송은 저절로 됩니다. 암송이 안 되고 잊어버려도 조금도 스트레스를 받을 이유가 전혀 없습니다 . 말씀이 하나님이십니다(요1:1) 하나님의 마음을 아는 것이 중요합니다.

하나의 성구를 한 주 동안 매일매일 반복하여 읊조리며 "매일매일 성경일기"(깨달음, 약속, 책망, 변화)를 쓰는 것이 가장 중요한 제자의 훈련이고 삶입니다.

성경 암송은 하나님의 말씀을 기억하고, 묵상하며, 삶 속에서 실천하는 강력한 영적 훈련입니다. 이 과정에서 필사(筆寫,) "손으로 주제별 성구를 직접 쓰는 것"은 암송을 더욱 효과적이고 깊이 있게 만드는 중요한 도구가 됩니다.

5. 필사가 성경 암송을 돕는 이유

(1) 손으로 쓰면 기억이 오래 남습니다. 연구에 따르면, 손으로 직접 쓰는 것이 단순히 읽거나 듣는 것보다 기억력을 3배 이상 향상시킵니다. 필사는 말씀을 시각적, 운동적(손의 움직임), 촉각적 경험으로 연결시켜 뇌에 깊이 각인되게 합니다. 예를 들어, 학생들이 시험 공부할 때 필기를 하면서 외우는 것이 효과적인 것처럼, 주제별 성구도 필사를 통해 더욱 오래

기억할 수 있습니다.

　(2) 집중력을 높이고, 깊은 묵상을 유도합니다. 필사를 할 때, 우리는 자연스럽게 각 단어를 음미하면서 천천히 묵상하게 됩니다. 단순히 읽거나 듣는 것보다, 필사 하면서 암송하면 말씀이 내 마음에 깊이 새겨지고, 집중력이 향상됩니다.

　(3) 성경 말씀을 시각적으로 정리하고, 체계적으로 외울 수 있습니다. 필사 하면서 문장의 구조와 의미를 자연스럽게 분석하게 됩니다. 한 절 한 절 천천히 적어 나가면서, 어떤 단어가 강조되는지, 어떤 문장이 연결되는지 이해하기 쉬워집니다. 성경의 흐름을 파악하는 데에도 큰 도움이 됩니다.

　(4) 손의 감각을 통해 말씀을 깊이 체험하게 됩니다. 성경을 직접 손으로 쓰면, 손끝을 통해 말씀이 내 몸과 마음에 각인됩니다. 시편 45:1 에 "내 혀는 필사가의 붓끝과 같으니…"라는 말씀처럼, 하나님의 말씀을 손으로 기록할 때, 우리의 마음에도 깊이 새겨지는 경험을 합니다.

　(5) 성구를 필사 하며 암송하는 것이 입으로 열 번 반복하는 것보다 더 효과적 입니다. 암송 카드에 쓴 처음과 끝, 순서와 방식, 그대로 반복하여 쓸 때 내 뇌에 시각화가 되어 잘 기억하게 됩니다. 꼭 암송 카드에 쓴 순서와 방식대로 써 눈을 감아도 보일 정도로 소리 내어 읊조리면서 여러 번을 쓰면 어떤 성구도 시각화 되어 완벽하게 암송할 수 있습니다.

6. 성경일기를 쓰는 것은 최고의 축복
　한 주에 한구절씩 매일매일 계속 반복 하여 읊조리며 필사하고 암송하면서 그때 그때 (깨달음, 생각들, 약속, 감동, 기도제목, 가치관, 교훈, 책망, 변화) 등을 기도하는 마음으로 "성경일기"를 쓰는 것은 상상을 초월할 기쁨과 평안과 행복이 될 것입니다. 읊조리며 필사 한, 주제별 성구를 통해 자신의 생각의 변화와 결심을 믿음과 소망과 사랑을 담아 하나님과 자신에게 매일 기록하여 갈 때 말씀과 성령으로 충만한 권능의 삶이 될 것입니다.

한 주에 한 구절 씩을 카드에 적어 가지고 다니면서 매일매일 반복하여 읊조리고 기회를 만들어 덧입혀 필사하고 뒷면에 깨달음이나 믿음의 고백이나 사랑의 마음을 기록하면 하나님과 친밀한 사랑을 나누며 최고의 축복을 누리게 될 것입니다.

#유튜브 채널: "생 감 사" 참조
주제별 성구를 읊조리며 필사하고 암송하여 성경일기를 기록하는 삶을 매주 월요일에 유튜브 채널: "생 감 사"에서 방영합니다.

---

7. 좋은 습관의 중요성

우리가 굳은 의지를 가지고 피나는 노력을 하려고 하지만 몇 주나 몇 달이 되면 흐지부지 되고 맙니다. 대부분의 사람은 작심삼일입니다. 왜 그럴까요?

그리스도인의 삼대 적인 사탄과 세상(세상 가치)과 자아가 우리를 옛날 삶의 습관으로 되 돌려 놓기 때문입니다. 이것을 극복하고 승리하는 유일한 방법이 있습니다.

그것은 기도입니다. 기도하지 않고 우리들의 의지나 노력으로 무엇을 하려고 하는 것은 "자신을 아직도 잘 모르는 것이며" 그것이 하나님이 가장 싫어하는 교만입니다.

기도하는 습관이 삶에 가장 중요한 습관입니다 성경은 예수님은 기도를 습관을 좇아 하셨다고 했습니다(눅22:39).

기도하는 습관이 모든 것을 바꾸게 할 것입니다. "여호와께서 말씀하시되 이는 힘으로 되지 아니하며 능으로 되지 아니하고 오직 성령으로 되느니라"(슥4:6)는 말씀을 가슴에 깊이 새기고 또 새기시기를 권면합니다.

신앙의 모든 삶은 내 힘이나 능으로 하는 삶이 아니라 성령님의 도움으로 하는 삶입니다. 성령의 도움이 없이는 어떤 것도 할 수 없습니다.

기도를 불규칙적으로 해서는 지속이 잘 되지 않습니다. 반드시 기도시간과 장소를 정하는 것이 좋습니다. 하루는 몇시간 하다가 몇일 동안은 안 하거나 형식적으로 기도하지 말고 단 10분을 하더라도 시간(아침 기상, 저녁 취침 전)과 장소(집, 산책, 회사 등)를 정하는 것이 기도의 습관을 갖게 하는 좋은 방법입니다.

그리고 최소한의 기도 시간(나는 무조건 매일 10분은 한다)을 정하고 실행하면서 기도가 잘 될 때는 더 하되, 안 될 때는 10분은 기도의 장소에서 "하나님 아버지"라고 이름만이라도 반복하여 부르는 규칙적이고 꾸준함이 무엇보다 중요합니다.

기도가 잘 되지 않을 때는 "주기도"(마6:9-13)나 시편23:1-6 등 평소에 암송한 성구를 반복해서 읊조리면서 성령님께 기도 도움을 요청하십시오(롬8:26).

<u>좋은 습관이 인생의 승패를 좌우합니다.</u> 즐겁고 쉬운 일을 반복하여 습관을 만들 때 위대한 일이 일어납니다. 습관은 인생의 방향, 성품, 행복, 성공, 영적인 성장에 깊은 영향을 미칩니다. 반복되는 작은 행동(=습관)이 결국 삶의 큰 방향을 결정합니다.

좋은 습관을 반복하면 작은 성취감이 생기고 뇌는 도파민(행복 호르몬)을 분비합니다.

이 보상감은 습관을 지속할 내적 동기로 작용합니다. 예를 들면 "오늘도

해냈다"는 기쁨이 다음 날의 행동으로 이어지며 좋은 습관은 점차 그 사람의 성격과 인생의 질을 변화시키고, 위대한 삶으로 이끌어 갑니다.

사람은 양심을 가진 존재라서 삶이 변화되지 않으면 하나님께 복을 받으리라는 확신을 갖지 못해 "부정적 자아 감"(나는 성공할 수 없다)에서 벗어나지 못하게 됩니다.

작지만 꾸준한 습관이 자기 자신에 대한 신뢰를 심어주고 "나는 할 수 있다"는 신념을 갖게 합니다. 꾸준한 습관은 인생이 흔들릴 때 나를 지탱해주는 뿌리가 됩니다.

인생에 실패자의 공통점은 1. 쉽게 2. 빨리 3. 많이 하려는 것이고 성공자의 공통점은 1. 원리를 따라 2. 성실하게 3. 꾸준히 함을 반드시 명심하여 배워야 합니다.

습관은 영적으로 승리할 뿐 아니라 뇌의 구조를 바꾸고, 뇌는 습관을 통해 삶을 바꿉니다. "습관화"가 당신의 성품, 관계, 삶의 방향을 위대하게 만들 것입니다.

주제별 핵심 성구로 "행복과 성공을 위한" 실천적 가이드(Guide)

"주제별 성구를 **한 주에 한 구절씩** 매일매일 반복하여 읊조리며(묵상하고), 필사하고, 암송하며, 성경일기를 쓰는 제자의 삶"(행6:4)은 단순한 종교적 습관을 넘어서 영적 성장, 인격 변화, 삶의 방향 설정에 매우 실제적인 유익을 줍니다.

<u>1. 하나님의 말씀을 마음에 새기는 삶이 됩니다(시편 119:11).</u>

말씀을 읊조리고 필사하고 암송하는 과정은 단순히 지식을 쌓는 것이 아니라, 말씀을 마음에 깊이 새겨 삶 속에서 유혹을 이기고 올바른 결정을 내릴 수 있게 합니다.

2. 성령께서 말씀을 기억나게 하십니다(요한복음 14:26).
말씀을 반복하여 암송하고 쓰는 과정은, 우리가 필요할 때 성령께서 말씀을 떠오르게 하시는 통로가 됩니다. 이는 위로와 경고, 인도를 위한 중요한 영적 자산이 됩니다.

3. 마음을 새롭게 하여 삶이 변화됩니다(로마서 12:2).
매일 말씀으로 생각과 감정을 다듬는 것은 세상의 가치관이 아니라 하나님의 뜻에 맞게 삶을 재정비하도록 돕습니다.

4. 하나님과의 친밀함이 깊어집니다(시편 1:2-3).
날마다 말씀을 읊조리는 자는 시냇가에 심은 나무처럼 영적으로 견고해지고, 인생의 계절마다 열매를 맺는 삶을 살아갈 수 있습니다.

5. 영적 민감성과 분별력이 향상됩니다(히브리서 5:14).
말씀을 암송하고 적용하며 기록하는 훈련은 하나님의 뜻을 분별하고 세상의 거짓에 속지 않게 하는 영적 분별력을 키워줍니다.

6. 기도의 깊이가 더해집니다(요한복음 15:7).
말씀 안에 거하고 말씀을 통해 기도할 때, 우리의 기도는 더 이상 막연한 바람이 아닌 하나님의 뜻에 기초한 강력한 중보기도가 됩니다.

7. 삶의 방향성과 목적이 분명해집니다(시편 119:105).

매일 성경을 기록하고 해석하며 되새기는 가운데, 우리는 흔들리지 않는 인생의 나침반을 얻게 됩니다.

8. 감정과 삶의 위기를 이길 내면의 힘이 생깁니다(예레미야 15:16).
정서적으로 불안하거나 삶이 혼란스러울 때, 암송하고 묵상한 말씀이 위로와 희망의 근거가 되어 우리를 다시 일으킵니다.

9. 자녀나 이웃에게 복음을 전할 능력이 생깁니다(신명기 6:6-7).
우리가 주제별 성구를 정리하고 내면 화하면, 필요할 때 타인에게 말씀을 나눌 수 있는 능력과 담대함이 생깁니다.

10. 하루하루가 하나님의 말씀 안에서 의미 있는 시간이 됩니다(에베소서 5:16).
말씀과 함께하는 하루는 단순한 '하루'가 아니라, 하나님의 뜻에 합당한 '사명의 하루'로 바뀝니다. 이러한 이유로 주제별로 말씀을 매일 읊조리고, 필사하고, 암송하고, 그날의 깨달음을 성경일기로 정리하는 일은 단순한 경건 훈련을 넘어 삶 전체를 하나님께 향하게 하는 가장 실제적이고 강력한 훈련입니다.

주제별 성구를 매일 읊조리고, 필사하고, 암송하며 성경일기를 쓰는 훈련은 분명히 영혼에 깊은 유익을 주는 은혜의 길이지만, 반복의 부담감이나 감정의 기복, 시간의 부족, 지루함 때문에 중도에 포기하는 경우도 있습니다. 그런 분들을 위한 조언,

1. "영혼의 밥은 매일 먹는 것"이라는 사실을 기억하십시오
우리는 매일 밥을 먹지만, 그 모든 식사가 특별하고 감동적인 것은 아

닙니다. 그러나 꾸준히 먹는 밥이 우리의 몸을 지탱하듯, 매일 말씀을 읊조리는 일은 우리 영혼의 생명 유지 활동입니다. 오늘 감동이 없었다고 해서, 그 시간이 헛된 것이 아닙니다.

제자의 삶이 어려우면 **"하늘에 해답을 묻다"를 다시 읽어 보세요 힘이 날 것입니다.** 말씀은 서서히, 그러나 확실히 우리를 변화시킵니다.

2. "적은 것이 쌓일 때, 큰 일이 일어납니다"

한 주에 한 구절씩 반복해서 읊조리며 기도하길 권면합니다. 처음엔 미미해 보이지만, 어느 순간 어려움과 혼돈의 순간에, 그 말씀이 번개처럼 떠오르고, 당신의 인생을 붙들게 될 것입니다. **부록에 기록한 성구 전체를 노트에 기록한 후 은혜가 되는 성구부터 암송하기를 권면합니다.** 성구를 억지로 많이 암송하는 것이 중요한 것이 아니라 은혜가 되는 성구를 매일매일 읊조리며 성경일기를 쓰는 것이 더욱 중요합니다. "작은 일에 충성된 자가 큰 일에도 충성된다." (누가복음 16:10)

3. "감정이 아닌 결단으로 가십시오"

경건의 훈련은 감정이 아니라 의지와 결단으로 이끌어야 합니다. 감정은 파도처럼 오르락내리락 하지만, 말씀을 따라 살겠다는 결단은 그 감정을 초월하게 합니다. 기분이 내키지 않을 때도 말씀 앞에 앉는 그 선택이, 참된 제자의 길입니다.

4. "하루치만 하세요. 내일을 걱정하지 마세요"

지루하고 어렵다고 느낄 때는, "오늘 하루만 하자"고 마음을 다잡아 보세요. 하루치만 말씀을 읊조리고 쓰고 묵상하면 충분합니다. 하나님은 당신의 하루의 순종을 기뻐하시며, 내일도 그분이 도우실 것입니다.

5. "완벽하게 하려 하지 마시고 은혜 안에서 자유하세요"
때로는 빠진 날이 있어도 괜찮습니다. 밀린 날이 있어도 다시 시작하면 됩니다.
암송이 안 되어도 괜찮습니다.

거듭 말하지만 암송보다 매일매일 은혜가 되는 말씀을 읊조리며(묵상) 성경일기를 쓰는 것이 더욱 중요합니다.

훈련은 완벽하게 하라고 주신 것이 아니라, 하나님과 동행하기 위해 주신 길입니다. 완벽한 수행보다, 하나님을 향한 마음을 지키는 것이 더 중요합니다.

6. "같이 걸어갈 사람을 만드세요"
혼자 하다 지치면 말씀 묵상 동역자 한 명만 있어도 큰 힘이 됩니다. 매일 짧은 시간이라도 부부 간에 서로 나누며 격려할 수 있다면 지루함은 기쁨이 되고, 꾸준함은 습관이 되며, 결국 말씀은 삶이 됩니다.
"두 사람이 동행하면 좋으니, 넘어졌을 때 일으킬 자가 있음이라." (전도서 4:9-10)
"지루함을 견디는 훈련은 깊이를 만드는 통로입니다."
"말씀 앞에 머무는 그 시간이, 어느 날 당신의 인생을 지킬 방주가 될 것입니다."

개인과 가정과 교회에서 "사랑(마22:37-40)을 위한 제자의 삶(행6:4)" 실천 방법
<u>1. 지도자(부모·목회자·교사 등)는 제자의 삶(행6:4) 네 가지를 반드시 실천해야 합니다:</u>

1) **읊조림(묵상)**: 매일 주제별 성구 1구절을 읊조리며 기도한다.

2) **필사**: 매일매일 주제별 성구를 반복 필사 하여 암송에 힘쓰며, 자녀와 성도들에게 본을 보여 동기부여를 한다.

3) **암송**: 매일매일 틈틈이 암송하여, 기도할 때나 카톡 방을 통해 암송을 사용한다.

4) **성경일기**: 매일 말씀을 통해 깨달은 점, 적용할 점을 글로 정리하여 모범을 보인다.

이 과정을 한 달 이상 꾸준히 실천하면 지도자의 내면에서 하나님의 사랑으로 충만하여 말씀이 생활화되고, 자연스럽게 말과 행동에서 말씀의 향기가 배어 나오기 시작합니다.

2. 성구를 읊조림(묵상), 필사, 암송, 성경일기로 "제자의 삶" 공동 훈련:

혼자서 훈련하면 쉽게 지치고 포기하지만, 함께 하면 지속 가능성이 크게 올라갑니다.

부부간, 부모와 자녀간, 셀리더와 셀 원간에 "말씀 나눔의 교제"는 엄청난 시너지 효과가 있습니다.

오늘날 가족 간에 대화 소재의 부재와, 대화의 단절로 사랑은 점점 식어가고 사랑의 생명력이 상실되고 있습니다. 사랑은 관심과 대화를 통해 시작되고 완성됩니다. "말씀 나눔의 교제"는 서로 간에 치유와 지혜와 능력이 됩니다.

가족이나 소그룹이 매주 모여 서로 나눔의 시간을 갖을 때 놀라운 효과가 있습니다.

"묵상 나눔" "필사 점검" "암송 확인" "성경일기"등 소규모 챌린지(도전 과제, 목표 달성 프로그램)를 만들어 가정과 교회에서 주일마다 훈련 진행 상황을 함께 나누면 커다란 동기 부여가 됩니다. 왜냐하면 서로 격려하고 자극 받으면 영적 시너지가 일어나기 때문입니다. 말씀과 기도의 공동체는 영적 성숙과 성장에 엄청난 결과를 갖게 합니다.

<u>3. 부부간, 부모와 자녀간, 셀리더와 셀 원간에 "말씀 나눔"을 통한 "제자의 삶"</u>

지도자가 훈련을 지속하면서 자녀나 셀원들에게 다음과 같은 방식으로 훈련을 전수합니다. 부모나 영적 지도자가 말씀을 가까이하는 본을 먼저 보일 때, 자녀와 셀원들은 자연스럽게 기도와 말씀에 힘쓰고, 영적 교제에 기쁨을 누리게 됩니다.

<u>A. 가정의 경우:</u>

1) 매일 식사 후나 자기 전 5~10분씩 가족이 함께 한 구절을 읊조리며 (시119:97)기도.

2) 부모가 먼저 쓴 필사 노트를 보여주며 아이에게도 따라 쓰도록 격려해 준다.

3) 암송에 부담을 갖지 않도록 **한 주에 한 구절씩 암송 하도록 하여** 자연스럽게 재미를 느낄 수 있도록 조절해 준다.

4) 성경일기는 짧게 라도 쓸 수 있게 도와주면서 부모가 쓴 성경일기를 처음에는 공유.

예시: "애들아, 오늘 아빠가 이 말씀을 묵상하면서 이런 생각이 들었어. 너희는 어떻게 생각하니?" 자녀들이 기록한 것을 칭찬하고 격려하여 지속할 수 있도록 한다.

암송이 중요하지만 매일매일 하나님의 말씀을 읊조리며 성경일기를 쓰는 것이 더욱 중요함을 인식시키고 각기 다른 관점에서 묵상하며 성경일

기를 쓰도록 한다.

  B. 교회의 경우:
  1) 목회자가 설교 중에 직접 묵상과 필사, 암송, 성경일기 쓰는 것에 축복을 말합니다.
  2) 셀 그룹이나 교회학교에서 말씀 훈련 프로그램을 꾸준히 실행에 옮깁니다.
  3) 주중에 "오늘의 말씀"(주제별 성구)을 교회 단톡 방이나 소그룹에 공유하여 나눈다.
  4) 주일마다 짧은 나눔 시간(한두 명의 성도가 그 주의 묵상과 암송 경험을 나눈다).
  예시: "이번 주 묵상 성구는 시편 119:105입니다. 모두 필사하고 암송해 보세요. 다음 주에 서로 나눕시다!"

  4. 디지털 활용: 카톡 방에 성구를 보내고 자신의 깨달음을 공유
  현대인들은 스마트폰을 자주 사용합니다. 말씀 훈련을 잊지 않도록 알림 기능을 활용하게 하면 좋습니다. 가족, 교회 단톡 방에 매일 한 구절을 공유하며 실천합니다.
  왜 효과적이냐면 일상에서 자주 노출되면 습관이 강화됩니다. 매일 성구 한구절을 카톡으로 10명-100명까지 개개인에게 문자를 보내면서 읊조리고 직접 써서 보낸다.

  5. 축하와 보상 문화 만들기
  작은 성공을 축하할 때 사람들은 더 오래 지속합니다.
  가정에서는 자녀와 함께 "한 달 완주 파티"하면서 즐거움으로 지속할 수 있게 합니다.

교회나 소그룹에서는 작은 상품이나 격려, 상장을 만들어서 시상하고 지속하게 합니다.

효과적인 이유는 인정받는 기쁨은 지속적인 동기를 부여하기 때문입니다.

지도자가 본이 될 때 변화가 시작됩니다. 지도자가 먼저 말씀에 젖어 들고, 그 변화된 모습을 자녀와 성도들이 목격하며, 함께 따라오도록 초대할 때, 말씀 훈련은 강력한 영적 운동으로 자리 잡게 됩니다.

#유튜브 채널: "생 감 사" 참조
주제별 성구를 읊조리며 필사하고 암송하여 성경일기를 기록하는 삶을 매주 월요일에 유튜브 채널: "생 감 사"에서 방영합니다.

읊조리며, 필사하고, "성경일기"를 쓰고 암송할 주제별 성구 (약 500구절)

제1장 인생의 의문과 성경

(1)신8:3 (2)사34:16 (3)벧후1:20-21 (4)눅1:37
(5)민23;19: (6)요17:17 (7)시19:1-4 (8)딤후3:16-17
(9)마24:35 (10)요20:31 (11)요5:39 (12)벧전1:23-25
(13)시1:1-3 (14)히4:12-13 (15)마5:17-18 (16)삼상15:29
(17)엡6:17 (18)시119:165 (19)시19:7-11 (20)시121:1-6

제2장 하나님과 인간

(1)창1:1 (2)요3:16 (3)역상29:12 (4)시127:1.
(5)요4:24 (6)약1:17 (7)요일4:4 (8)삼상2:6-7
(9)시104:24-25 (10)창2:7 (11)시103:1-5 (12)딤전6:19-20
(13)잠16:9 (14)시8:3-5 (15)시139:13-17 (16)사43:1-7
(17)고전1:26-29 (18)렘17:9-11 (19)습3:14-17 (20)시23:1-6

제3장 사탄과 죄

(1)요13:2 (2)벧전5:8 (3)요10:10 (4)롬6:23
(5)요16:9 (6)엡6:12 (7)요일1:9 (8)약4:7-8
(9)눅8:12 (10)고후4:4 (11)요8:44 (12)고후11:3
(13)사59:1-2 (14)골1:13-14 (15)마12:43-45 (16)요엘2:12-14
(17)요일3:8-10 (18)요일2:15-17 (19)눅22:31-32 (20)롬3:20 -28

제4장 우리 주 예수 그리스도
(1)요 14:6 (2)요17:3 (3)골 1:15 (4)롬5:8
(5)히7:24-25 (6) 요1:1-3 (7)딤전 2:5 (8) 요10:28
(9)사7:14 (10)사9:6 (11)계 3:20 (12)요10:30
(13)창3:15 (14)마11:28-30 (15)요12:44-45 (16)사53:5-6
(17)요1:12-14 (18)요3:16-17 (19)히11:1-3 (20)빌2:5-11

제5장 온전한 믿음과 온전한 구원
(1)히11:6 (2)롬10:17 (3)행16:31 (4)롬10:9-10
(5)갈2:16 (6)요5:24 (7)요일5:12 (8)롬1:16-17
(9)갈3:26 (10)갈3:13 (11)히11:7 (12)막9:23
(13)고후4:16-18 (14)히4:2 (15)요일5:4-5 (16)히11:24-27
(17)히12:1-2 (18)막16:17-20 (19)딛3:5-7 (20)엡2:1-10

제6장 또 다른 보혜사 성령님
(1)누24:49 (2)행1:8 (3)고후1:22 (4)요14:26
(5)고후 3:17 (6)겔36:26 -27 (7)요3:34 (8)고전 3:16
(9)요16:7-8 (10)요15:26-27 (11)히9:14 (12)롬8:26
(13)행10:38 (14)엡5:18 (15)슥4:6 (16)롬8:9-11
(17)요3:5 (18)요16:13-14 (19)갈4:6-7 (20)고전2:9-12

제7장 그리스도인의 인식과 의식의 삶
(1)고후5:17 (2)갈2:20 (3)빌4:19 (4)벧전2:9
(5)빌3:20 (6)고전10:31 (7)빌4:13 (8) 딤후2:20-21
(9)딤후2:15 (10)히13:5 (11)말3:10 (12) 벧전1:3-4
(13)요일1:1-3 (14)골 3:23-25 (15)사41:10 (16)딤전 6:9 -10
(17)빌3:20-21 (18)빌3:12-14 (19)엡1:3-14 (20)롬8:31-39

제8장 말씀과 성령의 기도
(1)요15:7 (2)눅 11:13 (3)요14:13 (4)시50:15
(5)마21:22 (6)약4:3 (7)마21:22 (8)살전 5:16-22
(9)요16:24 (10)마11:24 (11)요일5:14-15 (12)빌4:6-7
(13)렘33:2-3 (14)엡6:18 (15)히5:7 (16)마7:7-11
(17)마 26:41 (18)막 9:29 (19)약1:2-8 (20)약5:13-18

제9장 교회와 사랑
(1)엡1:22 (2)엡1:23 (3)요일4:16 (4) 요일4:7-10
(5)롬13:10 (6)골1:18 (7) 벧전4:8 (8)요일3:18
(9)행20:35 (10)히13:17 (11)롬12:4-5 (12)히10:24-25
(13)엡5:24-25 (14)요일4:20-21 (15)엡3:8-11 (16)요13:34-35
(17)마22:37-40 (18)마16:16-19 (19)고전13:1-8 (20)롬13:8

제10장 고난과 행복
(1)시119:67 (2)시119:71 (3)히2:18 (4)히12:6-11
(5)롬8:28 (6)고전10:13 (7)욥23:10 (8)애3:33
(9)롬8:18 (10)요16:33 (11)벧전4:12-13 (12)계2:10
(13)벧전1:6-7 (14)딤후3:1-5 (15)시34:17-19 (16)잠16:32
(17)히12:11 (18)고후4:7-11 (19)고후1:3-4 (20)마5:3-12

제11장 제자의 삶과 성령 충만
(1)눅9:23 (2)요15:5 (3)고전9:16 (4)벧전 4:10-11
(5)요15:8 (6) 마6:19-34 (7)눅14:33 (8)고후5:20
(9)마28:19-20 (10)히2:4 (11)마4:19 (12)딤후4:1-2
(13)롬12:1-2 (14)행2:17-18 (15)고전9:24-27 (16)롬12:6-8
(17)갈5:22-26 (18)마19:29 (19)고전12:4-11 (20)행6:4

제12장 죽음과 심판, 지옥과 형벌, 천국과 상급
(1)히9:27 (2)전12:7 (3)마12:36 (4)고전15:58
(5)롬14:17 (6)고후5:10 (7)전12:14 (8)계21:4
(9)살후1:8-9 (10)계22:12 (11)계20:12-15 (12)롬14:10
(13)마25:41 -46 (14)딤후4:7-8 (15)약4:13-14 (16)계21:4-8
(17)벧전5:2-4 (18)계22:12-13 (19)요11:25-27 (20)계3:15-19

끝까지 읽어 주셔서 감사합니다.
하나님의 크신 축복이 임하시기를 기도합니다.